教育行为矫正

主　编　兰继军
副主编　王　颖　刘　真

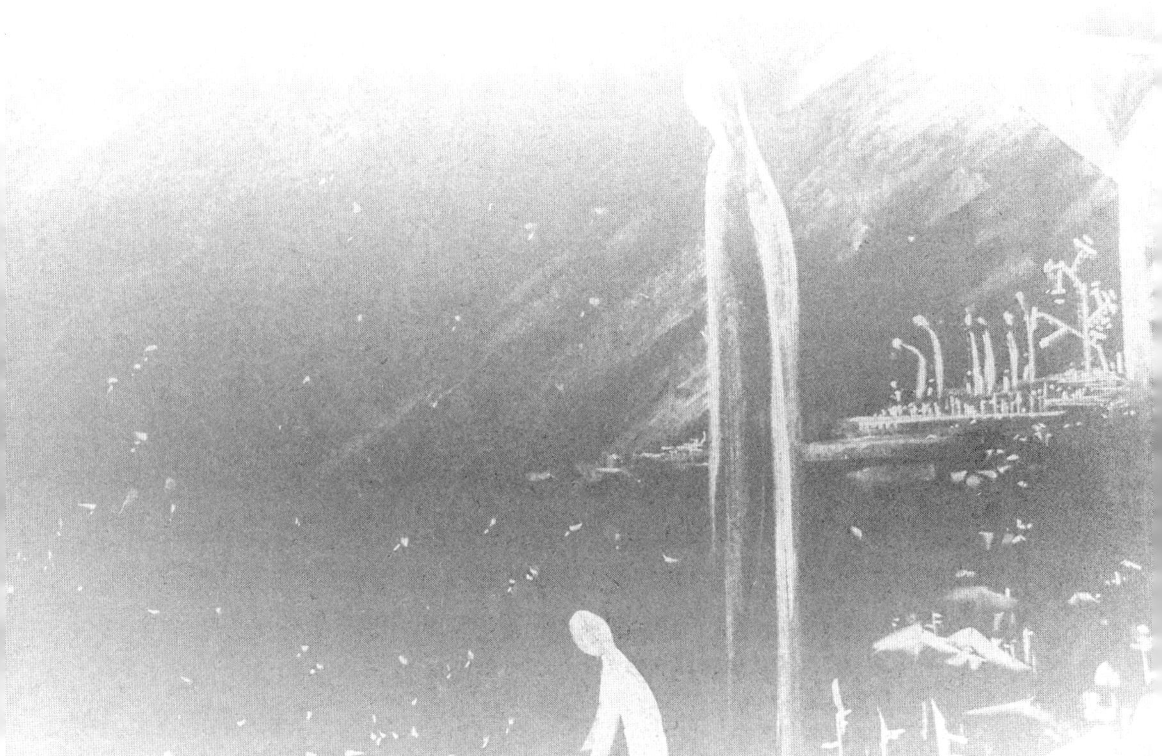

中国矿业大学出版社
China University of Mining and Technology Press

图书在版编目(CIP)数据

教育行为矫正 / 兰继军主编. —徐州：中国矿业大学出版社，2017.10

ISBN 978-7-5646-3725-5

Ⅰ. ①教… Ⅱ. ①兰… Ⅲ. ①教育研究 Ⅳ. ①G40-03

中国版本图书馆 CIP 数据核字(2017)第 256659 号

书　　名　教育行为矫正
主　　编　兰继军
责任编辑　侯　明
责任校对　张海平
出版发行　中国矿业大学出版社有限责任公司
　　　　　　(江苏省徐州市解放南路　邮编 221008)
营销热线　(0516)83885307　83884995
出版服务　(0516)83884895　83884920
网　　址　http://www.cumtp.com　**E-mail**：cumtpvip@cumtp.com
印　　刷　江苏淮阴新华印刷厂
开　　本　787×1092　1/16　**印张** 14.75　**字数** 265 千字
版次印次　2017 年 10 月第 1 版　2017 年 10 月第 1 次印刷
定　　价　36.00 元
(图书出现印装质量问题，本社负责调换)

润物细无声　特教情潜伏(代序)

刘全礼

(北京联合大学特殊教育学院)

人们理解心理学往往有两个极端。一般民众以为心理学就是心理透视学,就如医院的X射线、CT等技术一样,学了心理学就能看透人心,懂得人的心理,或者轻易看透别人的心思。但是,另外一个极端的看法则认为,心理学和看透人在想什么没有丝毫关系,心理学仅仅是一系列生理指标的变化结果而已,是神经系统的神经活动的变化特点,研究的是生理的变化指标。

如何把心理学应用于解决现实问题,《教育行为矫正》一书就从内容结构和叙述方法两个角度对这一难题进行了探索。

通读该书,大致讲来有如下特点。

一是立意严肃,注重正统。

近年来的心理学书籍汗牛充栋,甚至可以说多如牛毛。但是一些心理学书籍,包括部分学生用书却极为不严肃,大有猎奇、标题党、故弄玄虚的嫌疑,失去了对文字、对学问本身的崇敬。然而,《教育行为矫正》立意却极为严肃,其框架结构、言语叙述范式、研究的取材方法和内容的呈现方式,为近年来少见的适合心理学、特殊教育专业的优秀教材。

二是内容全面,结构合理。

《教育行为矫正》全面、系统地介绍了行为矫正的各种技术与方法,并列专章从史的角度专门介绍行为矫正的理论基础。如果没有史的高度、不能从史的视野看待行为矫正的研究,就难以通览或者把握整个行为矫正的框架,更谈不上对所学行为矫正内容的深刻理解。

这对许多没有更多精力通览心理学所有内容的读者而言，细心体会之，也能从整体上形成对行为矫正理论与技术的认识。这在人们喜欢碎片式阅读（如微博、微信）的时代，具有明显的“反潮流”倾向。而这恰恰是一本教科书所要追求的应有风格。

三是行文活泼，例证鲜活。

《教育行为矫正》在写作上的特点首先是其行文活泼，绝不死板。流畅的行文读来有如科普读物，朗朗上口，令人爱不释手。其次是教材的例证鲜活。鲜活的例证构成了该书最重要的特点。在众多鲜活的例证中，最值得关注的是，作者以人们耳熟能详的金庸武侠小说中的人物和故事为基础整理出多个案例，然后引入相关知识点或作为对原理的阐释，这样，教材内容生动活泼，引人入胜，可读性强，使读者感到亲切自然。

四是理论与实践密切结合。

该书的另外一个显著特点是理论与实践的密切结合。不仅每一章的开篇均有引人入胜的例子引入，而且在每一节都有相应的理论与实践密切结合的新闻、思考、提示、案例、问题等，使理论知识的呈现和现实问题的思考与解决密切结合起来。其中，与现实结合的实验指导、案例分析和专栏的使用显示了该书鲜明的理论与实践结合的特点。

五是扩展领域，创新教育行为矫正概念。

人们在实践尤其是心理咨询的实践中把许多问题归咎为心理问题，实际上不见得如此。相反，现实中尤其是咨询现实中的问题往往不是心理问题而是教育问题。因此，该书定性为“教育行为矫正”既适应了现实情况，也具有一定的创新性，突破了传统行为矫正概念的局限性。

该书不仅可以作为心理学或应用心理学专业的教材，更可以作为特殊教育专业的教科书。由于作者出身于特殊教育专业，不仅针对特殊儿童的行为特点列举诸多的案例，而且也从全纳或包容的视角将行为矫正推广到其他学生乃至社会大众身上去。

对于普通师范专业尤其是毕业后要从事教育工作的，特别是班级里有特殊儿童的教师或准教师而言，本书就是绝好的职前培训教科书。从这个角度看，该书也可以是普通师范专业的教学用书。

毫无疑问,该书也可以作为普通学校尤其是随班就读学校教师的继续教育用书,它的内容、观点、叙述会给老师们带来鲜活的启发。

前 言

在我国心理学和特殊教育学科大发展的背景下，行为矫正也得到人们越来越多的关注。以往在相关的心理咨询、教育心理学、学校心理学类图书中，行为矫正往往只是以一小节、至多一章的形式出现在心理咨询方法的介绍中。随着特殊儿童类型的多样化、行为问题程度的加重，行为矫正在特殊教育中的应用日益凸显；同时，在青少年心理行为训练、家庭教育、组织管理、体育运动、社区教育等领域，行为矫正的技术与方法也被结合在心理健康教育、心理咨询等活动中加以应用。以往学界将 Behavioral Modification 译为“行为矫正”或“行为改变”，泛指把行为矫正的原理用于各种领域。但现实中行为矫正的最主要应用领域仍然是教育领域，即使是心理咨询与治疗活动也往往和教育工作相关。因此，本书提出了“教育行为矫正”的概念，以强调或突出行为矫正在教育中的应用，涉及社会教育、学校教育、家庭教育等领域，包括对教育者、学习者行为的干预与训练，特别是更加关注两者的互动关系，即教育者的行为对学习者行为发展的影响，以及学习者行为特点所引起的教育者教育教学行为的改变等。

本书以教育行为矫正为出发点，系统地介绍教育行为矫正原理、技术在维护师生心理健康、改善学校中的问题行为等教育领域的应用，具体包括应答性条件反射理论、操作性条件反射理论、社会学习理论及其各自的技术与方法。其中在操作性条件反射理论基础上建立的各种方法是教材的主体和内容重点，包括正强化、间歇强化、消退、区别强化、惩罚、负强化、塑造、渐隐、链锁、代币制等多种方法与技术。

在多年教学实践基础上，本课程教学团队积极开展教学研究，对原有的教材体系进行了梳理和更新，在教材开发过程中，注重对成果的实践检验，通过教学应用，并根据学生的反馈情况及时进行调整，使其更贴近实际教学的需要。最终教学成果形成这本《教育行为矫正》并入选陕西师范大学优秀研究生教材资助项目（批准号：GERP-17-39）。

本教材具有以下几个特色。

(1) 注重解决实际问题

教育行为矫正原理的理论性较强，长期以来，在学习心理学、教育心理学、学校心理学以及心理咨询等相关课程中都散见有行为矫正的内容，但由于过于抽象，往往不被学习者关注，或者给学习者留下的印象并不深刻。这主要是由于行为矫正需要大量的实践支持，而目前以翻译转介为主编写的教材难以将案例本土化，学习者理解和掌握起来较为吃力。因此本教材注重培养学生解决实际问题的能力，通过挖掘生活中点滴事件背后的行为原理，如挖掘新闻与突发事件背后的行为原理，以丰富的案例印证和支持行为矫正原理。为避免过度理论化导致读者阅读困难，本书注重做好方法与内容的整合。

(2) 增强趣味性

以往除了特殊教育专业开设行为矫正课程比较普遍以外，其他专业包括心理学专业并不特别关注这个领域，这与人们的误解有一定关系，也与行为矫正容易落入机械僵化轨道有关。为此，本教材在教学内容上增加了趣味性、可读性的内容，从经典影片、经典文学作品(特别是金庸的武侠小说)中挖掘包含有行为矫正因素的故事或情节，加以专业化的解读，对行为矫正的原理进行深入的解读，使学习者可以在轻松愉快的状态下获得收益。编者已经在相关的课程教学、培训、讲座中加入了这些案例，反馈效果良好，今后将继续整理相关素材，以进一步丰富教学内容。

(3) 行为矫正主客体并重

传统的行为矫正中，行为矫正者与被矫正者处于不平等的地位，而本教材则从占主导地位和处于弱势地位的两个视角对相关群体进行关注。全书以全纳的视角关注个体行为的变化，使行为矫正从以往只关注特殊群体推广应用于普通人群中。以青少年行为管理为例，教材既关注中小学学生和幼儿及特殊儿童的行为表现、行为问题，也从对教师的行为控制与管理角度出发，提出可行的建议，体现了行为矫正中主客体的并重原则，切实落实以人为本精神，从关怀角度出发对各类人群进行行为控制与管理。

参加编写本书的人员分工情况如下：第一章到第十章，兰继军编写；第十一章，兰继军、刘真编写；第十二章，兰继军、王颖编写；第十三章，申承林、兰继军编写；第十四章，沈潘艳、兰继军编写；此外，刘悦参加了第一章关于应用行为分析的实践的内容以及其他章节部分案例的编写，张银环参加了《铁腕校长》案例的编写，胡文婷参加了第二章关于认知行为理论的内容以及其他章节部分案例的编写，柳力平参加了第十四章关于青少年偶像崇拜现象部分内容的编写。参编人员来自陕西师范大学、西南科技大学、巴音郭楞职业技术学院、深圳元平特殊教育学校、广东顺德启智学校等。

这本教材的面世与许多人的支持与帮助分不开的，在此特表谢意。感谢中国矿业大学出版社侯明编辑的大力支持与细致工作；感谢游旭群教授对我在教学、科研、个人成长方面给予的一贯鼓励与支持；感谢刘全礼老师首倡的教育咨询学框架，对本教材的最终定位起了推进作用；此外，在我还没构思出如何将武侠故事应用于行为矫正中时，在学术会议间隙与谢明、刘全礼教授进行交流之余，听到他们畅谈金庸武侠小说，如同给了我指路的明灯；感谢王辉教授，她的同题材优秀教材给我很多启发，也是她最早给我提供机会开讲金庸武侠故事在行为矫正中的应用；感谢赵琳副教授最初给我的灵感，是她最早推荐我读金庸武侠小说的。正是在这么多学者同仁的帮助下，金庸武侠小说中的行为矫正案例才成为本教材的特色之一。

本教材适用于多个专业的教学。传统上行为矫正是特殊教育专业的必修课程。此外，行为矫正在部分院校的心理学或应用心理学专业被列为专业技能必修模块的课程，要求学生能够将所学的原理应用于心理与行为训练的实践中。该课程对于弥补传统心理学课程过于偏重理论、缺少实用技术的缺陷能起到积极的作用。同时，开设该课程还将有助于应用心理学专业的学生形成正确的心理健康观，掌握良好行为的塑造与消极行为的去除方法，并在未来的实践中应用行为矫正方法于学校教育、体育运动训练、企事业管理、人际交往、社区治理、自我管理等不同的领域。随着教育理念的更新、课程改革的深入开展、教学方法的多样化、对教师素质的要求不断提高等变革，学前教育、小学教育、心理健康教育等专业也有必要开设教育行为矫正课程。

基于长期教学实践与相关课题研究，本教材从内容到形式都进行了一定的革新，我们期望本教材能够为推进行为矫正理论本土化贡献一点力量，不仅可以促进行为矫正理论的进一步丰富和完善，而且还将有助于改进教师教育，作为高素质教师培养和继续教育的读物，对加强教师行为管理也有重要意义。此外，本教材的应用可以促进社会各界了解心理学原理，促进行为矫正方法在家长、教师、管理者等人群中的普及，为实现以人为本的教育理念提供支持。对本书的意见和建议可以与作者联系：spchild@126.com。

目　录

第一章 教育行为矫正原理

案 例

行为的可塑性

行为主义代表人物华生(Watson,1878~1958)曾经说:“给我一打健康而又没有缺陷的婴儿,把他们放在我所设计的特殊环境里培养,我可以担保,我能够把他们中间的任何一个人训练成我所选择的任何一类专家——医生、律师、艺术家、商界首领,甚至是乞丐或窃贼,而无论他的才能、爱好、倾向、能力,或他祖先的职业和种族是什么。”①

早期学者们对行为是先天获得的还是后天习得的有一定争议。遗传决定论者强调遗传因素的影响要远远大于环境作用,典型的观点是“一两的遗传胜过一吨的教育!”而环境决定论者强调了行为是在后天环境下得到塑造而形成的,典型的观点如“白板说”。华生也是十分重视环境因素对儿童行为的影响的,其观点充分反映了行为主义者对行为可塑性的认识。

一、行为的概念

行为是一个含义十分广泛的概念,不同心理学流派对此也有不同的认识,如华生、斯金纳等为代表的行为主义者认为行为是可以观察、可测量的外显反应或活动,反对将意识等内部心理活动作为研究对象,行为主义者认为行为的公式是:S—R,即S(刺激)引起R(反应)。而一些新行为主义学者则扩大了行为的范围,认为行为除了可观察、可测量的外显行为之外,也包括了内隐性的意识过程。随着认知行为主义的兴起,学者们也接受了刺激与反应之间存在着中介因素的观点,由此而认为个体的主观评价、认知特点、情绪状态等直接、间接地影响着行为。因此行为既包括外显的、可观察的动作、反应、运动或行动,也包括部分内在的心理活动,是人与环境互动的结果,并且多数行为都是通过学

① 施良方.学习论[M].2版.北京:人民教育出版社,2001:54.

习获得的。

行为具有外显性、可测量性和可塑性等特点。

（一）外显性

行为矫正关注的是具体的行为，具体行为有鲜明的外显性。如一个人所说的话、所做的动作，都是行为表现。根据行为的外显性，行为是可以被人们观察、记录的。行为主义特别强调对行为的发生过程进行详细的描述和记录，以便做系统的分析。

（二）可测量性

行为矫正强调对行为的测量，以比较行为在训练前后发生的变化。只有通过精确的测量，才能说明一个行为是否有偏差或符合标准。研究者可以从不同的维度对行为进行测量，常用的指标有行为的出现频率、持续时间和强度等。

（三）可塑性

个体的大多数行为都是在教育和环境影响下，通过学习获得的，因此行为具有可塑造性，可以发生改变。研究者对同卵双胞胎进行的追踪研究，验证了环境因素比遗传因素的影响更大。有一对同卵双胞胎姐妹，在一岁大时，抚养环境发生变化，姐姐由一个农民家庭抚养，而妹妹则被送到一个城市中的医生家庭生活。到六七岁时，姐妹俩的行为方式开始分化：妹妹变得粗犷、泼辣、大胆；而姐姐则表现出娇弱、文静、害羞等特点。由于同卵双胞胎具有完全一样的遗传基因，因此，姐妹俩的行为差异，不是由遗传因素造成的，而是她们后天的生活环境的变化，以及所接受的教育不同而塑造出来的。

二、教育行为矫正的概念

（一）行为矫正

20 世纪 60 年代以来，行为矫正（behavioral modification）作为一种系统的行为改变方法和技术逐渐发展起来。行为矫正就是依据学习原理来处理行为问题，从而引起行为改变的客观、系统的方法，但是不包括因生理成熟与衰退、疲劳、疾病、药物和手术及偶尔因素导致的行为改变。行为矫正所关注的行为是通过学习获得的。学习是指个体在特定情景下，由于练习和反复经验而产生行为或行为潜能的相对持久的变化。

在使用行为矫正术语时，应注意与一些相关概念的区分。

首先，要区分行为矫正与行为改变的概念。有的学者主张用“行为改变”一词，以避免人们形成思维定势，将行为矫正仅仅看作是针对问题行为进行的，而突出强调行为矫正既具有促进良好行为的作用，也有着改善问题行为的作用。事实上，这两个术语基本指的是同一概念，一些主张使用“行为改变技术”一词的学者们也是认同应排除由于疾病、药物和手术而导致的行为改变的。

其次，要区分行为矫正与心理治疗的概念。心理治疗是根据心理学原理，应用心理学的方法，来解决患者的行为问题或心理障碍，使之获得康复的治疗方法总称；具体可以包括精神分析疗法、来访者中心疗法、认知疗法和行为疗法等。尽管行为疗法也可以被看作是心理治疗的一种具体方法，但行为矫正不能完全与之画等号。行为矫正属于一个交叉领域，它是以学习理论为依据，以产生于心理学实验研究中的行为原理为策略，借助应用行为分析法设计模式为基本操作程序，以解决个人及社会问题，达到增强人类适应功能为目的的方法，因此不完全是针对心理问题或心理障碍的。

再次，要区分行为矫正与行为治疗的概念。行为矫正与行为治疗在实施过程中所使用的行为原理、行为处理策略、行为分析方法等基本是一致的。但严格来说，两者也有一定的区别。第一，行为矫正的范围更广，凡是系统地应用了行为原理来处理个体的行为，使行为发生变化的，都属于行为矫正。该技术和方法可以广泛应用于青少年儿童的行为训练，行为障碍、学习障碍或智力障碍儿童的训练。特别是对于自闭症儿童的行为训练，行为矫正是已被验证了的有效的训练方法。此外，行为矫正还可以广泛应用于临床治疗、企业管理、体育技能训练等各个领域。而行为治疗的应用范围则较为狭窄，主要指应用行为原理去处理各种心理障碍或问题行为的方法。第二，行为矫正技术的实施者多数都是普通工作者，包括家长、教师、心理学家等，而行为治疗则往往限定于由临床医生、临床心理学家等专业性较强的专业人员来实施。第三，从概念缘起的地域划分，行为矫正一词主要在美国被广泛使用，而在欧洲一些国家倾向于使用行为治疗的术语。

（二）积极行为支持

积极行为支持(Positive Behavior Support，简称 PBS)是一种对个体行为实施干预的系统化方法，它通过教育的手段发展个体的积极行为，用系统改变的方法调整环境，达到预防和减少个体问题行为、改变个体生活方式的目的，最终实现提高个体生活质量的目标。

积极行为支持的特点是：① 积极行为支持从预防问题行为、提高生活质量的角度，体现了积极预防的理念。② 积极行为支持超越了应用行为分析，发展了诸如功能性行为评估、重新设计环境预防问题行为、积极开展行为教学、教授与问题行为具有同等功能的期望行为及系统改变等方法。③ 积极行为支持的根本目的是影响个体的生活方式,如提高其在环境中的融合程度、增加满意度。④ 积极行为支持主张采用多维度的方法评估行为并实施干预,改变环境中导致个体出现问题行为的各种影响因素。⑤ 积极行为支持更关注有问题的环境系统而非问题行为或个体本身,重视为个体提供支持的组织和文化系统的作用。[①]

(三) 教育行为矫正

教育行为矫正是指在家庭教育、学校教育、社会教育中,对个体行为进行有目的的干预,使其行为向符合社会要求的方向发展的综合方法。与传统的行为矫正或行为改变技术相比,教育行为矫正更关注在教育领域的应用,注重在自然状态下对个体行为提供支持,在实施过程中也充分发挥认知因素和情感关怀的作用,以教育对象为本,贯穿尊重、包容理念,着眼于良好行为的建立与对问题行为的预防,以促进教育对象身心健康、和谐发展。

三、行为矫正在教育中的应用

(一) 行为矫正在课堂教学中的应用

在课堂教学中,教师与学生存在着较多的信息交流与反馈活动,教师对学生课堂学习行为进行的不断反馈,就体现了强化的促进作用。当学生们有较高的学习积极性时,教师点名叫学生来回答问题本身也是正强化的过程,回答得好更可以得到掌声、赞扬和点头赞许等正强化。反之,教师提出的问题或讲述的内容,如果能得到学生的积极回应,也就促进了教师的行为,起到了对教师行为的正强化作用。在对低幼学生进行教学时,教师还要用到更多具体的强化手段,对表现好的学生发贴纸、盖图章、画红星等,都可以作为正强化物调动学生的学习积极性。

在课堂教学中应用行为干预的方法不当,则会产生对教学的负面影响。最常见的是课堂上教师对调皮、捣乱的学生,往往采取批评、罚站等消极的处理方式,这样的结果并不能从根本上消除问题行为。另一种情况则是当学生故意捣乱以引起教师和全班学生的注意时,有的教师采取了错误的应对方式,结果消极的惩罚措施并没有让该生有所收敛,相反这类学生会更加得意。其原因在于

① 刘宇洁,韦小满,梁松梅. 积极行为支持模式的发展及特点[J]. 中国特殊教育,2012(5):12-15.

教师平时很少关注这部分学生，而他们将教师及全班的注意作为正强化物，教师批评越多，他们的行为反而越得到增强。

专栏 1-1 选课中的强化因素

大学生上选修课盼望点名：没点名就算白来了①

不少大学都有“选课很疯狂，上课很扭捏”的情况，那么“选什么课”是出于兴趣爱好，还是为拿学分，或有利于就业呢？

现象>>大学里选修课出勤率差

大二学生小雪晚上 7 点 30 分来到教室，找个不起眼的地方坐下；拿出手机，先把 QQ、微信都挂上，刷一遍微博、人人网，发发帖子冒个泡，一节课已过去了大半；然后开始埋头复习英语四级；课堂最后 10 分钟却总是“扣人心弦”的——“唉，这节课又没点名，算是白来了。”这就是上选修课的真实写照。

“甭管什么课，能抢到就不错了，这学分算是挣到手了。”很多学生认为，“选修课就是凑学分，课讲得也没意思，听不听没啥两样，还不如腾出时间干点儿别的。”尽管学生出勤率常常不足一半，且也很少有人认真听讲，可他们中的大多数都能在期末考个不错的成绩。某高校法学系的一名学生有门课都没去上过，只是在期末交了一篇作业，就得了 90 分。

正因如此，很多学生在选课时首先看老师是否经常点名，开卷还是闭卷考试，而对这门课自己是否感兴趣并不在意。这样，管得松、要求低、人人都得高分的课程自然受到学生追捧，而一些要求严格的课程则受到了冷落。

建议>>教师要改进教学方法吸引学生

有高校教师认为，课上得好不好，教师还是关键，教师要加强选修课对学生综合能力培养的教育理念，改进教学方法，引起学生兴趣，课堂气氛才能活跃起来。教师要了解学生的兴趣，及时更新教学手段和方法，讲一些学生觉得实用的课，迎合年轻人的心理。

教师还要建立科学的考核评价体制，注重学生的平时成绩。有的公共选修课教师每节课都会在课堂上做一个 5 分钟的小测试，让学生谈自己的

---

① 郭美佳. 大学生上选修课盼望点名：没点名就算白来了[EB/OL]. (2014-03-28)[2017-05-12]. http://xian.qq.com/a/20140328/011052.htm.

看法，只有那些认真听课的学生才能答得更加深入、到位，这起到了很好的考核作用。

忠告>> 不光凑学分　要为自己而学

不少大学都开设有人文科学、社会科学、自然科学、艺术、体育与技能和外语提高六类选修课，这有利于学生自我兴趣的发现和选择的多样性。学习不同类型的课程，能让同学们提高自己的综合素质，以更好地适应多元化的社会。"选修不仅仅是为了修学分，更是让自己主动去学，尽可能地学到东西。"

(二) 行为矫正在学生品德培养中的应用

行为矫正在中小学生品德培养中有着广泛的应用，如行为矫正技术中的代币制，在学校管理中都可以体现出来，要想被评为三好学生，就得从日常学习中的一点一滴开始，累积起来才达到了三好学生的要求。学校教育是使儿童及青少年实现社会化的重要途径，通过对学生进行榜样示范、对良好行为的激励和对违规行为的处罚，逐渐建立起了学生遵守社会行为规范的良好品行。在针对学生团体行为的教育影响中，行为矫正可以通过激励、强化等干预手段，促进团体行为的改善。针对出现违反学校纪律的行为，可以对学生采用负强化法，使其改过向善，形成良好行为。

案　例

影片《铁腕校长》中的行为矫正①

《铁腕校长》来源于一名美国中学校长挽救学生、重振校风的真实事例。影片中的易斯特赛德高中曾是全美最好的中学之一，原校长乔·克拉克被迫调往小学任教后，该校逐渐衰落为一个暴力灾区：在校生们整天都表现出打架斗殴、吸毒贩毒、抢劫等不良行为，学生参加全州基本能力测验的通过率只有38%，距离规定的75%基本能力测验通过率甚远。在这种情况下，州政府对其提出接管的警告，此时，乔·克拉克被派去挽救该校。

克拉克校长宣布将5年来不务正业的学生，包括贩毒吸毒、横行霸道、破坏学校秩序和滋扰教师的学生全部开除，让留校的学生帮助学校工作人员擦除墙上的涂鸦，这对其他有不良行为的学生也起到了警示的作用。当

① 本案例由张银环起草。

克拉克校长把那些学生开除之后，引起了一些学生以及家长的敌对情绪，于是有家长联合起来抗议他的行为，有的学生在被开除后依然来学校生事。当克拉克校长在众人面前责备捡纸的达奈尔老师时，虽然树立了自己的威信，但同时引起了达奈尔老师的不满，后来将达奈尔老师停职的行为，直接导致了达奈尔老师掀翻办公桌的冲动行为。托马斯在吃饭时去弄别人的东西时，校长惩罚他和同伴在所有人面前唱校歌，并告诉他们若是下次唱不出来将被停课。这就避免了严厉惩罚带来的副作用。

克拉克校长得知鲍尔斯夫人将校歌做了改造，他立即给予师生们肯定和表扬。此后，新的校歌便得到普及。之后每一次当学生的歌有进步时，他就给予微笑或口头赞扬。在体育场，他和同学们一起跳绳，并鼓励山姆斯，说："干得好，继续，孩子，别放弃。"有个女生说话流利、思维敏捷，他立刻表扬她，并建议她去读律师专业，女孩因为他的表扬而充满自信。在学校的各处，克拉克校长都会对每个人微笑、打招呼，如夸奖学生"你的发型真好看""你的衣服很好看"，询问教师"最近过得怎么样"等，这让学生和教师感受到来自他的关注和鼓励，使他们的自信心得到提升，激发了其内在动机以及学习、工作的热情。

当山姆斯因为逃课、吸毒被校长开除后，他请求校长让他回学校上课。校长察觉他仍有可教之处，但是仍然需要让他记住教训，于是克拉克校长告诉山姆斯，只要他一犯错就会将他赶出去，这样他认识到自己必须好好学习，不惹麻烦，才能免受厌恶刺激，即被学校开除。这是负强化的方法，也有效地改善了学生们的行为。

影片中校长开始主要采用惩罚、批评等方法，逐渐地他意识到改造学校需要师生们的共同努力，他开始更多地采用积极的行为管理方法，用积极的方式对待学生，用鼓励的眼光看待老师，使得学校上下团结一心。这些积极的管理方法有期望、激励与赏识等。克拉克校长从一开始就对山姆斯很关注，及时纠正他的不良行为、关心他的身体等，让山姆斯觉得自己是被关注的。在校长的关注下，他不断成长、发挥自己的潜能，完成从问题学生到好学生的转身。

当全校师生都处于基本能力测验成绩差的阴影下时，克拉克校长以激励人心的演讲激发学生的斗志。他一边以反向的言辞，如"他们认为你们不可能成功"激起学生渴望成功、打破现状的心理，一边告诉他们："你们并不比别人差，也许过去你们的分数并不高，你们的学校并不好，但是你们可以在一小时后参加考试夺取胜利!”然后他又指挥音乐教师带动全体学生唱起了斗志昂扬的歌曲。在场的师生们在这样的激励氛围下,热血沸腾,使学生们对即将到来的考试充满信心,最终打破了学校成绩落后的旧局面。

在以往的易斯特赛德高中,教师对学生漠视、放任自流,认为他们没有成才的可能,相应地,学生在这种环境下也会产生很多负面情绪和行为:如情绪消极沉闷,自我放纵;对教师抱有敌对心理,不听管教,并滋扰、袭击教师;故意违纪,逃课逃学等。而克拉克校长一到任就让人把墙上所有的涂鸦处理干净,并把餐厅上的围栏拆掉,他说:“你们把学生看作动物,他们的行为就像动物。”克拉克首先为学生们营造了良好的学习氛围,并以一种平等的眼光来看待他们,让他们感受到尊严。当一些家长声讨他时,他告诉家长,应该“多抽出时间陪陪孩子,给他们尊严,让他们学会做事”,而不是一味地将责任推到学校和教师身上;而且他认为学生没有通过考试,“不是他们的失败,是教师的失败”,学习不是学生自己的事情,而是与学校、家庭息息相关,需要全体人员共同参与才能完成。克拉克校长在与师生们的互动中,逐渐也改变了自己一味强调服从校长权威的做法,而是对师生们的闪光点进行挖掘并加以激励。在他转变管理风格后,学校师生的面貌也大有改观,他的良好心境也传递给了其他师生。尽管开始人们还不太适应他突然表现出的友好、热情、赞扬等积极方式,但最终师生们都对校长的能力心悦诚服。

克拉克校长这种“严爱有加”的教育方法,一方面适当地对学生的不良行为施以惩罚,另一方面及时鼓励、表扬学生的良好行为,严格中透着爱,爱中伴随着严格要求,从而彻底改变了这所学校,让学校面貌焕然一新。

(三) 行为矫正在体育锻炼中的应用

体育锻炼中,个体需要付出一定的努力,且训练活动中往往需要达到一定的量;行为矫正重视量化方法的应用,可以针对训练中的次数或时间要求设定特定的指标,对符合要求的行为进行及时的强化,以促进体育技能的提升。通过竞赛等方式,调动学生参与体育锻炼的积极性,对获得优胜的学生给予一定奖励,更能强化他们的锻炼行为。

(四) 行为矫正在学生行为问题干预中的应用

在学校教育中,学生的行为问题的表现是多方面的。教育行为矫正的目标是促进良好行为，改进不良行为。良好行为是指那些普通人能做到的，与个体的性别、年龄、社会文化背景相适应，与社会规范、道德标准和法律法规的要求基本相符的行为。而不良行为也就是问题行为，则是指那些和普通人的行为相比，表现出明显处于许可范围之外的行为。

在进行行为矫正时，首先要定义目标，避免由于定义不清楚而导致不同的观察者观察到的是不同的行为。选取的目标行为应当是可以被观察和测量的行为，并用主动动词对个体所展示的特定行为进行准确的描述。对目标行为的表述应做到客观、具体而明确。

表 1-1　　　　目标行为的定义示例①

目标行为	行为的操作性定义
发脾气	小刚大哭并躺在地上翻滚，或者使劲把玩具或其他物品摔向地板
自习课上的学习行为	明明在自习课上阅读课文，在课文中的句子下面画线，完成数学学习或物理作业册中的练习，阅读课堂笔记和简述课本中的章节要点
口吃	玲玲在说话时重复词语或词语中的音节，说某个词语的时候延长这个词的发音，或在一句话的两个词语之间或一个词语的两个音节之间停顿 2 秒以上
咬指甲	龙龙把手指放在嘴里并把牙齿咬合在指甲上、表皮上或指甲周围的皮肤上

应当注意所谓良好行为与不良行为，其界限并不是非常分明的。行为从良好向不良的变化有一定的连续性，可以将两者看作是一条连续线段的两端，中间存在着过渡地带。处于中间位置的行为表现，往往不能简单地用好还是坏来评价。加之不同观察者的视角和立场不同，也会导致对行为评价时所采用的标准有所差异。如有的学生在家和学校的表现不完全一样，教师和家长的观察视角、投入的情感也不同，就会出现教师抱怨学生调皮，而家长却认为自己的孩子一向表现良好的矛盾现象。

对于学生的问题行为，不管其具体表现如何，总的来说，都可以分为三种情况：行为过度、行为不足和不恰当行为。

1. 行为过度

行为过度是指某一类行为发生太多。一种情况是，不恰当的问题行为，从社会规范出发不允许出现，只要出现即是行为过度表现。例如在课堂上大声说话、随意离开座位，打人、骂人、破坏公物、迟到、说谎等。另一种情况下，有些正

① 王辉．行为改变技术［M］．南京：南京大学出版社，2006：84.

常行为如果发生次数太多也会成为问题行为。如在饭前便后或者手脏了时洗手是正常的行为，但是不停地洗手，就成了问题行为。

2. 行为不足

行为不足指人们所期望的行为很少发生或从不发生。如儿童到一定年龄仍不会讲话，不愿和同伴接触、交往，学习方面缺乏主动性，不会自己穿衣服和吃饭等。

3. 不适当行为

不适当行为是指期望的行为在不适宜的情景中产生，但在适宜的条件下却不发生。例如高年级学生表现出与年龄不符的幼稚行为，在课堂上用手机接听、拨打电话，在博物馆、图书馆表现出在球场看台上的行为等。

对问题行为类型的区分，有助于在实施教育行为矫正过程中充分考虑到学生行为发展的方向，并根据行为的表现及时调整应对策略。为了清楚地把握个体的问题行为发生频率及其是否超过一定的合理限度或者存在欠缺之处，应采取客观的观察法，对个体目标行为进行观察、记录和统计。表 1-2 适合作为在同一观察场所、同一观察时间、同一被观察者的行为发生次数记录表。表 1-3 适合作为特定时间段内被观察者目标行为发生次数的记录表。表 1-4 适合作为对同一被观察者特定的目标行为按日连续进行观察的记录表。教育行为矫正人员（如教师或家长）可以根据被观察者、问题行为、观察场所与时间等因素选择合适记录表与记录符号，便于及时记录并在事后进行准确的统计分析用。

表 1-2　　发生次数记录表示例一①

被观察者：小刚 观 察 者：李老师	观察时间：10 月 20 日 9 时 10 分到 9 时 50 分 观察场所：语文课教室		
行为概称	划记	小计	备注
上课时离开座位	正正	10	常走到后面丢纸屑
上课时乱讲话	正正正	15	故意捣乱邻座位同学
……	……	……	……

① 王辉. 行为改变技术[M]. 南京：南京大学出版社，2006：93.

表 1-3　　发生次数记录表示例二①

目标行为：上课时间咬指甲的发生次数
被观察者：龙龙　　观察场所：教室
观 察 者：王老师　　观察时间：自×月×日到×月×日止

编号	观察开始时间	分钟数	划　记	小计	备　注
1	10时0分	40	正正正一	16	数学课
2	时　分				
3	时　分				
4	时　分				
5	时　分				

表 1-4　　发生次数记录表示例三②

被观察者：小华　　观察时间：10月9日～10月13日
观 察 者：李老师　　观察场所：操场
问题行为：打人

观察日期	划　记	小计	备　注
10月9日	正正	10	
10月10日	正正正一	16	
10月11日	正正正	15	
10月12日	正正正正一	21	
10月13日	正正一	11	

(五) 行为矫正在特殊儿童教育与干预中的应用

对于部分有不同身体残疾和心智障碍的特殊儿童而言，他们通常伴有一定的语言、认知等方面的障碍，用传统的说教方式进行教育，往往无法改善，同时还有一些特殊儿童伴有较多的行为问题，这就需要借助行为矫正方法来帮助这些儿童克服障碍、发挥自身潜能、融入社会。对于特殊儿童来说，在教育教学中应用行为矫正方法，不仅在学习行为、品德、社会功能、身体运动等方面与普通儿童一样是有效的，而且还有其特殊的用途，即针对特殊儿童的障碍或独特需求，可以为他们提供改善行为、控制情绪、增强社会适应性等多方面的训练。如特殊教育工作者经过大量实践，发现对于自闭症儿童而言，行为矫正技术是最有效的干预方法；而对于中重度的智力障碍儿童，行为矫正也是十分有效的方

① 王辉. 行为改变技术[M]. 南京：南京大学出版社，2006：94.
② 许华红. 行为改变技术[M]. 天津：天津教育出版社，2007：171.

法；对于感官障碍的儿童来说，行为矫正也可以起到一定辅助教育的功能。

专栏 1-2　家庭教育中的行为矫正

普雷马克原理在家庭教育中的应用

普雷马克原理是指用高频的活动去强化低频的活动，即用孩子喜欢做的事情作为强化手段，要求孩子做出他们原本不喜欢但却是父母希望他们做出的行为。如果有一件愉快的事等着孩子去做，他们会很快完成另一件不喜欢做的工作。普雷马克原理的句式往往是——“你做完家务后，才可以出去玩。”

家长可以要求孩子：先得完成数学作业，然后才可以看电视；先得完成洗碗的任务，然后才可以出去打球；先得完成整理房间的事，然后才可以玩电脑游戏；先得去睡午觉，然后才可以出去游泳；用餐时先得吃青菜，然后才可以吃甜点；先得弹半小时钢琴，然后才可以出去找同学玩……

在使用普雷马克原理时，特别要注意按照要求的顺序来表现相应的行为，绝对不能允许孩子将行为顺序颠倒过来，如要求孩子“假如你能保证晚上做数学作业，那你现在就可以看电视”。而孩子做数学作业时总是拖拖拉拉，家长又允许他先看电视，那么他就没有动力去完成作业了。因此只有完成工作任务后给予的奖励才是一个有效的推动力量。生活中，家长们往往颠倒了普雷马克原理的行为顺序，结果无论要求孩子去做什么事情，他总会找到理由而拖延去做那些不喜欢的事情。

四、应用行为分析的实践①

（一）应用行为分析的概念

应用行为分析（Applied Behavior Analysis，简称 ABA）是指人们在尝试理解、解释、描述和预测行为的基础上，运用行为改变的原理和方法对行为进行干预，使其具有一定社会意义的过程。应用行为分析作为注重在实践中应用的方法，着重强调对于有社会意义的、可观察可测量的、有客观规律的人类行为的分析与干预。

① 本小节由刘悦起草。

应用行为分析的核心内容是行为的ABC,即"前提—行为—结果"。强化与消退行为的ABC分析见表1-5。应用行为分析从可见的行为出发,对其前因后果进行分析,最终再对其行为产生影响。任何行为都不是脱离意识而独立存在的,其产生都具有某种功能性。应用行为分析中通过对行为的前提刺激、行为本身、行为结果的观察,归纳出目标行为与前提刺激、行为结果之间的关系以找出行为所代表的功能。因此,应用行为分析既要重视行为本身,又要重视行为发生的前提以及行为出现后的结果。应用行为分析包括以下四个步骤:定义目标行为、记录目标行为、分析目标行为的功能、改变目标行为。

表1-5　　强化与消退行为的ABC分析

A前提	B行为	C后果	行为趋势
小华口渴,路过自动售货机	小华将钱投进自动售货机	自动售货机提供矿泉水	小华口渴时,会产生更多的把钱投入自动售货机的行为
	小华将钱投进自动售货机	自动售货机发生故障,没有提供矿泉水	小华以后口渴时,很少甚至不再出现把钱投入自动售货机的行为

(二)应用行为分析的主要流程

应用行为分析的重要内容便是对行为进行分析,具体操作方法在实践中存在一定的差异,但主要操作方法包括观察分析与实验分析两种。①

观察分析是指将某一特定行为放到具体生活情境中进行观察,观察记录其具体的前因后果并进行分析,判断行为的目的性及功能性。观察分析可以由专业人员直接进行观察,也可以通过与看护人员的访谈获得间接的观察数据。在行为观察中可以借助"行为分布图表"和"ABC记录表"(也称行为动因记录表)对问题行为的影响条件以及问题行为的功能性进行分析,并通过对观察所得数据加以分析进而探讨行为的影响因素和功能作用。观察法可以帮助观察人员在较少的时间内得到较为可观的数据,帮助干预者制定干预方案,但是有时会受到记录者的主观因素影响。

依据"刺激—反应—强化"的行为学习理论,应用行为分析从个体的需要出发,采用ABC的模式消除问题行为或塑造社会适应性行为。ABC行为记录表主要以单一的问题行为(目标行为)之观察记录为主,A(Antecedents)即前提,

① 黄伟合.儿童自闭症及其他发展性障碍的行为干预[M].上海:华东师范大学出版社,2003:178.

指问题行为发生前的情境，包括物理环境和他人行为等，它会刺激问题行为的发生；B(Behavior) 即行为，指需要干预的问题行为 ；C(Consequences) 即结果，指问题行为发生后的情境，也包括物理环境和他人行为等，它对问题行为有强化作用。[①] ABC 行为记录表示例见表 1-6。

表 1-6　　　　ABC 行为记录表

<table>
<tr><td>学生姓名</td><td colspan="2"></td><td>观察日期</td><td></td></tr>
<tr><td>观察者</td><td colspan="2"></td><td>时间</td><td></td></tr>
<tr><td>活动</td><td colspan="2"></td><td>课堂阶段</td><td></td></tr>
<tr><td colspan="2">靶行为
（具体和操作化定义）</td><td colspan="3"></td></tr>
<tr><td colspan="2">前提</td><td colspan="2">行为</td><td>后果</td></tr>
<tr><td colspan="2"></td><td colspan="2"></td><td></td></tr>
<tr><td colspan="2"></td><td colspan="2"></td><td></td></tr>
<tr><td colspan="2"></td><td colspan="2"></td><td></td></tr>
<tr><td colspan="2"></td><td colspan="2"></td><td></td></tr>
<tr><td colspan="2"></td><td colspan="2"></td><td></td></tr>
<tr><td colspan="2"></td><td colspan="2"></td><td></td></tr>
<tr><td colspan="2"></td><td colspan="2"></td><td></td></tr>
<tr><td colspan="2"></td><td colspan="2"></td><td></td></tr>
</table>

实验分析可以作为观察分析的补充，可以用来证实或者推翻观察得出的理论假设。在儿童行为评估中，实验方法主要包括转换法与撤销法。转换法要求实验人员通过控制不同的时间与环境条件，观察儿童的行为在不同的时间段与环境条件下是否发生改变，从而判断儿童的行为功能是否与时间或特定环境有关。撤销法类似于 ABAB 实验设计法，通过比较使用干预和未使用干预时儿童的行为差异，确定不同条件与儿童的行为的规律性联系。实验法可以准确地反映行为的功能及原因，但是对实施者提出了较高的伦理要求。尤其是在撤销实验中，要考虑到撤销条件是否会对儿童产生重大影响，要遵循实验的伦理性。实验前应与被试的监护人进行情况了解并获得同意。

① 钱乐琼，杨娜，肖晓，等. 孤独症谱系障碍儿童的早期干预方法综述[J]. 中国临床心理学杂志，2013(5)：856-862.

（三）应用行为分析在实践中的应用

应用行为分析在生活、医疗、教育等领域中得到广泛应用，主要是针对群体或个体有意义的焦点行为进行因果分析，并以特定的干预技术或模式去改变这些目标行为。① 相对于传统的行为矫正技术，应用行为分析对教育者提出了更高的技术性要求，并且对问题行为的锁定以及对新的行为的塑造需要花费更多时间，因此在集体教学为主的普通学校教学中未能得到广泛使用，多实施于情绪行为异常学生，如学习困难学生、多动症学生、网络成瘾学生等。在特殊教育学校和康复机构中，由于脑瘫、中重度智力障碍、自闭症儿童的个体差异极大，问题行为较多，应用行为分析法得到了较为广泛的应用并取得了较好的效果。特别是已有研究发现，在针对自闭症谱系障碍儿童的各种训练方法中，应用行为分析疗法是获得最多实验支持的疗法。② 如 20 世纪 70 年代，美国加州大学洛杉矶校区的洛瓦斯(Lavas)设立一项少年孤独症训练项目，该项目运用零散单元教学法（又称离散单元教学法）、强化理论和简单祈使句对孤独症患儿进行密集的行为训练，后来发展成为应用行为分析教学法。在随后的纵向研究中，洛瓦斯运用此种方法对孤独症儿童进行为期两年的训练。结果发现每周训练时间超过 40 小时的实验组有 47%的儿童智商超过 100，每周训练 10 小时左右的实验组只有 2%的儿童智商超过 100，而没有任何训练的对照组儿童智商没有明显变化。

在操作的层面，应用行为分析还可分化出不同的干预方法，得到广泛使用的是分段回合教法(Discrete Trial Teaching，简称 DTT，或称分解式操作教学)和关键性技能训练法(Pivotal Response Treatment，简称 PRT)。

分段回合教法(DTT)即在训练中，将训练任务分解成最小单元，把最简单的元素呈现给儿童进行教学。因此应用行为分析在界定总目标之后，要对每个具体目标进行分析。明确需要改变的具体目标是什么，目标应当清晰可操作、具体可量化。界定和分析目标行为时，应明确干预前的基线水平以及干预后的期望标准。通过对不同的行为进行界定，可以判断该目标行为是应消除、减少还是限制。记录目标行为时可以从行为发生的频率、强度、持续时间 3 个方面进行。通过具体的目标行为记录可以制定详细的干预目标，如干预前儿童每节

---

① 郭延庆. 应用行为分析与儿童行为管理[M]. 北京：华夏出版社，2012：1.

② 陈顺森，白学军，张日昇. 自闭症谱系障碍的症状、诊断与干预[J]. 心理科学进展，2011(1)：60-72.

课下座位 5 次,干预后儿童每节课下座位的次数明显减少直至消失。每个行为都是功能性的,它的产生是有一定的目的性的。在对目标行为进行分析时,重点应当考虑干预对象的行为产生的原因,促进干预的有效性与科学性。先排除生理原因,再对其心理动机进行分析。如一名学生的学习成绩很差,尤其是教师将练习题写在黑板进行测验时,十个练习题每次只对两三个。教师在观察后发现该学生上课总是眯着眼睛看黑板,写作业速度也很慢;进行访谈与测试之后发现该名学生由于视力较差看不清黑板,导致总是抄错题。这种情况下可以通过给该生佩戴眼镜的方式降低其做题错误率。再如一名上课总是爱发出奇怪声音的学生,每次都会被老师制止。一段时间之后,发怪声的现象不但没有减少,反而增加了。可以考虑该生发怪声的目的是为了获得教师的关注。此时教师对学生的制止便促进了问题行为的增加。应用行为分析的最终目标便是通过对行为的分析,使用科学的干预行为培养和增加有意义的、良好的行为,并且减少甚至消除无意义行为。

DTT 是一种结构性较强的治疗方法,在确定目标后,针对其行为问题进行干预。训练中,首先由干预人员给出一简短明确的指令,让儿童做出一个单一性动作,如果儿童根据指令完成这一动作则立即给予正强化物;否则由干预人员给予适当的口头提示或必要的身体帮助,待其能自己完成该动作后再逐渐淡出提示帮助。每一单元都应简短并与下一单元有一定的时间间隔。其基本结构由 4 部分组成:教者的特定指令、孩子的相应语言或动作、必要的辅助以及有效的反馈。教者的特定指令应简明易懂,由简到难,随着孩子的进步而逐渐增加指令的复杂性。教师在发出指令后,应给与儿童 3～5 秒的反应时间。要求孩子完成的相应语言或动作应该遵循循序渐进的原则,教师应随时奖励儿童的良好表现,但不鼓励孩子在指令发出之前抢先完成。辅助的目的是加速学习减少障碍,因此由孩子分心所导致的失败,不应由辅助而应由后果来调控,并且对辅助所给予的奖励要小于独立完成任务所得。通常是在儿童连续两次失败以后,增加辅助,辅助应由少至多,然后逐渐撤销。在反馈环节,反馈应当及时、具体和一致。在儿童做出反应后即刻给予奖励,对具体任务给予称赞,如“坐得很好”,并且表情和语言应当一致。对于不同的任务结果,应采取差别化的反馈方式,对正确的反应可以给予表扬和奖励,对不正确的反应应给予鼓励性反馈,对不良行为则给予批评性反馈。奖励物应从物质性奖励向社会性奖励过渡,并在目标行为形成后逐渐淡化和自然化奖励物。DTT 操作顺序见图 1-1。

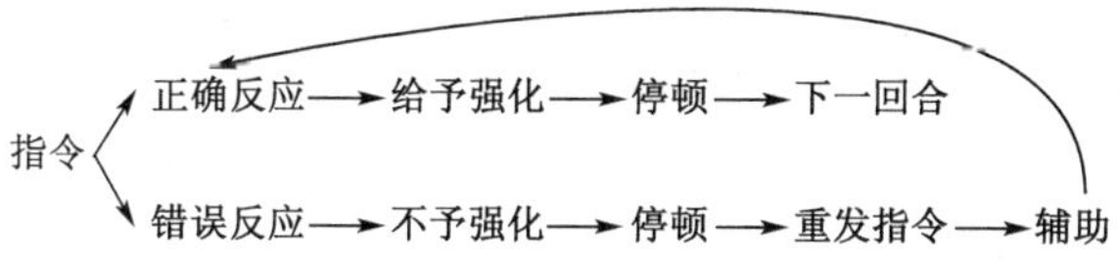

图 1-1　DTT 操作顺序图

关键性技能训练法（PRT）是在 DTT 的基础上发展起来的，但相对于 DTT 而言，PRT 更强调在自然的教育环境和家庭环境中训练自闭症儿童，强调尽量安排普通儿童加入到训练过程中以发挥示范与强化作用。家庭以及同辈群体的参与使得训练更加贴近生活，从而有利于目标行为的泛化。PRT 的理论基础源于 ABA，并且增加了行为群和行为泛化理论，指出对自闭症儿童的教育，要着重于关键性行为（Pivotal Response）的训练，因为对关键性行为的掌握有可能扩展到该行为群中的其他技能上去。20 世纪 70 年代以来，加州大学心理学教授凯戈尔（Robert Koegel）等人的大力推广，促进了 PRT 的长足发展。凯戈尔的研究发现，自闭症儿童的关键性技能主要包括 4 个领域：学习动力、注意力、自我控制能力以及语言与行为的主动性。① 凯戈尔提出家长在自闭症儿童的干预中具有重要作用，因此在评估与测试中，既应对自闭症儿童进行评估，又要对其家长进行评估。在干预的过程中，不仅要由专业人员负责，受过培训后的家长参与其中，也可以帮助自闭症儿童产生更好的干预效果。

PRT 的基本操作技巧包括以下 7 点：① 用简短清晰的指令或问题为儿童的语言等技能的发生发展提供条件。② 穿插训练新旧技能。③ 培养对外界事物与人的多方面注意力。④ 分享控制权。⑤ 运用有条件奖励的方法。⑥ 充分运用自然的奖励物。⑦ 奖励儿童的合理努力。②

实践活动

1. 到一所小学对班主任或任课教师进行访谈，调查小学生常见的问题行为有哪些。

---

① KOEGEL R L，KOEGEL L K. Teaching children with autism：strategies for initiating positive interactions and improving learning opportunities[J]. Journal of Developmental & Behavioral Pediatrics，1995，17(6)：236.

② 黄伟合，陈夏尧，李丹. 关键性技能训练法：ABA 应用于自闭症儿童教育干预的新方向[J]. 中国特殊教育，2010(10)：63-68.

2. 观看《铁腕校长》,结合心理学理论与方法分析:

(1) 影片中学生们的行为问题有哪些?

(2) 起初,校长对师生管理中用的哪些方法无效或存在不完善之处?

(3) 校长改进后的行为管理策略有哪些?

思考题

1. 什么是教育行为矫正?

2. 阅读以下新闻报道,你是否赞同该教师设班级基金奖励学生的行为,你有什么改进建议?

班级基金奖优秀学生　老师要求每人每周交一元①

为了调动孩子们学习的积极性,不少学校都设有贴小红花、发流动红旗等鼓励措施。而西安市阎良区武屯初级中学某班主任让全班同学每人每周交一元钱,设立“班级基金”,然后把班里48个同学分成8个小组,让小组之间竞争,根据平时课堂表现和纪律表现等进行打分,对每周得分前三名的小组,用同学们交的钱进行物质奖励。

学生甲:每周交多少钱都在班务本上记着,班主任把钱拿着,每周有得奖的,班长和学习委员拿班费(这笔钱)在外面采购奖品。

记者:一般发什么东西呢?

学生甲:就是三四块钱的本子。

记者:你得过奖励么?

学生乙:得过。奖的是笔。自己的成绩得到了肯定,受到了激励。

对此,不同学生的看法不一,如有的认为对没获奖的同学不公平,也有的说这样能更好地让学生上进。

武屯初级中学校长:为了提高学生的综合素质,学校一直在尝试各种课改模式,全校各班都采取分小组积分制,但奖励方式有所不同,像军衔制,小组晋级制,贴红旗、五角星、小红花等,有许多种班级管理模式。尽管收钱买奖品已经通过家长会,家长也基本上认可了,但是学校觉得这种利用物质激励的方式不合适,现在已经叫停。

初二某班实行的是晋级制。

---

① 陕西广播电视台.班级基金奖优秀学生　老师要求每人每周交一元[EB/OL].(2013-12-11)[2017-05-12].http://xian.qq.com/a/20131211/014335.htm.

学生丙:每周都有本组表现最好的,看谁在一个月这几周里得优秀组员得的最多,谁就晋一级。

记者:怎么晋级,级怎么分的?

学生丙:级就是分的士兵、上尉,一级一级升,都是按积分来算。

记者:你现在是啥级?

学生丙:士兵。

第二章　教育行为矫正理论基础

案　例

成语中的条件反射

成语“望梅止渴”反映了应答性条件反射的形成过程：据说曹操在指挥大军征战途中，士兵们饥渴难耐，为了激励大家，曹操假称前面有一片梅林，士兵们听后就有了精神，继续前行。其原理就是由于士兵们曾经吃过梅子，知道梅子入口后有酸味，因而促进大家口中唾液的分泌，暂时缓解了行军过程中的疲劳。事实上，士兵们并没有吃到梅子，但梅子的信号引起了唾液反应，就是典型的应答性条件反射过程。

中国传统文化流传下了许多经典的成语故事，许多成语都是将来源于现实生活中的现象加以提炼而成的。除了望梅止渴，还有许多成语故事都与条件反射有关。

一、应答性条件反射原理

（一）应答性条件反射基本原理

1. 先天反射

先天反射，也叫无条件反射，是个体先天具有的，在特定刺激下引起的特定反应，其他不能引起该特定反应的刺激则属于无关刺激物。婴儿一出生，就具有许多 40 多种本能的反射活动，如吸吮反射、眨眼反射、追踪反射、惊跳反射、巴宾斯基反射、抓握反射、游泳反射、行走反射等。这些无条件反射保证了婴儿最基本的生命活动。婴儿部分先天反射示意见图 2-1。

(1) 吸吮反射：当乳头或类似乳头的东西（如成人的手指）碰到婴儿的面颊或嘴唇时，婴儿就会转头张嘴，做吸奶动作，食物进入口中就会咽下去。婴儿出生 6 周之后，呼吸、吸吮与吞咽反射三者相互协调，喂食变得更有效率。

(2) 眨眼反射：在新生儿醒着的时候，突然有强光照射，他会迅速地闭眼；当婴儿睡觉时，如有强光照射，他会把眼闭得更紧。这样的表现出生即有。到出

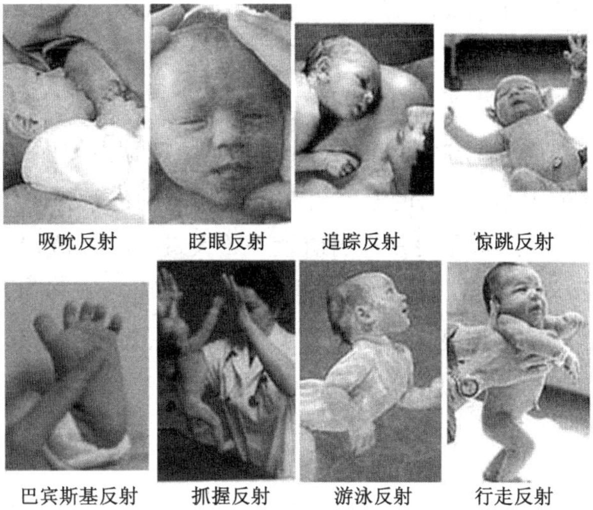

图 2-1　婴儿的先天反射

生后 6～9 周时，如果一个东西迅速移到婴儿眼前，他也会眨眼。这种反射将持续终生，其作用是保护婴儿免受强光刺激。

(3) 追踪反射：当新异刺激（如大的声音、鲜艳的物体）出现时，婴儿会自动把头朝向它，或停止正在进行的活动，好像在探究“这是什么？”这种反射对婴儿认识世界有重要意义。

(4) 惊跳反射：这是一种全身动作，在婴儿仰躺着的时候看得最清楚。当有突如其来的刺激，如较响的声音，或者把婴儿放进小床里时，都会引起惊跳反射。出现惊跳反射时，婴儿会因受到惊吓且感到后方突然无依靠，造成类似将身体向外展开后又迅速往内缩的动作，尤其婴儿的双手会最为明显地出现先张开、后缩回的姿态的改变，从而呈现拥抱状。这种反射在 3～5 个月大时消失。

(5) 巴宾斯基反射：触摸婴儿的脚底，或用小棍等物的钝端，由脚跟向前轻划婴儿足底外侧缘时，他的脚趾呈扇形张开，然后再蜷曲起来。这种反射 6 个月大时消失，以后再有这样的刺激，婴儿脚趾就会向里屈曲。

(6) 抓握反射：用手指或小棍触摸婴儿的手心，婴儿的手立即紧握不放，力量很大甚至可以将身体吊起来。这种反射在 4～5 个月大时消失。

(7) 游泳反射：把婴儿俯卧放在水里，他会表现出协调很好的不随意游泳动作。在水中，他肺部的管道会自动关闭，张嘴，睁眼睛，用手和脚来游动。这种反射 6 个月大时消失。

(8) 行走反射:当婴儿被竖着抱起,把他的脚放在平面上时,他会做出迈步的动作。这种反射 2 个月大时消失。

2. 条件反射

应答性条件反射(respondent conditioning)原理是由俄国生理学家巴甫洛夫(Pavlov,1849～1936)提出的。巴甫洛夫在研究狗的消化系统过程中,发现作为实验对象的狗,总是在喂食开始前就开始大量分泌唾液,为了验证是否有什么信号引起了狗的如此反应,实验者设计了无关刺激物(铃声)与无条件刺激物(食物)同时出现的实验程序,反复多次后,发现只要铃声响起,即使不喂食,狗也会做出唾液分泌的行为,等待进食。由此他发现了条件反射原理。

图 2-2　巴甫洛夫条件反射实验

条件反射就是当一个无关刺激物与一个先天反射活动的刺激物同时、反复出现时,无关刺激物成为引起特定行为反应的信号,进而其引起的行为就是条件反射行为。例如当铃声与食物结合,反复多次后,狗听到铃声就做出分泌唾液的反应,食物则成为强化物,强化物可以对条件反射行为起到促进作用。当条件反射形成后,在得到强化物(食物)的支持下,条件反射就得到增强,而如果仅呈现条件刺激物(铃声),不给予强化物(食物),所形成的条件反射就会消退。

依据条件反射原理,巴甫洛夫认为人的后天行为都是通过条件反射形成的。巴甫洛夫所提出的条件反射原理也被称为“应答性条件反射”。其特点是至少有一个行为属于本能反应,且无关刺激物要与无条件刺激物同时出现、反复多次,才能形成该反射。

在日常生活中,有许多条件反射的实例,如一个人从婴儿到长大成人的过程中，经历了许许多多的条件反射形成与强化，如牙牙学语，养成定时定点的排便习惯，学习认识文字符号，按照红绿灯信号的指令过马路等。条件反射形成后，由于信号的作用，一些词语就成为特定刺激的信号，这样人们就可以用言语来诱发条件反射。例如典故“张辽止啼”，出自《魏略》，书中记载：“张辽为孙权所围，辽溃围出，复入，权众破走，由是威震江东。儿啼不肯止者，其父母以辽恐之。”也就是说张辽大败孙权，威震江东，吴国的孩童哭闹时，母亲只要说一声：“张辽来了！”孩童就不敢再哭了。这就是典型的应答性条件反射，“张辽”成为了令儿童感到恐惧的事物的信号。

条件反射原理被行为主义者所接受，用来解释个体的行为是在环境刺激下形成的。但应当注意的是巴甫洛夫本人并不是行为主义者，他重视人的大脑活动对行为的影响，这一点与激进的行为主义者是不同的。之后，应答性条件反射原理为以美国学者华生为代表的行为主义者加以应用，并开展了一系列刺激控制情绪反应的实验，结果验证了条件反射作用下，可以形成个体的特定情绪或行为表现，也可以应用条件反射原理来去除人们的一些消极情绪或问题行为。

专栏 2-1　应用应答性条件反射原理的经典实验

制约情绪反应实验

1920 年，行为主义心理学家华生指导蕾娜设计了一个经典的制约情绪反应实验。他们选取了日托中心一个叫阿尔伯特的小男孩，11 个月大，最初观察发现他并不害怕实验用的小白鼠。一次，当他正在玩耍时，一只小白鼠跑到他身边，他伸手准备去摸小白鼠，这时，在他背后突然传来一声刺耳的噪声，原来实验者敲击铁棒制造出了噪声。小阿尔伯特对这种噪声感到很恐惧，由于小白鼠同时出现，使他对小白鼠也产生了强烈的恐惧感。之后，小阿尔伯特的恐惧开始泛化，先是对白色的皮毛动物，之后是对白色的毛发如圣诞老人的白头发白胡子等都产生了恐惧情绪。但是当华生准备去消除小阿尔伯特的恐惧情绪时，小阿尔伯特已经找不到了。这个实验因其伦理学问题而备受后世的诟病，引发了学术界对心理学研究伦理的关注，并促进了研究伦理规范的确立。

制约情绪反应验证了情绪和行为是在条件反射原理作用下形成的，但另一方面该研究也存在一定的伦理问题，以人为对象的研究应注意防止造成伤害。

反制约情绪反应实验

1924 年，行为主义心理学家华生指导琼妮又做了一个去除不良情绪反应的实验。实验对象是 34 个月大的男孩彼得，他之前就存在害怕兔子的不良情绪反应。实验者设计了相应的训练方案，首先采用示范的方法，让几个不害怕兔子的孩子与彼得一起玩耍，然后他们跑去看兔子，彼得加入他们的群体，也学习到了他们不害怕兔子的行为。训练期间，彼得在路上又偶然遇到一条凶猛的狗，导致他害怕动物的不良情绪又发生了。在下一阶段，研究者采用了引导制约法，先让彼得很开心地玩耍或吃他最喜欢的巧克力，这时将兔子关在笼子里放在他刚能看到的地方。由于兔子离他很远，因而他也不担心。等他适应后，再将兔子一点一点向他身边靠拢，最后将兔子从笼子里放了出来，而彼得仍然不产生恐惧感，由此使其惧怕兔子的不良情绪反应得以去除。

这个实验进一步验证了条件反射的习得是人情绪反应的根源，也是解决情绪反应的办法。

（二）建立在应答性条件反射理论基础上的矫正方法

1. 厌恶疗法

厌恶疗法(aversion therapy)是指不良强化物和厌恶事物多次重复配对出现，使不良强化物逐渐失去强化作用，同时诱发出与厌恶刺激相同的反应。根据厌恶疗法可以用来抵制不良强化物的功效，也可以将其称为“以毒攻毒”法。

厌恶疗法常用于对不良嗜好的处理方面，如对吸毒成瘾、酗酒者使用较为有效。常用的厌恶刺激有电击、药物、手腕套皮筋、厌恶想象等。如对酒瘾者，在饮酒同时注射和服入催吐药，造成恶心呕吐等难受的状态，从而使酗酒者对饮酒产生厌恶。

即使没有经过专业训练，养育婴儿的父母也会自发地使用厌恶疗法，在对超过哺乳期的婴儿进行断奶时，家长往往在母亲乳头涂上辛辣或极苦的物质，当婴儿吸吮母乳时尝到的是不舒适的味道，就引起厌恶而不再依赖母乳。由于厌恶疗法有强烈的刺激作用，而婴儿又不能通过言语交流，在使用这一方法时应特别谨慎，以免造成不良的后果，特别是注意不要对婴儿造成心理阴影。通常情况下见好就收，不需要反复多次使用。

幼小的儿童在寻求心理安慰时往往会吸吮自己的手指，有的儿童养成了不停吸吮手指的毛病，严重的甚至导致手指被磨损破皮、结痂，这更增强了不舒适感，形成不停吸吮的行为习惯。为了帮助儿童克服吸吮手指的毛病，也可以在手指上涂抹辛辣、苦的物质，使其再次吸吮时得到的强烈的不舒适感而放弃吸手指的行为。

厌恶疗法对于对抗不良强化物有很好的作用，但也有一定的副作用，应谨慎使用，以免使教育对象受到伤害。在实际应用中，为了尽可能降低厌恶疗法带来的副作用，也可以借助录像、影片等多媒体方式代替真实的不良强化物，当被治疗者产生对不良强化物的体验时，给予厌恶刺激，引起其不舒适感而帮助其克服对不良强化物的依赖。另外还可以采用想象的方式，通过言语诱导，使被治疗者产生联想。其好处是既不出现真实的不良强化物，也不出现令人厌恶的刺激，治疗过程都是通过想象来进行的。前提是被治疗者能够配合并有一定的想象力。

2. 饱足法

饱足或饱厌现象是指当单一的正强化物过多时，强化物的强化作用降低，甚至会导致个体产生强烈的反感或厌恶。饱足法是针对目标行为，运用连续不断的强化技术，使个体因为该行为而得到过多的强化作用，最终产生厌倦而自然消减继续发生该目标行为的力量的一种方法。

依据强化物的饱厌原理，对儿童一些过度的不良行为，如不断撕纸、咬衣服、收集橡皮头或铅笔头等怪癖行为，可以采用不断给他提供单一的强化物，使其数量远远超过满足的程度，此时刺激物的强化作用和吸引力大大降低，最终使个体对该刺激物感到厌倦而放弃这一怪癖行为。

饱足法是通过给个体提供大量他所喜欢的刺激物，迫使其大量接受直至受不了而产生厌恶感来消除不良行为的。这样的方法在实施中容易出现各种问题，因此应当注意以下事项：首先，并非所有的行为都适用饱足法。有些刺激即使再多，也不会造成个体的厌恶感；而且不同的个体对同一刺激的接受程度不同，若刺激物数量增加的量不当，反而会促进个体不良行为的发生。其次，饱足法在实施时应注意将单一的刺激物在同一段持续时间内大量给予，而不是断断续续给予，这样才能有最好的效果。最后，在使用饱足法时要防止给被治疗者带来生理上的伤害。

3. 系统脱敏法

系统脱敏法(systematic desensitization)是指在安逸而充分放松的情境下,安排来访者逐渐地接近其所惧怕的事物;或是逐渐提高来访者所恐惧的有关刺激的强度,让来访者对于惧怕事物的敏感性逐渐减轻,甚至完全消失。

系统脱敏法主要是根据沃尔普(Wolpe)提出的交互抑制原理,用松弛对抗紧张。个体的情绪与自主神经系统的活动有密切的关系。通常个体在紧张、焦虑、恐惧状态下,同时也会伴随出现许多强烈的生理变化,如在强烈的恐惧状态下,个体的心跳加快,血压升高,皮肤电反应显著(手心出汗),呼吸急促。而当个体身心放松时,则表现为呼吸缓慢,心跳速率下降,皮肤电反应不显著。人们无法直接控制自主神经系统的功能,但是可以学会调节自己的呼吸,当呼吸平静下来时,由于交互抑制的作用,紧张的肌肉、快速的心跳、升高的血压以及降低的皮肤电阻等生理指标都随之而发生变化,进而调节了情绪的活动。但是通常有严重情绪问题的患者无法自主调节生理活动,而来求助于行为治疗师,此时应用系统脱敏法,通过应答性条件反射的建立来去除恐惧、紧张或焦虑。

系统脱敏法适用于对严重的情绪问题,如恐惧、焦虑、紧张等情绪状态进行调节,帮助来访者学会放松,克服强烈的消极情绪的影响。

在实施系统脱敏法时,首先要使被治疗者学会放松,通常采用肌肉放松训练,指导被治疗者循序渐进地逐一放松身上的肌肉群,在放松过程中体验每组肌肉的紧张—放松过程,即"集中注意—紧张—坚持—放松—松弛",通过肌肉放松训练,为正式的治疗奠定基础。其次,要了解被治疗者的焦虑、紧张或恐惧的表现,建立焦虑、恐惧等级表,然后依据该等级表,从最轻到最重的程度依次进行训练。

焦虑等级表是将被治疗者有关某一方面的病症(如:怕考试、怕说话等)的一连串刺激,按照其引发焦虑的强弱程度排列成等级或层次的一种表示方式。建立焦虑等级表是系统脱敏法的一项重点工作,也是难点所在。等级表是系统脱敏法的关键,它直接影响脱敏的成败。在排列强弱的等级方面,通常将最强的刺激排在最上端,然后依照个体所感受到的焦虑程度由强到弱依次排列下去。

通过对被治疗者行为和情绪表现等信息的收集和分析,最终排列出焦虑(恐惧)等级表,行为治疗师往往会发现,被治疗者的焦虑和恐惧情况是很复杂的,要根据具体情况来确定合适的等级。例如对一名由于乘坐电梯而产生焦虑症的患者进行系统脱敏训练前,发现尽管他总体上是害怕乘拥挤的电梯,但实际上他更担心的是一个人独自乘坐电梯,由此在焦虑等级表中,将"电梯中只有

1个人”的情境排在“电梯里有一半的人”之上，见表2-1。

表2-1　　某患者乘坐电梯的焦虑等级表

等级	情境体验
九	电梯中挤满了人
八	电梯中有3/4的人
七	电梯中只有1个人
六	电梯中有一半的人
五	电梯中有2人
四	站在电梯门外等候电梯到来
三	从7米远处走向电梯
二	从大楼的门走向安有电梯处
一	走向底端有电梯的高楼

在做好肌肉放松训练和制定焦虑(恐惧)等级表后，开始进入治疗阶段。在治疗中，首先要求被治疗者做到身心放松，按照肌肉放松训练的流程使被治疗者得到全身心的放松。然后按照等级表从轻到重逐个呈现令其恐惧或焦虑的刺激物，或引导被治疗者想象这些刺激场景。在每一阶段上要能让被治疗者产生最低限度的焦虑，产生焦虑后用手指示意，然后停止想象，再次放松，如果没有焦虑产生，则进入下一阶段的训练。

根据被治疗者的焦虑程度，在训练时采取两种方式逐渐降低其对焦虑刺激的敏感性，一是可以逐渐改变刺激的特性，如形状、颜色、大小等；二是可以逐渐改变通往焦虑刺激的距离，由远及近。

应当注意的是被治疗者在想象该项目刺激情境而尚未报告有焦虑感出现时，不要给予任何语言的或物质的强化。而当被治疗者成功地通过全部等级或层次程序后，训练者应对被治疗者良好行为的表现给予适当的正强化。

4. 生物反馈疗法①

生物反馈(biofeedback)疗法是指在电子仪器的帮助下，将代表个体身体内部的生理活动情况的生物电信号放大，再通过多种感官通道呈现出来，从而使个体了解自身的机体状态，通过多次训练逐渐学会自主控制和调节生理活动的方法。

生物反馈疗法要借助生物反馈系统或仪器来实现，其组成包括信号放大

① 伍新春，胡佩诚. 行为矫正[M]. 北京：高等教育出版社，2005：242-245.

器、数字-模拟信号转换器、传感器及导线等。现代多数生物反馈系统都可以与电脑相联，使用专用的软件来呈现刺激信息并采集、记录生物电信号。多导生物反馈系统可以支持同时采集多个来源的生物电信号，常用的有皮肤电、脑电、心电、肌电、皮温、呼吸、血容积等生物电信号。人体的生物电信号较为微弱，通常人们是察觉不到这些信号的存在的。只有将传感器连接到人体，采集相应的生物电信号，然后通过放大器加以放大，再经过数字化处理，才能成为电脑可以识别、记录、分析的信息。

生物反馈技术依据的是应答性条件反射原理，针对人体自主神经系统(植物神经系统)通过训练可以一定程度上得到自主调节和控制内脏活动的特点，让个体借助仪器直观呈现的视频、图像、曲线、声音、文字等信息，逐步了解各种信号所代表的生理状态，进而能够通过身心放松来使其他生物电信号受到影响而向预期的方向变化，如调节体温的升降、血压的高低、心跳的快慢等。生物反馈系统将生理信号记录下来，以声、光刺激等形式对个体进行强化反馈，持久训练后达到无须借助仪器也可以在一定范围内自主调节生理状态的目标。表 2-2 列举了针对不同身心症状的生物反馈训练项目。

表 2-2　　针对不同身心症状的生物反馈训练项目

身心症状	适合的生物反馈训练项目	备注
紧张性头痛	前额肌电反馈放松训练	
哮喘	前额肌电反馈放松训练	
焦虑症	肌电放松训练	
恐怖性神经症	系统脱敏法＋肌电反馈训练	
失眠症	肌电或脑电反馈训练	伴有紧张情绪的失眠者用肌电反馈结合松弛训练，无焦虑的失眠者用脑电图 θ 节律反馈或产生感觉运动节律(SMR)解决
高血压	血压反馈训练或肌肉放松、手足温度升高训练	
心律失常	心律反馈或心电图记录仪训练	
腰背痛	肌电反馈放松训练	先全身后局部
慢性疼痛	脑电波节律反馈训练	
糖尿病	肌电反馈放松训练	作为辅助治疗
类风湿性关节炎	皮温反馈放松训练	
书写痉挛	肌电＋皮温反馈放松训练	先肌电、后皮温反馈放松情绪，结合书法练习和系统脱敏

续表 2-2

身心症状	适合的生物反馈训练项目	备注
成瘾及不良习惯	皮电或肌电反馈训练	不良习惯如过量吸烟、饮酒、饮食、咬指甲等
儿童多动症	额肌肌电反馈＋皮温反馈训练	
消化道溃疡	皮温、肌电生物反馈训练	

二、操作性条件反射原理

（一）操作性条件反射原理

在个体发展的早期，无条件反射和应答性条件反射在各种行为、活动中起着主导的作用；但随着年龄增长，幼儿出现了更多的复杂行为，其中大量的行为并没有受本能活动的直接影响，其形成的因素较为复杂，无法用应答性条件反射加以解释。例如在日常生活中，经常可以见到各种复杂的条件反射：儿童牙牙学语，幼儿养成排便的习惯，儿童认读文字符号，儿童根据红绿灯指示过马路，聋儿学说话等。

以美国心理学家斯金纳（Skinner，1904～1990）为代表的新行为主义者，通过大量的动物实验，进一步发现了动物和人在特定环境条件下表现出的主动行为，在得到强化物的情况下可以被增强的规律，进而提出了操作性条件反射理论。斯金纳设计了独特的“斯金纳箱”用于进行动物实验，见图 2-3。实验箱内有杠杆，杠杆与提供食物的装置相连。实验用的白鼠被放入箱内后，急于找到食物，在箱内盲目地乱跑乱撞，偶然碰到杠杆，打开了提供食物的装置，从而得到食物。最初白鼠并没有学会或预知按压杠杆可以得到食物的技能，但是经过

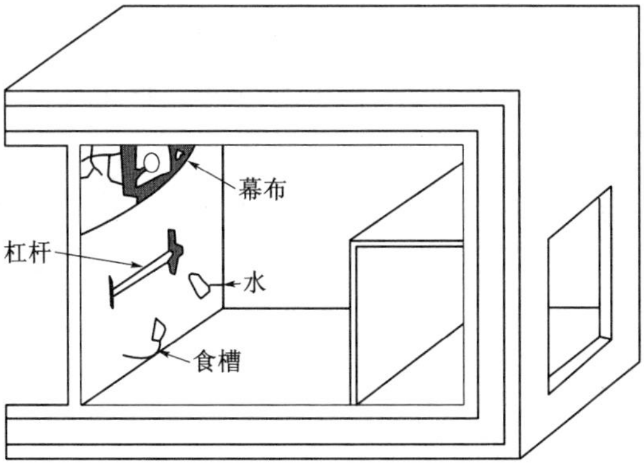

图 2-3　斯金纳箱

多次尝试后，白鼠就学会通过按压杠杆获得食物的技能。斯金纳认为白鼠按压杠杆的行为之所以得到巩固，在于按压杠杆之后得到食物起到了强化作用，这就是操作性条件反射或工具性条件反射(operant conditioning)。

专栏 2-2　应用操作性条件反射原理的经典实验

小白鼠按杠杆实验[①]

新行为主义心理学家斯金纳于 1938 年设计了研究动物行为的“斯金纳箱”。箱内有个杠杆与送食物或水的装置相联，当杠杆被碰到时，就会打开开关，送入食物或水，箱外有记录仪，可以记录下杠杆被推动的时间。在实验中，先将小白鼠关在笼子里不予喂食，使其处于饥饿状态。然后把小白鼠放进斯金纳箱，小白鼠由于饥饿和试图逃脱而四处乱撞，偶然碰到杠杆，得到一粒食物。最初小白鼠并没有建立这样的行为，仍然在四处乱跑，之后又会碰到杠杆而得到食物。重复多次以后，小白鼠学习到了主动按杠杆以得到食物的行为。在实验中，小白鼠从盲目行为到第一次按杠杆花了很长的时间，而一旦学会了这个行为，则从放进箱子里开始就会立即按杠杆，得到食物并吃掉后又会继续去按杠杆，间隔的时间大大缩短。这个实验为正强化原理提供了理论依据。

小白鼠在学会按杠杆后，不断重复按杠杆的行为以得到食物。在进一步的实验中，实验者控制了供给食物的装置，使得杠杆被碰触后，不再出现食物，结果小白鼠按压杠杆的行为就消失了。这一实验为消退原理提供了理论依据。

鸽子按钮实验[②]

斯金纳还将斯金纳箱改造为适合鸽子做反应的装置。当一只鸽子被关在箱子里时，实验者希望它去啄发亮的按钮。开始时，只要鸽子在箱子内走动，把头转向按钮方向时，就打开食物供给开关，给予奖赏。之后，当鸽子转身朝向按钮方向时，才给予食物奖励。再下一步，要等鸽子走到按钮附近时才给予食物奖励。此后，要等鸽子出现碰触按钮(即使是轻微的、无意中碰到)的动作时，才给予食物奖励。最后，要等鸽子用一定的力度去啄按钮时，才会得到食物。这样实验者就成功地训练鸽子通过塑造法获得了人们期望的行为。在后续的实验中，斯金纳将 8 只鸽子分别放到 8 个斯

① 林正文. 儿童行为的塑造与矫正[M]. 北京:北京师范大学出版社,1998:56,160.

② 林正文. 儿童行为的塑造与矫正[M]. 北京:北京师范大学出版社,1998:213,389.

金纳箱中，将实验程序设定为每隔 15 秒自动打开供给装置，给鸽子喂谷粒。连续多次后，其中有 6 只鸽子形成了类似迷信现象的刻板行为。有只鸽子不断反时针方向转圈；有只鸽子不停做叩头状；有只鸽子将头举起向高处够；有只鸽子身体和头部左右摆动个不停；还有只鸽子则装模作样不停地用喙梳理羽毛。这些行为原本是鸽子自发的动作，也没有特定的含义，但是由于食物是定时发放的，当某次食物开关打开时，鸽子碰巧在做某个动作，这个动作就被强化了。鸽子并不了解食物会定时送出，而是不停做某个固定动作以继续求得食物的出现。这一实验为间歇强化原理提供了理论依据。

操作性条件反射中的关键是行为的结果可以对某种行为的增减产生影响。“如果你想增强某种行为，就奖赏它！”依据这一信条，当个体表现出某种行为时，立即进行反馈使其得到某种特定的行为结果，这个行为结果通常有两种可能：一是令人满意的刺激物，其作用是增强行为；二是令人不愉快的刺激物，其作用是减少这个行为的出现。由此，操作性条件反射中，个体主动做出某个行为之后，紧接着出现的刺激物起到了反馈作用，对行为起着制约作用：如果该刺激是令人满意或愉快的，则是强化过程；如果该刺激是令人不愉快的，则是惩罚过程。也就是说，凡是行为结果可使行为增加的，就是强化过程；而凡是行为结果可使行为减少的，就是惩罚过程。例如在图 2-4 中，狱卒在审问囚犯，要求回

图 2-4　对操作性条件反射原理的形象解释

答“1+1”等于几，囚犯的回答是3，狱卒就用烙铁在他身上烫了个数字“2”，这就是对其错误反应的惩罚。用操作性条件反射的原理来解释，就是当行为者做出符合要求的行为时，可以得到正强化，而当行为者做出错误的行为时，得到的将是惩罚结果。

操作性条件反射理论在后来得到广泛的应用，不仅成为行为矫正方法最重要的理论基础，而且还为程序教学法、教学机器的研制，乃至信息化时代的多媒体辅助教学、电脑游戏等奠定了理论基础。教育行为矫正中的大多数方法都是建立在操作性条件反射理论基础上的。

（二）操作性条件反射与应答性条件反射的比较

案 例

条件反射导致苗人凤舞剑时的破绽

在金庸所著的《雪山飞狐》一书中，讲到胡一刀与苗人凤比武，苗人凤在使“提撩剑白鹤舒翅”一招前总会耸肩，这在高手较量中是不应该出现的。两人尽管有“世仇”，但是对对方的武功都很敬佩。在比完交流时，苗人凤解释到：“先父教我剑法之时，督率极严。当我十一岁那年，先父正教到这一招(提撩剑白鹤舒翅)，背上忽有虱子咬我，奇痒难当。我不敢伸手搔痒，难过之极。先父看到我的怪样，说我学剑不用心，狠狠打了我一顿。这件事我深印脑海，自此以后，每当使到这一招，我背上虽然不痒，却也习惯成自然，总是耸上一耸。”①

在这个例子中，有三种反射现象：第一个是先天反射导致的动作，当虱子咬人时，人本能地做出肌肉收缩的动作；第二个是应答性条件反射形成的行为，当苗人凤用到特定的剑招“提撩剑白鹤舒翅”，不论是想到、听到、说出来，都是一种信号，这个信号的作用下，引发的条件反射是当年的皮肉之苦，这个刺激十分强烈，使他不由得耸肩，似乎要用这个动作来驱赶咬人的虱子；第三个是操作性条件反射，苗人凤与胡一刀比武，可以使出自己的看家本领，但是比了一整天也不分胜负，苗人凤不得已还得用“提撩剑白鹤舒翅”这一招，因此，露出了破绽(耸肩)，而如果他用别的招法则不会有此问题。另外还需要注意的是，“习惯成自然”这一语道破了条件反射的奥秘——重复进行某种刺激，与原有的反射活动联系起来，就可以形成新的

---

① 金庸.雪山飞狐[M].广州：广州出版社，2001：96.

条件反射。

应答性条件反射与操作性条件反射有着共同的机制，都是通过建立刺激与反应之间的联系而形成特定行为，也都有着强化、消退等规律，特别是对于一些复杂行为而言，往往两者都在起着作用，而并非各自独立发挥作用。正如前面提到的苗人凤在用剑使出“提撩剑白鹤舒翅”一招时，不由得耸肩的条件反射，就既有应答性条件反射过程(招数的信号导致耸肩)，也有操作性条件反射过程(使出特定的剑招)。

而两者的不同在于：① 两者形成的条件不同。在应答性条件反射过程中，外界刺激在前，个体的反应在后，即由反应决定强化；而在操作性条件反射过程中，个体的反应在前，刺激物在后，刺激物的强化性质或惩罚性质决定反应以后能否维持，也可以概括为强化决定反应。② 行为的主动性不同。在应答性条件反射中，个体是被动地接受外界刺激；而在操作性条件反射中，个体是主动地发出行为。③ 作用机制不同。在应答性条件反射中，通过两种刺激同时出现，将一种刺激物具有的性质转移到另一种刺激物上，从而建立新的条件联系；而在操作性条件反射中，作为即时后果的刺激物对行为起促进或减少的作用。

需要注意的是，尽管在操作性条件反射中，个体的行为在先、刺激物在后，与应答性条件反射中的刺激在先、行为在后有所不同，但实际上，个体所在的环境仍然可以看作是刺激在先。行为总是在特定的环境条件下发生的，这仍然符合行为主义关于刺激-反应关系的观点。例如，只有在斯金纳箱这一特殊环境下，白鼠才会做出按压杠杆的动作。因此两种条件反射理论并不是对立的。

三、社会学习理论

社会学习理论的创始人班杜拉(Bandura，1925～)提出了观察学习的观点，他认为个体的行为是与认知、环境等因素交互作用而成的，个体可以通过观察他人行为而获得或改进行为。班杜拉认为行为习得有两种：一种是通过直接经验获得行为反应模式的过程，即直接经验的学习；第二种是通过观察示范者的行为而习得行为的过程，即间接经验的学习。班杜拉认为观察学习也离不开强化因素的作用，观察者通过观察示范者的行为，表现出模仿行为，其行为结果可以通过外部强化、自我强化和替代性强化等得到增强。

观察学习有很多优点，首先，通过模仿来学习可以使学习的过程缩短，避免由于尝试错误和失败带来的情绪影响。其次，儿童的行为可以通过观察别人的行为来获得。儿童不必直接对刺激做出反应或直接体验强化,通过观察和模仿别人的行为就能够产生新的行为或使自己的原来的行为发生改变。

现实生活中有很多模仿学习的事例,如学校教育中通过宣传各种英雄模范人物的事迹对学生起到榜样的作用;人们常说父母是儿童的第一任教师,说的也是模仿学习;而上学后,很多学生模仿或崇拜老师;信息化时代青少年由于追星而表现出的明星崇拜等;在古代,孟母三迁的故事,也说明了人们很早就认识到了模仿学习的作用;"近朱者赤,近墨者黑"说的也是模仿作用的影响。

(一) 观察学习的过程①

班杜拉认为,观察学习主要受注意过程、保持过程、动作重现过程以及动机过程四种心理过程的控制。

1. 注意过程

注意过程主要能引起观察者对示范者的注意,使其产生学习的愿望。如果人们对榜样行为的重要特征不加注意,就无法通过观察进行学习。注意过程决定着在大量的榜样影响中选择什么作为观察的对象,并决定着从正在进行的榜样活动中抽取哪些信息。

影响学习者注意过程的因素主要有示范行为的特性、示范者(榜样)的特征、观察者的特点等。

(1) 示范行为的特性

示范行为的显著性、复杂性、普遍性和实用价值等影响着观察学习的速度和水平。独特而简单的活动容易成为观察的对象。示范行为越流行,越容易被模仿。如各种大众传播媒介中的示范行为极易成为大众学习的榜样行为;在信息化时代,影视明星的行为更容易成为青少年乃至普通大众的学习对象。此外,敌对的、攻击性的行为比亲社会行为更易于被人们模仿,榜样行为被奖励比被惩罚更能引起模仿的倾向。因此,应特别关注网络、手机等新媒体以及电影、电视等传统媒体所传播的明星、公众人物、虚拟人物甚至草根明星、网红等人物的行为表现,他们往往可能成为行为示范者而影响范围极其广大的观众。

(2) 示范者(榜样)的特征

示范者也就是榜样。示范者对于学习者的观察学习影响较大。在年龄、性别、兴趣爱好、社会背景等方面与观察者越相似的榜样,越易于引起人们的注

① 李祚山,陈小异.行为改变技术[M].北京:北京师范大学出版社,2013:39-41.

意。同时，人们倾向于注意那些受人尊敬、地位较高、能力较强、拥有权力且具有吸引力的榜样；而社会地位较低、能力较弱、权力很小且缺乏吸引力的榜样，则难以成为模仿的对象。

(3) 观察者的特点

观察者本身的信息加工能力、情绪唤醒水平、知觉定势、人格特征和先前经验等也影响着观察学习。信息加工能力强、情绪唤醒水平高的个体，能从观察中学到更多的东西。观察者过去形成的知觉定势，会影响到他们在观察中抽取什么特征以及如何对所见所闻做出解释。缺乏自信、低自尊、依赖性强的人，更易于注意他人并模仿榜样行为。同时，先前获得强化经验的行为在当前的观察学习情境中，将比较容易受到注意。

2. 保持过程

保持过程使观察者在观察到榜样的示范行为后，将这种示范以符号编码的形式保存下来。观察者把这种反应模式以符号的形式保存在记忆系统中，在以后个体才能根据言语符号来唤醒表象，并指导自己的行动。

班杜拉认为，示范信息的保持主要依赖于两种符号系统，即表象系统和言语系统。在儿童发展早期，视觉表象在观察学习中起着重要作用；在他们的言语技能发展到一定阶段时，言语编码就成了主要的信息保存形式。同时，动作的演练也可作为一种重要的记忆支柱。有些通过观察而习得的行为，由于社会禁令或缺乏机会，不能用外显的手段轻易地形成，此时如能在头脑中进行心理演练，也可大大提高熟练程度，增强保持时间。

3. 动作重现过程

动作重现过程就是将符号表征转化为实际动作的过程。这个过程决定了那些已经习得的动作转变为行为表现的范围和程度。一个人即使已经充分注意到了榜样行为，并把它经过编码后良好地保持在记忆中，但是如果没有适当的动作能力，个体仍不能再现这种行为。

班杜拉认为，个体对榜样行为的再现过程可以划分成：反应的认知组织，反应的发起和监控，以及在信息反馈基础上的精炼。在行为实施的初始阶段，反应在认知水平上得到筛选和组织。学习者能否用行为的方式表现观察学习的内容，部分取决于他们是否已具备再现榜样行为所必需的子技能。如果学习者已具备这些子技能，则很容易综合起来，产生新的反应模式；相反，则行为的再现就会很困难，必须首先发展这种基本的子技能。

要把观察学习到的东西付诸行动，在行为水平上还存在着其他障碍。观察在第一次转化成行为时，很少是正确无误的。观察和行为的完全一致通常是通过对初步尝试的正确调整而得到的。符号表征与实际行为之间的差异，可用来作为矫正动作的线索。在学习复杂技能时的一个常见问题是，操作者无法全面观察自己的反应，他们只能依赖模糊的动作线索或观察者的口述来得到一些行为再现情况的信息，但是这些是难以有效指导行为的。

仅仅通过观察，技能不会完善；仅仅通过试误，技能也不会得到发展。在大多数日常学习中，人们通常是通过榜样作用大致掌握新的行为，然后根据自我矫正的调整，才逐渐熟练掌握这种技能的。

4. 动机过程

动机过程包括外部强化、替化强化和自我强化。外部强化表现为，在榜样行为发生后，观察者通过观察学习，进而表现出同样的行为来，其结果是观察者如果得到令其满意的强化结果，则以后观察者更倾向于再次表现这一行为。替代强化，是指观察者观察到榜样行为得到的后果是令榜样满意的强化结果，尽管观察者自身并没有直接得到正强化，但其效果如同自己直接体验到满意后果是一样的，从而促进观察者今后更倾向于再次表现同样的行为。这种替代强化的效果体现在，通过观察而习得的行为中，看到他人获得积极效果的行为，比看到他人得到消极结果的行为，更容易表现出来。而自我强化则表现为观察者对自己行为的结果评定，如果得到的是令其满意的正强化物，则该行为倾向于再次发生。自我强化实质上是指人们能够自发地预测自己行为的结果，并依靠信息反馈进行自我评价和调节。班杜拉特别强调替代强化及自我强化的作用，强调学习中的认知性和学习者的主观能动性。

班杜拉认为，由于大量因素影响观察者学习，因此即使展示出最引人注目的榜样，也不会使观察者产生相同的行为。如果要使观察者最终表现出与榜样相匹配的反应，就要反复示范榜样行为，指导他们如何去再现这种行为，并当他们失败时客观地予以指点，当他们成功时给予奖励。

（二）攻击性行为的模仿实验

班杜拉设计了一个通过模仿使儿童获得攻击行为的实验。该实验分为两个阶段：示范阶段和模仿阶段。

第一阶段是示范阶段。给参与实验的儿童播放一部短片，内容是一位成人殴打玩偶的过程，但是录像片共有三种不同的结尾，相应地将儿童也分为三组，分别让每组只观看一种结尾:① 奖赏结果:录像片中出现第二个成人,他对殴打玩偶的成人进行称赞和奖励;② 惩罚结果:录像片中出现的第二个成人,对殴打玩偶的行为进行批评指责;③ 无反馈结果:第一个成人殴打玩偶自然结束。

第二阶段为模仿实验:① 无诱因:看完录像后,把这些儿童分别带到一间放着和录像中同样玩具的房间。结果发现各组都有部分儿童自发模仿,奖赏结果组模仿攻击行为的儿童人数较多,而惩罚结果组模仿行为很少,总的来看,无诱因条件下的自发模仿中,男孩表现出攻击行为稍多。② 积极诱因:告诉儿童如果模仿影片中的行为,可以得到糖果奖励。这就是积极诱因下的诱发模仿。结果,三组儿童(奖赏结果/惩罚结果/无反馈)都表现出很高的模仿行为,性别无差别。即不管是男孩还是女孩,也不管是看的哪种结尾的录像片,都有儿童模仿攻击行为,见图 2-5。全体参与实验的儿童中有 88%的儿童都模仿了攻击行为。8 个月后,仍有 40%的儿童重演玩偶实验中观察到的暴力行为。

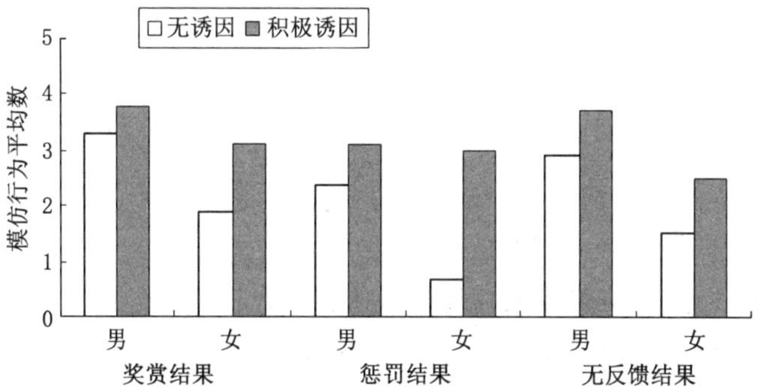

图 2-5　在积极诱因和无诱因情况下儿童模仿行为表现图①

根据该实验结果,班杜拉发现:① 示范者的行为是否受到强化,不影响模仿行为本身,因为通过观察习得的行为,有可能直接表现,也可能并不表现出来。② 观察学习后没有表现的行为,并不意味着他们没有学习到。③ 在内外部条件诱发下(如鼓励),习得而未表现的行为就会表现出来。

通过班杜拉的实验,可以证明儿童攻击性行为不仅可以从现实生活中通过观察学习到,也能通过媒体的观察而习得。如果有了适当的诱因则模仿行为更容易出现。例如近年来出现的抢银行、劫机、攻击无辜行人等突发事件中,许多犯罪嫌疑人正是通过各种传播媒体(如网络、电影、电视、录像、电脑游戏等)中

① 吕静.儿童行为矫正[M].杭州:浙江教育出版社,1992:42.

学习到了之前有人做过的类似举动，在金钱刺激下铤而走险而做出危害社会的行为。

四、认知行为理论①

认知行为理论认为，在认知、情绪和行为三者中，认知起着中介与协调的作用。认知对个人的行为进行解读，这种解读直接影响着个体是否最终采取行动。认知的形成受到“自动化思考”(automatic thinking)机制的影响。所谓自动化思考是经过长时间的积累形成了某种相对固定的思考和行为模式，行动已经不需要经过大脑的思考，而是按照既有的模式做出。或者说在某种意义上思考与行动自动地结合在一起，从而使人不假思索地行动。正因为行动是不假思索的，个人的许多错误的想法、不理性的思考、荒谬的信念、零散或错置的认知等，可能存在于个人的意识或察觉之外。因此，要想改变这种状况，就必须将这些已经可以不假思索做出的行动重新带回个人的思考范围之中，帮助个人在理性层面改变那些不想要的行为。② 认知行为理论的主要分支有艾利斯的理性情绪疗法、贝克的认知疗法、梅晨保的自我指导训练法等，本节重点介绍理性情绪疗法。

（一）理性情绪疗法的含义

理性情绪疗法是美国临床心理学家艾利斯在 20 世纪 50 年代创立的，它是通过改变个体的认知模式来减少来访者内心冲突的一种心理疗法。理性情绪疗法的一个基本假定是：个体的情绪来自他对所遭遇的事件的信念、评价、解释或哲学观点，而不是来自事件本身。情绪和行动受制于个体的认知，改变了认知，情绪和行为的困扰就会在很大程度上得到改善。所以在理性情绪疗法的治疗过程中，总是把认知改变摆在最突出的位置，给予最优先的考虑。

理性情绪疗法的提出是和艾利斯的人性观紧密联系在一起的。艾利斯认为，人既是理性的，又是非理性的。人兼具两种思维：理性思维和非理性思维。理性的思维是合理的，它使人珍惜生命，致力于追求人生的理想和价值。当人们按照理性思维去行动时，他们就会是愉快的以及行有成效的。而非理性的思维是不合理的思维，它使人迷信固执、自怨自艾、盲目冲动、缺少涵养，要求自己

① 本小节由胡文婷起草。

② (美)莱德利，马克斯，汉姆伯格. 认知行为疗法[M]. 李毅飞，等，译. 北京：中国轻工业出版社，2012：117-128.

和他人十全十美，难以与人建立和谐的关系。例如，两个人遭遇到了同样的事件——由于工作失误造成一定的经济损失，于是产生了很大的情绪波动。在总结教训时，甲认为吃一堑长一智，以后一定要小心谨慎，防止再犯错误，努力工作，把造成的损失弥补回来。由于有了正确的认知，产生合乎理性的信念，所以没有导致不适当的情绪和行为后果。而乙则认为发生如此不光彩的事情，实在丢尽脸面，表明自己能力太差，无颜再见亲朋好友。因为存在这样错误的或非理性的信念，乙再也振作不起精神来，最终导致了不适当的甚至是异常的情绪和行为反应。可见，人的大部分情绪或心理的困扰，都是由于这种不合理性的思维或信念所导致的（表 2-3 列举了生活中经常会出现的部分不合理信念）。如果一个人能够学会并扩大利用理性思维，减少非理性思维，大部分的情绪或心理困扰都可以解除。

表 2-3　　生活中常出现的部分不合理信念

◇ 每个人都要取得周围其他人的喜爱和赞许
◇ 有价值的人应在各个方面都比别人强
◇ 世界上有些人很邪恶、很可憎，是坏人，应严厉谴责和惩罚他们
◇ 任何事情都应该按自己的意愿发展，否则会很糟糕
◇ 要面对人生的艰难和责任，实在不容易，倒不如逃避来得容易
◇ 人的不愉快是由外界因素造成的，所以人实在是无法控制自己的痛苦和困惑
◇ 一个人应随时担心可能发生灾祸
◇ 已经定下的事是无法改变的

在情绪的 ABC 理论中，艾利斯详细地论述了人的情绪不是由某一诱发性事件本身所引起，而是由经历了这一事件的人对事件的解释和评价所引起的这一基本观点。在这个理论模式中：A 是指诱发性事件（Activating events）；B 是指个体在遇到诱发事件之后相应而生的信念（Beliefs），即他对这一事件的看法、解释和评价；C 是指特定情景下，个体的情绪及行为的结果（Consequence）。

通常人们会认为，情绪引起的行为反应是直接由诱发性事件 A 引起的，即 A 引起了 C。ABC 理论则指出，诱发性事件 A 只是引起情绪及行为反应的间接原因，而人们对诱发性事件所持的信念、看法、解释（B）才是引起人的情绪及行为反应的更直接的原因。艾利斯进一步认为，由于人是可以使用语言符号的，就像思维这一内在语言一样，人的情绪也可以通过自我语言或内在句子的形式得以维持。人们在日常生活中反复不断重复的话语，将内化为自己的思想,并左右自己的情绪。为此,艾利斯指出,帮助人们改变不良的情绪和行为反应,最迅速、最牢固、最持久、最高雅的技术就是促使他们清楚地发现各种信念强烈地告诉了自己什么,并教导他们如何主动地有活力地驳斥自己的这些非理性信念。

(二) 理性情绪疗法的实施过程

理性情绪疗法在具体的实施过程当中,一般要经历 4 个阶段:心理诊断阶段、领悟阶段、疏通阶段和再教育阶段。

1. 心理诊断阶段

在心理诊断阶段,治疗者的主要任务是要与来访者建立起良好的工作关系,帮助来访者树立起信心。治疗者可以直接或间接地向来访者介绍 ABC 理论的基本原理,指出造成来访者心理问题的症结是其思维方式、信念的不合理,正是不合理的信念给他们带来了情绪的困扰。

理性情绪疗法十分重视治疗者和来访者之间的关系。采用理性情绪疗法的治疗师应把建立和睦的咨访关系作为治疗的第一步。在治疗的一开始,治疗者就应该积极表达他们对来访者的关心,对其问题的关注,以及对来访者的理解和接受,让来访者能够感到自己被倾听,感到自己被理解,甚至觉得治疗者比自己还要了解自己。艾利斯指出这是一种积极的移情,他还认为最好的建立关系的方法是解决来访者现在的问题。治疗者应该透过来访者的主诉以及与来访者的交谈,摸清他所关心的各种问题,将这些问题根据所属性质和来访者对它们所产生的情绪反应进行分类,以来访者最迫切希望解决的问题为中心,与他们共同商讨制定治疗的终点目标。

2. 领悟阶段

领悟阶段是对来访者内心存在的非理性信念进行剖析的阶段。在这一阶段,治疗者不仅要帮助来访者认识到自己不适当的情绪表现和行为症状是什么样的,更重要的还应该使来访者意识到产生这些症状的原因是他们自己造成的。即要寻找产生这些症状的思想或哲学根源,找出他们的非理性信念。

在寻找非理性信念并对它进行分析时要循序渐进:首先要了解有关激发事件的客观证据;其次,询问来访者对激发事件的主观体验以及他做出的反应;再次,要来访者回答为什么会对它产生恐惧、悲痛、愤怒的情绪,找出造成这些负性情绪的非理性信念;又次,分析来访者对激发事件同时存在理性的和非理性的看法或信念,并且将两者区别开来;最后,将来访者的愤怒、悲痛、恐惧、抑郁、焦虑等情绪和不安全感、无助感、绝对化要求以及负性自我评价等观念区别开来。

3. 疏通阶段

在疏通阶段，治疗者主要采用辩驳的方法动摇来访者的非理性信念，或者采用夸张或挑战式的发问要来访者回答他有什么证据或理论对激发事件持与众不同的看法。通过反复不断的辩驳，来访者理屈词穷，不能对自己的非理性信念自圆其说。这使他真正认识到，非理性信念是不现实的，不合乎逻辑的，也是没有根据的。于是来访者开始分清什么是理性的信念，什么是非理性的信念，并用理性的信念取代非理性的信念。

这一阶段是理性情绪疗法最重要的阶段。在对来访者进行疏导教育时，除了与来访者的不合理信念进行辩驳外，治疗者还可以结合其他各种认知的、情绪的和行为的方法来进行。如布置来访者做认知性的家庭作业（如让来访者阅读有关本疗法的文章，或写一个与自己某一非理性信念进行辩驳的报告），或进行放松治疗以加强治疗效果等。

4. 再教育阶段

再教育阶段是治疗的最后阶段，旨在巩固和扩大辅导成果。在这一阶段中，治疗者除了要进一步帮助来访者摆脱旧的不合理的信念和思维方式外，还应进一步探查来访者是否还有其他的与症状无关的不合理信念存在，并引导来访者继续与之辩驳。与这些信念进行辩驳，能够使来访者在治疗过程中学到的合理思维方式得以强化，让合理的思维方式形成习惯；还能进一步巩固来访者在前一阶段所学到的与不合理的信念进行辩驳的方法，使来访者能够用辅导中学到的方法去理性面对现实生活。

这一阶段的治疗，通常还包括了对来访者的各种不同的程序训练，具体运用什么样的训练，这要视来访者的具体情况而定。如有针对性地给来访者一些解决问题的训练、社会技能训练和维护自身利益的训练等。这类的训练可以单独实施，也可以小组形式进行集体训练。

案　例

打败小怪的大学生

来访者姓名：陈某某（某高校大四学生）

咨询原因：马上面临就业，想改掉自己身上一些不好的习惯，比如很容易紧张，身体会抽搐，这影响他的表现。

症状表现：有时候身体会不自觉地抽搐，具体表现是右边肩膀轻微颤抖，嘴巴微微张开不受自己控制，每次大约持续半分钟，每天会发作五六次。他觉得这种症状很影响自己的学习和生活，他称其为“小怪”。

遗传及医学因素：

(1) 遗传方面：其母亲年轻时在人前身体会不自觉抖动，后来随着年龄增长自我调节好了。

(2) 医学方面：并没有检查出任何器质性病变问题。

咨询思路：

(1) 倾听来访者讲述他与小怪的故事，用合理的方式表达出他对小怪的憎恨，释放这么多年来被压抑的悲伤情绪。

(2) 构建良好的咨访关系，给予他心理上的支持，与他一起面对小怪。

(3) 逐步认识小怪并了解小怪形成的原因，并修正他脑子里的不合理信念，在情绪上接纳小怪。

咨询目标：

(1) 帮助来访者了解抽搐背后的心理动因，在心理上不再排斥和恐惧这种抽搐。

(2) 帮助来访者以正确的态度来面对身体的抽搐，在情绪上接纳这种抽搐。

心理动因分析：

(1) 来访者回忆起的第一次身体抽搐情景：初一时，和小伙伴们比赛跑步，从学校跑回家里，结果路上他身体抽搐，他无法往前跑。那是他记得的自己第一次身体抽搐，也是小怪第一次出现。

(2) 与来访者讨论到的可能的诱发性事件：他曾经有一位邻居，是一个因患小儿麻痹症而致残的肢体残疾人。来访者幼时出门时见到他，觉得他身体很怪异而嘲笑他。后来因为搬家就再也没见过他，但在一次咨询中提到他，来访者觉得这可能是对自己的“报应”。

(3) 强化性因素：初中时，他因为和同学打架而被老师叫上讲台，当面向那位同学道歉，但是在他内心里认为是那位同学做错了；同时台下还坐着一个他很有好感的女生，他觉得既委屈又羞愧。站在讲台上，他觉得身体僵硬，到台下后有了抽搐的表现。

(4) 习惯因素：他过于关注小怪的出现以至于形成了一种习惯，这是一种精神交互作用，越是在意这件事，越会放大这件事在他心里的感受，这种关注慢慢演变成了一种自我暗示，提醒着小怪的出现。

咨询过程中的事件分析及认知干预见表 2-4。

表 2-4 咨询过程中的事件分析及认知干预

	事件 1	事件 2	事件 3
事件分析	和小伙伴赛跑，如果我不能赢，同伴们会笑话我	嘲笑曾经的邻居是残疾人，以至于后来抽搐时就像他一样	总是选择难度很大的事情去做，做的时候拖延，最后就草草了事，结果很差
负性思维	如果某件事做不好，别人就会嘲笑我，我是一个没有用的人	都是我的错，抽搐是老天给我的惩罚	我只有做好了难度很大的事情，才能显示自己的能力，如果别人不能看到我很有能力，我将是一个无能的人
情绪	失望，低落	自责	紧张不安
行为	身体抽搐	错误归因	拖延，躲避，自我否定

咨询评估：经过 23 次的咨询，来访者逐步修改了一些不合理信念，调整了自我否定的消极行为，并能够理解小怪形成的原因，并尝试着接纳小怪的发生，小怪发生的频率也有所下降。

（三）理性情绪疗法的治疗技术

理性情绪疗法具体的治疗技术很多，只要是能改变来访者内在不合理信念的方法都可以使用。总的说来，这些技术可以分为一般的和特殊的两类。一般技术包括探讨、觉察、挖掘、解说、面质、辩驳、消除不当的自我灌输等；特殊技术则指应用行为矫正中的技术，如认知家庭作业、催眠法、操作性条件反射、角色扮演、模仿、合理的情绪想象技术、非理性信念脱敏法、理性情绪自主训练等。

1. 辩驳

在理性情绪疗法的治疗过程中，最常用的就是与不合理的信念进行辩驳的技术。这几乎适用于每一个来访者，而其他方法则要视来访者的具体情况而选用。因为“辩驳”一词的英文是 Disputing，“效果”一词的英文是 Effects，这样，理性情绪疗法的整体治疗模式就简称为“ABCDE”了。采用辩驳方法时，治疗者必须积极主动地、不断地向来访者发问，对其不合理的信念进行质疑。提问的方式，可分为质疑式和夸张式两种。

(1) 质疑式。治疗者直截了当向来访者的不合理信念发问，譬如说：“你这样认为的理由是什么？如果生活不是按照你所希望的方式那样进行，为什么就是糟糕可怕的?”“你为什么要什么事情都比别人做得好?”“为什么别人都应该按照你想的那样去做?”“你有什么证据能证明自己的这一观点?”等等。

(2) 夸张式。治疗者针对来访者信念的不合理之处故意提出一些夸张的问题。这一提问方式由于使对方在这一过程中感到自己的想法不可取,从而容易让他放弃自己的不合理想法。

例如,一个患有社交恐惧的来访者说:“别人都看着我。”

治疗者:“他们不干自己的事情,只是盯着你看吗?”

来访者:“没有。”

治疗者:“要不要在身上贴张纸,在上面写上‘不要看我’的字样?”

来访者:“那样人家更要来看我了!”

治疗者:“你怎么知道别人都在看你?”

来访者:“是我头脑中想象的……”

2. 合理情绪想象技术

合理情绪想象技术也是理性情绪疗法中经常使用的方法之一,可以分解为三个步骤。

(1) 使来访者在想象中进入不适应的情绪反应或自感最受不了的情境之中,让他体会在这种情境下的强烈情绪体验。

(2) 帮助来访者改变这种不适当的情绪体验,并使他能体验到适度的情绪反应。在这一过程中,常常是通过改变来访者对自己情绪体验的不正确认识来进行的。

(3) 停止想象。让来访者讲述他是怎样想的,自己的情绪有哪些变化,是如何变化的,改变了哪些观念,学到了哪些观念。对于来访者情绪和观念的积极转变,治疗者应及时给予强化,以巩固他在治疗过程中获得的新的情绪反应。

3. 认知家庭作业

理性情绪治疗者不仅注重在治疗任务过程之中运用多种方法来改变来访者的不合理信念,也注重在治疗过程之外,布置一定的作业以减少来访者的不合理信念。这些家庭作业包括将理性情绪疗法中的 ABC 原理应用于他们在日常生活中碰到的许多问题之中,经常让来访者填写一些合理情绪自助表格,鼓励来访者不时地将自己置于一种冒险情景中,以向自己的自我限定信念挑战等。治疗者要定期对来访者的作业完成情况进行评估,并反馈给来访者本人,以使他们对自己的情况和力量有较深刻的认识。

案　例

发泄到儿子身上的无名怒火

来访者姓名：汪某某（某事业单位的女职工）

咨询原因：来访者求助咨询时诉说："我希望你能帮帮我的儿子。我现在很无助。我的儿子太不听话了，我都快崩溃了，好几次，我都想跳楼了。因为我们家比较特殊，是单亲家庭，他爸爸去世了，我一个人带他，他现在太不听话了。"

通过后来的讨论，来访者求助咨询有以下三个方面的原因：① 由于丈夫的去世而遗留的悲伤情绪；② 将对生活的希望全都转移到儿子身上，却对儿子的现状很失望；③ 由于童年时过度地压抑和自律，导致了她现在生活很难真正开心起来。

症状表现：四年前，丈夫去世后，她便一个人带儿子，儿子现在上初三，她对儿子的学习抓得很紧，希望儿子考上一所好高中，将来能考丈夫当年读的那所大学，见不得儿子玩游戏。可自从几个月前，自己生了一场病，无暇顾及儿子，儿子便成天上网，不听劝告。她好几次都想砸掉电脑，看到儿子就好憎恨，想对他发火。

咨询思路：

(1) 倾听来访者讲述她对儿子的种种不满，尝试着理解她的处境，并与之建立较好的信任关系。

(2) 与来访者一起探讨儿子行为背后的原因，尝试着去理解儿子，站在儿子的角度上看问题。

(3) 明确对儿子无名怒火背后的原因，合理表达对丈夫的哀思之情。

咨询目标：

(1) 理解孩子，掌握与儿子沟通的技巧，与儿子建立健康合理的关系。

(2) 完成对丈夫去世的哀悼，宣泄丈夫突然离世之后自己的恐惧与害怕。

(3) 表达对丈夫的哀思之情，以积极的心态面对今后的生活。

心理动因分析：

(1) 小时候来访者的父亲常常一周才回来一次，她犯错了，母亲当面不跟她说，而是等到父亲回来，告诉父亲，然后一起数落她哪里做得不好，这可能造成了来访者做事情谨小慎微，患得患失，对自我要求很高。

(2) 来访者丈夫的工作与电脑有关,经常在电脑旁边,要么工作要么玩游戏,有时候还带着儿子玩游戏,父子一块玩游戏。后来丈夫因为劳累过度去世,来访者心里一直责怪是玩电脑毁坏了丈夫的身体。她过度苛责儿子,多余的情绪似乎是针对丈夫的,仿佛是苛责丈夫曾经没有听她的话导致了后来严重的后果,更苛责他过早地离开,将家庭的重担留给她一个人。

(3) 来访者沉浸在自己的世界里,无法真正理解儿子。对于儿子来说,他的生活也挺糟糕:父亲去世,爷爷奶奶还常常做些伤害他和母亲的事情,最喜欢的老师突然离开,而今年妈妈突然又病了,也许在他心里是害怕的,他没有办法面对这些事情,只能通过游戏的方式逃避现实。而且玩游戏对于儿子来说有着特殊的意义,这似乎是跟父亲一起玩,电脑成了他思念父亲的工具。

咨询过程中的事件分析及认知干预见表 2-5。

表 2-5　　咨询过程中的事件分析及认知干预

	事件 1	事件 2	事件 3
事件分析	"我现在最担心的是他的身体。我不喜欢他玩电脑,哪怕他休息看看书听听音乐都好,也不是每时每刻都要他学习。任何时候只要他想学习都不晚,但他现在就是每天都要玩游戏。"	"我还是希望他能上大学,上他爸爸那所大学。以前我丈夫带我儿子去参观了那所学校,他非常想去那所学校。我们都希望儿子能上那所大学。"	"我有个朋友,我们家跟他们家各方面都相似,我老公和她老公,我和她,我儿子和她儿子。以前她儿子在成绩等各方面都不如我儿子,但是初中后,她儿子特别认真,考了全年级第二,考到重点高中。再后来我老公去世,从此我就不太愿意跟她聊天,现在也不愿意跟任何人谈我的儿子。我儿子不是那种很笨的人,只要花30%的心思在学习上,绝对不是现在这个样子……"
负性思维	儿子玩电脑就会毁掉身体,下场就和他爸爸一样	儿子如果不能考上丈夫那所学校,长大后什么事情都做不了,他以后要怎么办呢	如果丈夫不去世,我的儿子努力一点,我就不是现在这个样子,我一定也比她强
情绪	担心,害怕	担心,害怕	怨恨儿子,抱怨丈夫去世得早
行为	禁止儿子玩电脑,与儿子发生冲突	强迫孩子努力学习,与儿子发生冲突	抱怨儿子,与儿子发生冲突

效果评估:

经过 7 个月的咨询,来访者能够尝试着去理解儿子,释怀了对儿子玩电脑的恐惧;尝试着去区分对丈夫去世遗留的情绪与儿子的现状,逐渐调整好了与儿子的关系，儿子的中考成绩也不错。

实践活动

1. 到一个班级里听课，重点观察：① 教师对学生的表扬与批评的频次；② 学生在课堂上的行为表现。将结果记录下来。

2. 欣赏歌曲《不后悔》，从歌词中体会条件反射形成的基本条件。

不 后 悔

作词：勇敢的中国

作曲：Kim Won Hyun Sim Mahnzu

演唱：李在元

Just do what I do/(我不后悔 绝不后悔)/(我不后悔 绝不后悔)
再一次相信你/又一次我开始选择受挫
仿佛你在挽回什么/但你却让我不知所措
不舍得(是我不舍得你)/我不舍得(不舍得放弃你)
不适合(你和我的关系 complicated)/我别无选择(all right all right)，
就这样再再再次接受你的施舍/(我的身体已经做出选择)
就这样反反复复我的条件反射(为什么)
我不后悔(我绝不后悔)/不后悔(努力去忘记过去)
我不后悔(哪怕是再次受伤) Tell me what for

Copy and paste I'm trying/重复着同样的动作
重复着同样的地点/重复着同样的感觉
我努力不去后悔/不舍得(是我不舍得你)
我不舍得(不舍得放弃你)/不适合(你和我的关系 complicated)
我别无选择(all right all right)/OK 就这样了 我不会再 犹豫了
重复的感情 算是爱情的补习(Don't break my heart)
不管是对与错　抛开感情的交错
好像是第一次 It seems got that what it for
我不后悔(我绝不后悔)/不后悔(努力去忘记过去)
我不后悔(哪怕是再次受伤)Tell me what for
我们需要改变 It seems not simple

Copy and paste I'm trying/重复着同样的动作
重复着同样的地点/重复着同样的感觉
我努力不去后悔/就这样再再再次接受你的施舍
(我的身体已经做出选择)/就这样反反复复我的条件反射(为什么)
我不后悔(我绝不后悔)/不后悔(努力去忘记过去)
我不后悔(哪怕是再次受伤)Tell me what for

3. 四人一组模拟认知行为矫正技术,活动主题是"有本事咱来吵一架"。两人分别扮演男女恋人,由于日常小事引发争吵;另外两人站在他们身后作为"正身",每当他们觉得自己的"主角"说的话透露出不合理信念时,就果断喊停,然后将他们辩驳的话说出来,让他们的交流继续下去,让他们感受一下在这个过程中通过改善不合理信念会不会引起不同的结果。

思考题

1. 除了望梅止渴外,还有哪些成语故事可以解释条件反射行为?

2. 比较应答性条件反射与操作性条件反射的异同。

3. 阅读以下新闻报道,你如何评价3名小学生的行为?请对他们的行为提出针对性的改进建议。

小学生拾金不昧被称赞　为再受表扬旷课捡钱包[①]

9日下午两点多,郑州高皇寨社区警务室,两名小学生捡到一个钱包后,交到了辖区民警韩警官手中,里面有银行卡、加油卡和1 330元现金等。11日上午,联系上失主后,韩警官与失主一起来到学校。失主钟先生送了新书包给两名小学生表示感谢,韩警官和老师当着同学们的面表扬了他们的拾金不昧行为。韩警官还写了篇博客《我身边的活雷锋》。下午三点多,三名小学生的家长找到韩警官说,老师打电话通知说他们的孩子下午都没去上课,一名是班长,还有两名是上午捡钱包被表扬的同学。调取监控发现,三人当天下午一点多进校门后一起离开。家长和韩警官顺着魏河两岸和刘庄村口寻找,在花园路高皇寨村口找到了三名小女孩。原来,上午受表扬的事触动了两名小女孩和班长,三人顺着当日捡钱包的地方走了一圈,看看谁会丢钱包,准备捡了交给警察叔叔受表扬。

① 冉小平.小学生拾金不昧被称赞　为再受表扬旷课捡钱包[N].郑州晚报,2013-04-13.

第三章 正 强 化

案 例

陈鹤琴:小孩子喜欢称赞的

现代教育家陈鹤琴在《怎样做好父母》一书中概括了儿童的若干心理特点,其中一条就是"小孩子喜欢称赞的"。他说:"二三岁的小孩子就喜欢'听好话'的,喜欢旁人称赞他的。……一鸣画图,若画得好,我就称赞他几句,鼓励他几句,并且替他在图画上写'很好'的字样,他就显得很快乐的样子。……这种赞许心,我们做父母的教育小孩子时应当利用的,然而不可用得太滥,一滥就失掉它的效用,反不若不用为妙。"①

称赞是用言语对行为者进行强化的一种正强化物。儿童不仅喜欢得到物质强化物,如糖果、饮料、玩具等,也很喜欢得到成年人的言语奖赏。家长及教师灵活使用正强化方法可以有效地促进儿童行为的发展。在这样良性互动的作用下,儿童主动的、积极的行为会越来越多、越来越好。

一、正强化的概念

正强化(positive reinforcement)就是指在特定的情境下,当个体表现某个行为时,立即得到令其满意的结果,则以后在类似的情境下,该行为的发生频率趋于上升。

正强化就是借助强化物来促进操作性行为,使其发生概率增加的过程。正强化是操作性条件反射理论中最基本的原理,在应用于行为矫正的过程中,也起到了基本模式建立的作用。其他行为矫正方法往往都是从正强化法中发展或分化出来的。因此一个完整的正强化也符合行为形成的基本过程,包括四个要素:刺激情境、个体的行为、即时后果、长远影响。

(一) 刺激情境

任何由条件反射建立的行为都是在一定的刺激条件下实现的,刺激情境是

① 陈鹤琴.家庭教育:怎样做好父母[M].北京:中国致公出版社,2001:29-30.

引起特定行为的重要条件。在行为矫正过程中，正强化的作用就是使个体在一定刺激情境下形成特定的行为反应。情境中的空间布局、物体摆放以及特定在场人物等都可以成为刺激情境的构成部分。

刺激情境也就是引起行为的特定环境因素。在正强化过程中，刺激情境或环境的性质好坏不影响正强化的发生，因此只要具备正强化形成的条件，不论是良好的刺激情境还是消极的刺激情境，都可以成为引发特定行为的外在因素。

（二）个体的行为

操作性条件反射强调行为是由个体主动发出的，而且具体的行为又往往是在特定刺激情境下发生的，并形成较为稳定的刺激-反应关系。与应答性条件反射原理形成的行为不同，操作性条件反射所形成的行为是个体主动发出的，因而其行为具有主动性。

行为矫正的理想目标是使个体时时处处表现出符合要求的行为。但是符合正强化原理的行为并不一定都是好的行为。只要具备正强化形成的条件，不论是好的行为还是不良行为，都可以被强化而得到巩固。

（三）即时后果

即时后果紧随行为出现，并对行为起着促进作用。即时后果就是正强化物，其最大的特点是可以使行为者感到满意或愉快。

正强化物本质上也是一种刺激物，并且是正强化过程中的关键因素。只要符合个体需要的刺激物紧随着特定行为出现，则立刻可以使个体感到满意或愉快，正强化就形成了。即时后果并不一定是具有良好性质的强化物，对于一些具有消极属性的刺激物，只要其出现的时机符合正强化形成的条件，就会起到对行为的支持作用。

（四）长远影响

在特定环境条件下，个体表现某种行为，并立刻得到正强化物的积极反馈，这就形成了一个正强化过程。得到正强化的行为，以后的出现概率会上升，从而形成对行为的长远影响。即在以后类似的情境下，个体更倾向于表现出之前曾经出现过的行为。

因此，在正强化过程中，刺激情境、行为、正强化物缺一不可，而这三个因素的性质好坏并不影响正强化的出现，这种正强化所建立的行为也有好有坏。在进行行为矫正的过程中，应特别注意分析特定行为是在什么样的正强化条件下出现的，如果其中的不良刺激情境或消极的强化物一直存在，则好的行为就不可能自发出现。在行为矫正中，要控制好影响行为的刺激情境条件，确保作为即时后果支持行为的强化物是积极的刺激物。

二、正强化物

（一）正强化物的概念

正强化物(positive reinforcer)就是在特定行为发生之后、立即出现并可以使行为者获得满意结果的刺激物。

正强化物并不一定是具有良好性质的刺激物。对于不同的个体而言，能够使其获得满意结果的刺激物是不同的，而其中一些则可能是具有消极性质的刺激物，对个体身心可能会带来负面的影响，但是只要该刺激物的出现符合正强化过程的规律，就可以成为正强化物。

专栏 3-1　生活中的强化

抢红包中的强化心理[①]

春节发红包的风俗源远流长，它代表着一种长辈对晚辈的美好祝福，它是长辈送给孩子的护身符，保佑孩子在新的一年里健康吉利。传统习俗上的抢红包代表了一份情谊。

随着现代科技的发展，“红包”这一传统民俗逐渐被搬上了各大社交平台。网络抢红包被赋予了更多的娱乐性内涵。一个新团体的建立，以抢红包的形式来加深彼此印象，一片哄抢之下，彼此联络了感情，光抢不发，又会沦为众矢之的。抢红包秉承礼尚往来的规则，又为大家建立了更多互动交流的机会。成员间的感情在一来一往中逐渐建立起来。

“抢红包”一经推出，便迅速被大众接受并且广泛流行，这其中又隐含哪些心理学因素呢？

首先，抢红包的行为满足了人们的社交需要。社交需要也叫归属与爱的需要，当生理需要和安全需要基本满足以后，社交需要就成为人们的强烈动机。希望和人保持友谊，希望得到信任和友爱，渴望有所归属，成为群体的一员，这就是人的归属感。“抢红包”促进了虚拟空间里的人际互动行

① 本专栏由刘悦起草。

为,增加了朋友圈里的交流机会。一些在现实生活中不善于人际沟通的人借助网络这个虚拟平台,也可以自由地表达,在虚拟团体中获得到归属感。这种归属感促进了抢红包行为的增加。

其次,抢红包的行为符合了强化原理。即个体做出某种行为或反应,随后或同时得到某种奖励,从而使行为或反应的强度、概率或速度增加。人们在抢红包的过程中,无论金额大小,总会在抢红包的过程中得到一定物质回报,这种金钱刺激起到了正强化的作用。而每次红包的数额不等,则更符合了间歇强化原理。在这一机制作用下,许多人就热衷于抢红包了。

(二)正强化物的类型

正强化物的类型有不同的分类方法,按照刺激物性质,可以将正强化物分为原级强化物、次级强化物、社会性强化物等。

原级强化物是本身具有可以让人满意特性的刺激物,通常是可以享用的消费性刺激物,如食物、饮料、糖果等。

次级强化物是本身不具有令人满意的性质,但是在其背后有原级强化物支持或可以用来换取原级强化物的刺激物,如代金券、金钱、有价票证等。

社会性强化物是具有社会意义的刺激物,通常通过某种物质形式体现,但更多的是其精神价值,如口头表扬、赞美、夸奖、荣誉称号等。

案　例

口头赞扬具有强化作用

在金庸所著的《神雕侠侣》中,杨过闯入蒙古大营,用蜂毒针刺伤了蒙古军高官耶律晋,耶律晋为了求得解药,说道:“下官生平最仰慕的是英雄好汉,只可惜从来没见过真正有本领之人,今日得能结识高贤,实慰平生之望。杨英雄纵然不叫下官活了,下官死亦瞑目。”这几句话既自高身份,又将对方大大地捧了一下。杨过从来没跟官府打过交道,不知居官之人最大的学问就是奉承上司,越是精通做官之道的,谄谀之中越是不露痕迹。杨过给他几句上乘马屁一拍,心中大喜,跷起拇指赞道:“瞧你不出,倒是个挺有骨气的汉子。”当下就给他解了毒。①

言语鼓励、表扬是非常有效的强化物。耶律晋对杨过的一番吹捧,使

① 金庸.神雕侠侣[M].广州:广州出版社,2001:293.

得杨过感到很得意，并欣然帮助他解了毒。可见，口头赞扬是具有强化作用的正强化物。

（三）正强化物的个体差异

对正强化物的选择有着年龄、性别和个体的差异。如对于儿童来说，通常最有效的社会性强化物包括：社会奖励、微笑、拥抱、拍肩、关注、抚摸、鼓掌、眨眼、表扬等。家长或老师轻轻地拍孩子的头作为强化物可能对低年龄、低年级的学生比较有效，而随着个体年龄的增长，出现了自主倾向，学生就不会特别愿意别人拍他的头了。性别差异也显而易见。女孩对芭比娃娃、贴纸、化妆、过家家等玩具或游戏感兴趣，而男孩子则更喜欢玩具汽车、玩具飞机、恐龙模型、枪支玩具等。不同个体的兴趣也有很大的差异，如对于糖果、甜食，有人很喜欢而有的人则不太喜欢；对于辣的食物，有的人当作美食，有的人则避而远之；同样，对于肉食的喜爱，也是有差异的。此外还会有一些个体出现异食的情况，即将不能食用的、对人体也无益处的物质当作食物吞食。

案 例

男生更愿意接受蓝色书包作为节日礼物

2012 年“六一”国际儿童节前夕，时任国务院总理在湖南湘西武陵山区调研扶贫开发工作时，专程到古丈县默戎镇毛坪村毛坪小学看望慰问师生。总理为孩子们带来了新书包。当工作人员递上一个粉红色书包让总理给 8 岁的龙英俊时，他说：“我是男生，不要这个颜色。”“哦，忘了你是个男子汉！”总理赶紧让人换了一个蓝色书包。这个富有个性的“小男子汉”接在手中，站起来给总理敬了个礼……①

相对于粉红色书包，男生更喜欢蓝色书包，这反映了对正强化物喜好的性别差异。在选择正强化物时应考虑性别差异的影响。

三、正强化的应用

（一）正强化的影响因素

1. 强化时机

按照正强化的形成规律，只有在行为之后立即出现的、令行为者感到满意

① 庞兴雷.总理赠八岁男孩粉书包“遭拒” 换成蓝色[EB/OL].(2012-05-31)[2017-05-16]. http://news.sohu.com/20120531/n344552416.shtml.

的刺激物才会起到强化作用。因此,正强化的正确时机就是立即强化。紧跟在行为之后的刺激物,即使本身不是作为对该行为的强化物而出现的,但只要客观上有了强化作用,就可以成为强化物。而这样的规律就可能导致许多人们不期望出现的行为被错误地强化了。如有人敲门,房间里没有回应,当敲门的人不耐烦而踢了门一下时,恰好有人从里面出来,门开了,其结果就是踢门的行为得到强化,以后该行为者更倾向于踢门而不是敲门进入房间了。

尽管及时强化是实现正强化的重要条件,但过早的强化却并没有这样的效果。在行为者表现出良好的行为以前,如果提前给予了正强化物,并不会使其行为变好或按照预期的方向发展。如有的家长和孩子约定,期末考试考好了给予奖励,但是有的小孩等不到期末,就不停吵闹要得到奖赏,家长做出了让步,说可以先发奖品,但是考试一定要考好,其结果是由于过早地得到了奖赏,孩子的学习积极性反而不高了。

2007 年起,国务院选取六所教育部直属师范大学开始实施师范生免费教育政策,其做法是学生在高考填报志愿时填报上述师范大学,达到录取分数线时,需要与大学、当地教育厅签署三方协议,确保毕业回到原籍从事基层教育工作,入学后,这些学生享有免除学费并得到按月的补助待遇。这个政策显然是一个民心工程的范例,但是在具体操作过程中,为了确保享受免费教育的师范生不流失,管理部门要求严格遵守协议,一般情况下不允许在非生源省份、非基层学校就业。这一政策引起部分师范生的不满,部分人感到被捆绑了手脚,也有一些人认为反正会有工作,而且再怎么学,也只能到基层学校工作十年(其中有两年必须在县以下学校),进而导致学习动力不足。这个事例是一个现实中的提早给强化物的情况,如果将其改成毕业到基层学校就业后返还学费或给予基层工作岗位津贴等优惠待遇,则有利于体现对师范生坚守教育战线行为的肯定和褒奖,这样的强化效果比一入学就先给予强化物,而等四年毕业时才要求兑现行为要好得多。

有时,为了更好地吸引行为者,引起他们对正强化物的期待,可以采取适当的延迟强化策略,这样可以更好地激励他们保持良好行为,直到得到正强化物。但是延迟并不是无限制地推迟,延迟时间越倾向于无穷大,行为者的积极性也就越下降。在 20 世纪八九十年代,一些地方政府由于无力负担财政供养人员的工资,不得不采取拖欠工资的方式来应对。特别是教师队伍,往往在一个县财政供养人群中占据了相当大的比例,于是贫困地区拖欠教师工资的情况越来越严重,这导致许多优秀的人才不愿意从事教育工作。这就是过度的延迟强化，带来了诸多弊端。

案 例

3岁男孩捡1角钱给警察叔叔

一天，西安交警碑林大队巡逻民警王警官巡逻至南梢门十字，遇到一位家长带着一个三岁的小男孩，家长说孩子刚过马路时捡到一枚一角硬币。问孩子该怎么办时，说要交给警察叔叔。王警官很意外，但接过硬币后，他还是鼓励道："小朋友真乖！"并伸手在小男孩的头上抚摸了几下，以示赞赏。他觉得家长的教育方式很好，能让孩子从小就做一个拾金不昧的人。王警官表示他会把这一角硬币留在交警执勤岗待失主认领，如果没有失主来认领，他们会将钱资助给需要帮助的人。①

对于儿童来说，好的行为习惯就是在点滴的行为基础上发展起来的。通过家长和教师的教育，儿童有了捡到钱物要交公的意识，但是用成人的视角来看，一角钱几乎是微不足道的，缺乏经验的成年人在遇到儿童要主动上交捡来的一点点钱物时，可能会错误地以为不值得对儿童进行表扬，甚至还有的直接拒绝或否定儿童的行为价值，这样会削弱儿童今后更多地表现出类似行为的动机。因此，在本案例中交警随机应变，能够及时给予儿童表扬，这对于这个小朋友今后的成长是非常有益的。

2. 正强化物的饱厌

饱厌是指某种单一的正强化物由于过多使用，而导致其强化价值降低直至失效的情况。正如其名称所暗指的那样，人们在饱餐后，即使面对山珍海味也提不起胃口，反而只能感到厌烦。正强化物的饱厌是与其强化效果、个体的需求状态等有关的。越是容易得到的事物，强化效果越不容易保持，也就越容易出现饱厌现象；行为者已经拥有很多或者轻易就可以得到较多数量的某种强化物，容易出现饱厌现象。例如，食物和水是人生存必需的，如果过多了，就不需要了，成为令人厌恶的刺激物了。在计划经济年代，物质匮乏、交通不便，要是有人出差，带回一些当地的小吃、特产，家人、朋友都争相分享，念念不忘。而当改革开放后，国民生活日益改善，交通便利、物流畅通，随时可以买到各地的特色食品，这时再不辞辛苦把外地的小吃特产带回来，结果往往无人问津。再如，中国传统节日元宵节、端午节、中秋节，人们都要做传统美食元宵、粽子、月饼分

① 王海鹏. 儿歌故事真发生了 3岁男孩捡1角钱给警察叔叔[N]. 西安晚报，2014-09-12.

享，这些都是既甜又油腻的食物，现在的人们已经不缺少油水了，再吃就没有那么香甜了。这些都是生活中的饱厌现象。

案　例

相声《珍珠翡翠白玉汤》中的饱厌原理

朱元璋聚兵起义，一次兵败孤身逃到一个小破庙里。正好有两个要饭的住在破庙里。朱元璋又冷、又渴、又饿，两乞丐把剩菜汤加了点糊饭嘎巴儿、馊豆腐、白菜帮子、烂菠菜，一锅煮了给朱元璋吃。朱元璋饱餐后回味不止，问道："你们两位给我做这锅汤叫什么名字呢？"两个要饭的就随口起了个名字叫"珍珠翡翠白玉汤"。几年后，朱元璋当了皇帝，每天吃的是山珍海味。忽然有一天觉得精神不振，想起当年逃亡时吃过的珍珠翡翠白玉汤，可是御厨谁都不会做，也做不出当年的那个滋味来。于是朱元璋就命人贴出皇榜找会做珍珠翡翠白玉汤的人。那两个乞丐来到皇宫，照着过去的方法把糊饭嘎巴儿、白菜帮子、烂菠菜、刷锅水泡豆腐一锅煮了，一时间满屋子酸臭味。把汤端给皇上，朱元璋一闻："这汤怎么这味儿啊？我那年在小庙里喝它不是这味啊！"只好硬着头皮喝下去，还赏赐给文武百官分享。

相声中的朱元璋在逃亡时饥不择食，吃什么都觉得香得不得了，当了皇帝后，天天吃山珍海味，也有腻烦的时候。这就是饱厌了。而他不知道饱厌规律，非要再体验回当年那美其名曰的"珍珠翡翠白玉汤"，结果闹了个灰头土脸。尽管是个相声，用来调侃古代的皇帝，其原理仍然是符合强化物的饱厌规律的。

3. 正强化物的剥夺

剥夺是指在一定时间限度内，控制强化物的发放，使其处在缺失状态，而当行为达到要求或延迟一定时间后，才给予正强化。操作性条件反射理论的代表人物斯金纳在进行动物实验时，发现适度剥夺正强化物能更好地激发行为者的需求，从而使强化效果增强。

应当注意剥夺只是一种维持或者提升强化物效果的策略，不能为了节省投入或其他因素而一味进行剥夺，这样会适得其反，失去了强化的积极作用。因此，应当将剥夺理解为是适度控制强化物的状态。在延迟一定时间后，当行为达到预期要求时，应立即发放正强化物，以确保强化效力。同时适度使用剥夺策略，与正强化所要求的及时性也不矛盾，反而是越容易得到的强化物，其效力也降得越快，即受到了饱厌规律的制约。

案例

皇太极妙用降将

在金庸所著的武侠小说《碧血剑》中，讲到明朝戍边的大将洪承畴投降了金朝，其他文武大臣觉得洪承畴忠心耿耿，详尽报告了明朝各地的城守职官、民情风俗，但是却没有得到一点官职，就向皇太极进言道："盼望皇上恩典，赏他个差使。"只听皇太极道："洪承畴这人，本事是有的，可是骨气就说不上了。先前我已待他太好，若再赐他高官厚禄，这人还肯出力办事吗？哼，崇祯封他的官难道还不够大，那时他做的是甚么官？"鲍承先道："启奏皇上：那时他在南朝官封太子太保、兵部尚书、总督蓟辽军务，麾下统率八名总兵官，实是官大权大。"皇太极道："照啊。我封他的官再大，也大不过崇祯封他的。要他尽心竭力办事，便不能给他官做。"①

要使正强化具有良好的效果，最好是使个体产生对强化物的需求，因此采取适当的剥夺策略，有助于提升正强化的效果。皇太极告诉大臣们他之所以不重用降将洪承畴，实际上是给他一个诱饵，以激发他更加卖力，而一旦给了他想要的官职，则他就不会再这样卖力地提供情报了。因此，对洪承畴来说得到重要的官职是最好的强化物，但是皇太极则很好地利用了他的这一软肋，制造出了对强化物的剥夺状态，反而得到了更好地控制其行为的效果。

4. 强化物类别

强化物的类别影响着正强化的效果。不同的强化物，其强化效果不同；针对不同个体的喜好，同样的强化物也会有不同的效果。一般而言，社会性强化物效果最好，其次是次级强化物，物质或消费性的强化物效果最差。这是由于一方面，消费性的强化物容易满足而导致饱厌；另一方面，人是社会化的动物，对于社会性强化物更为偏好。这一点也可以从需要层次理论中得到启发：生理需要是最基本的，但是人们更注重尊重的需要。

案例

情愿被童姥的使者痛骂、毒打的洞主、岛主

金庸所著武侠小说《天龙八部》中，讲述到分布在各地的三十六洞洞主、七十二岛岛主，个个受天山童姥的约束，每年如果童姥派来使者将洞

① 金庸. 碧血剑[M]. 广州：广州出版社，2001：409.

主、岛主训斥一顿，骂得狗血淋头，则各洞主、岛主越是高兴……乌老大道："童姥派来的人倘若狠狠责骂一顿，我们这一年的难关就算渡过了，洞中岛上，总要大宴数日，欢庆平安。……童姥派来使者倘若不是大骂我们，以后的日子就不好过了。要知道她如不是派人来骂，就会派人来打，运气好的，那是三十下大棍，只要不把腿打断，多半也要设宴庆祝。"①

通常没有人喜欢受皮肉之苦，洞主、岛主们挨了打还要请客，就更奇特了。但是找到了行为背后的异常强化物，其行为也就不难理解了。在天山童姥的约束下，各个洞主、岛主都希望在每年的例行巡视中，得到童姥派来的代表的训斥乃至体罚，这就意味着他们没冒犯童姥，可以继续保命。对于常人来说，很少有人愿意接受皮肉之苦，因此希望被体罚就是一种异常的强化物。实际上，个体并不是对异常强化物有依赖，而是在异常强化物背后的支持物起着真正的强化作用。

支持特定行为出现的还有一些异常的强化物。异常强化物不符合常规，但是对一些个体却有一定的强化作用。例如自闭症儿童喜欢收集一些特定形状的物品，有的儿童喜欢收集大量的瓶盖，有的只对转动的轮子感兴趣等。在课堂上，有时会出现个别学生故意大声说话、出怪声、做鬼脸等扰乱课堂的行为，其实这类行为多数情况下都是为了引起别人特别是老师的注意。此时没有经验的老师就会忙于制止、指责甚至严厉批评该生，而实际上对于这个学生而言，老师的批评变成了对他的关注，他会从中得到满意与愉快的感受。因此，老师越是想通过严厉批评来管教学生，学生的问题行为就越严重。这些学生所表现出的捣乱行为实际上是为了引起老师的关注(应当注意的是他人的关注、注意是非常好的正强化物)。有个家长带孩子找专家咨询，谈到自己是单身母亲，望子成龙心切，有时看到孩子不听话不由得生气而打孩子一顿，但每次打过之后又很后悔，往往回过头来再安慰孩子，答应他的各种要求。于是专家问孩子是否因母亲打他而恨母亲，孩子回答说他很希望母亲经常打他！进一步询问才了解到，其实母亲错误地将物质奖励和情感关怀作为打孩子后的补偿，实际上平时忽略孩子的表现，因此，孩子希望得到母亲更多的关注，于是故意惹事，引起母亲生气而打他，最终是为了得到真正的强化物。在武侠小说中虚构出的"孤独求败"，也是希望自己能被剑术高手击败，因而失败对他而言恰是最好的强化物。媒体中时有报道的异食癖现象，其实多数情况下，并不是人体对异物有需

① 金庸. 天龙八部[M]. 广州：广州出版社，2001：1211.

要，而是通过吃异食，可以引起他人的关注，这也是正强化在起作用。

案 例

异常强化物实例

（1）“吃煤奇人”

中央电视塔《走进科学》栏目报道了辽宁省普兰店市有个吃煤的奇人。调查发现王芳患有缺铁性贫血，导致她出现了一些异食癖的症状。当后来又被确诊出尿毒症后，使她产生了一些情绪反应，担心以后家人不再照顾自己。偶尔一次她把煤块放在嘴里，被别人看到大惊小怪，她觉得吃煤块的行为能够得到家人、亲人、社会更多的关注，于是就更频繁地表现出这一行为。经过仔细观察发现，其实在没人的时候她不会主动去吃煤块，只有当有别人在场时她才会吃“煤块”。尤其是传闻传播开以后，各地记者纷至沓来，更强化了她的这一行为。实际上并不是身体内真的需要煤。

（2）“老人会自燃”

浙江省杭州市余杭区胡老汉身上的衣服会莫名其妙地突然着火，每天少则两三次，多则二十几次。为了找到着火的真正原因，记者采用了蹲点守候的办法。老人孙女身上的一个细节引起了电视台记者的注意：对这件事她在偷偷笑；而且每次最先发现着火的就是这个小女孩；家里人没有人愿意和老人一起睡觉，唯独这个小女孩不害怕。最后小女孩终于承认，是自己点着了爷爷的衣服。小女孩和爷爷的关系非常好，因为爷爷的耳朵不好，小女孩一直跟随在爷爷的身边。原来浙江农村有一种迷信说法，80 多岁、德高望重的老人，身上突然有时候会起火的话，就是福星降临了。这样的老人是非常有福气的，子女们要抢着把这个老人请到家里。小孙女看到父辈们不愿意赡养老人而想出这样的办法，让爷爷成为福星，从而引起大人的注意。

吃煤块的奇人、给爷爷身上点火的小姑娘、希望被打骂的洞主等，尽管各自经历不同，其实都有一个共同点，就是他们都选了常人不太关注的强化物，这些强化物对主人公来说有令其满意的作用，而对于其他人来说，则既不能吃，也不好玩，有的更是带来皮肉之苦，所以没人会喜欢这些强化物。但是主人公们却发现了这些刺激物能够支持特定的行为，反复多次后形成了牢固的行为。

5. 言语指导

要形成正确的行为，在进行正强化时辅助以言语指导是非常必要的。言语指导有助于行为者了解自己的行为是否适当，能够使强化物与具体的行为结合起来，从而更好地起到对行为的促进作用。

言语指导在应用中，经常出现的问题一是工作人员往往缺乏明确的言语指导，导致行为者无所适从。如在一些政务办理的窗口单位，缺少明确的指示路标，当群众来访时，找不到应该去哪里办理，而在询问工作人员时，往往有的公务人员态度很冷淡。为此，一些机关还提出了“首问负责制”。实际上，如果有明确的提示信息，就可以大大减少重复性的询问。二是所给出的言语指导比较笼统、抽象，不够具体。如教师表扬学生表现好，就说：“你很聪明！”而其所起的作用却是降低了学生学习的努力程度，因为他总是听到别人说自己聪明，于是把成功都归功于聪明，反而不愿意多下功夫去努力学习了。

针对教师和家长想激励和赞美儿童却往往只是说“你真聪明”这样的表扬语句，美国有教育专家指出要赞美孩子的努力、策略和选择而非天赋！可以用表 3-1 中的句型来替换之。①

表 3-1　　对儿童进行口头表扬时的表达方式

行为与情境	表扬句型	效果
当儿童展示自己的作品时……	你很努力啊！	表扬努力
当儿童完成一个具有挑战性的任务时……	尽管很难，但你一直没有放弃。	表扬坚毅
当儿童充满热情去参与活动，不怨天尤人时……	你做事情的态度非常不错。	表扬态度
在技能训练中……	你在______上进步了很多！	表扬细节
面对儿童的创意想法和作品……	这个方法真有新意！	表扬创意
当几个小伙伴共同完成了一个任务时……	你和小伙伴们合作得真棒！	表扬合作精神
当孩子在一个团队中处于领导位置并完成任务后……	这件事情你负责得很好！	表扬领导力
面对困难和挑战，儿童表现出了勇气和自信……	你一点都不怕困难，太难得了！	表扬勇气
当孩子热心帮助了别人时……	你帮__________完成了她的任务，真不错！	表扬热心

① 东西儿童教育 mp. 夸孩子千万不要说“你真聪明”，试试这 15 种说法：来自斯坦福教授的忠告[EB/OL]. (2016-06-12)[2017-05-20]. http://baobao. sohu. com/20160612/n454057372. shtml.

续表 3-1

行为与情境	表扬句型	效果
当看到孩子能自发收拾好房间或书桌时……	你把自己的房间/书收拾整理得真好。	表扬责任心和条理性
当孩子能够信守诺言或按照约定完成了任务时……	我相信你,因为__________。	表扬信用
对于不太积极主动的儿童,即使表现一般,但是逐渐放开并参与活动……	你今天参加活动时表现得很好!	表扬参与
当儿童能够听取别人的意见,不固执己见时……	你很重视别人的意见,这点做得非常好。	表扬开放虚心的态度
面对多种选择,儿童做出了正确的选择时……	真高兴你做出这样的选择。	表扬选择
当儿童能够提醒家长或出发前仔细检查物品清单时……	你记得__________!想得真棒!	表扬细心

因此,加强言语指导,一是要有明确的书面或口头的指导语,二是要有明确的针对性,避免发出空泛的信息。

(二)正强化的误用

1. 强化了不良行为

只要符合正强化的程序,不管是正确行为还是问题行为,都有可能被强化。因此,在理解正强化时,要避免受到"正"的暗示,将正强化单纯理解为好的强化物支持好的行为的过程。事实上,许多问题行为正是由于误用正强化而形成的。就如同成语故事中的"南辕北辙"所启示的那样,如果方向错了,马越好跑得越快,就离开正确的目标越远。在生活中这种情况也很多见,如撒谎、打架、骂人、迟到、懒惰、考试作弊等,只要这些问题行为得到强化,就会被增强。

有的小孩见到商场里的玩具,想让家长买,家长不同意,于是就哭闹起来,家长不得不答应其要求,小孩就马上停止哭闹。结果以后这个小孩会再次使用这种方式来提出各种不合理需要。有的尚未形成道德观念的小孩子,误拿了别人的东西,而家长并没有谴责他的行为,反而夸奖其聪明能干,结果这种错误行为就被强化了。因此,有很多问题行为正是由于错误地应用了正强化而建立起来的。

2. 借助不良强化物维持行为

只要符合正强化的形成规律,一些对人身心有害的刺激物也可以发挥强化作用,因此特别要注意防范不良强化物对个体的影响。

不良强化物就是本身是有害的或者少量无害而大量使用就对个体有严重

影响的物质。如药物可以缓解病痛，但长期服药产生对药物的依赖性，药物就成了不良强化物。曾经有电视台报道，一些地方突然出现顾客大量购买某品牌的止咳水，调查发现并不是他们需要止咳，而是该止咳水中含有一定量的兴奋性药物，当只喝一点时并没有什么明显的感受，而如果一次大量的饮用，可以起到令人兴奋的作用，因此一些顾客专门大量购买并大剂量服用该止咳水。更为离奇的是，美国宾夕法尼亚州妇女阿曼达·琳恩·利维斯伯格竟然用大麻来奖励孩子做作业。这位 30 岁的母亲对 13 岁的儿子“要求严格”，要求孩子一放学就先完成作业，完成后就奖励儿子与她一起吸食大麻，当然她因此受到犯罪指控。

不良强化物支持下形成的行为也是不良行为。在面对来访者的多种问题行为时，行为矫正人员应注意寻找可能在背后起着支持作用的不良强化物，如果忽略了不良强化物本身，而只关注行为，试图将行为减少或消除，往往不能达成目标，属于治标不治本。

3. 形成了对强化的依赖

小品《路口》讽刺了当下社会中出现的不良现象——“问路收费”。随着社会经济的发展，一些人见钱眼开，竟然将传统道德弃之不顾，打出问路收费的招牌。这种现象并不是娱乐节目里的虚构，在现实生活中也有这种情况。某地一个报摊主，在报摊上贴出一张白纸，标明：“问路太多，请自觉，一次一元。”（见图 3-1）这一现象从一个侧面揭示了强化误用的一个典型现象——对强化的依赖。这体现了正强化形成初期停留在外在强化层面，如果没有强化物的支持，行为就不能很好地保持。

图 3-1　问路收费——对强化的依赖①

① 范晓林. 报亭问路每次一元　亭主称付款请自觉[EB/OL]. (2011-03-17)[2017-05-20]. http://www.chinanews.com/cj/2011/03-17/2912145.shtml.

最理想的正强化是内在的强化或自然强化，如有人在寒冬里锻炼，是由于他们体验到了锻炼的乐趣，发自内心愿意去克服严寒，而不是冲着得到别人的肯定或者得到报酬来锻炼的。一次，一位家长代要考研的大学生向院校咨询，问道："特殊教育专业是不是好找工作？"在这里，家长代替大学生选择考研的专业，本身是外在的强化，只看到就业率高也是受制于外在强化因素的，如果立志去学习某一专业，不要太在意这个专业是否热门、是否好找工作，而要发自内心愿意从事这个领域的工作，这是靠内在强化起作用的。

案 例

对强化物的依赖

(1) 武汉一男子贴1元现金发传单

2014年2月26日，在武汉汉口江汉路新佳丽广场门口，一名身着纸质"盔甲"的男子当街发放贴有1元现金的招聘传单，结果遭到众人哄抢，3 000份传单很快便一扫而空。据当时等车的包先生称：与一般的宣传单遭人白眼不同，"盔甲"男的传单很快便大受人们欢迎。"盔甲"男忙得应接不暇，而一些人抢到贴有纸币的传单后将纸币扯下，传单则扔在了地上。

(2) 景区规定"叫妈免费" 男子带去5个"妈"①

在母亲节来临之际，某景区在报纸上刊登广告推出"叫妈免费"活动：从4月23日起至5月12日，凡子女带母亲游览，并在景区门口当场叫妈、且对方答应者，两人均可免门票。此消息一下子吸引了很多人前来，一男子竟然带了五个"妈"去游览。这名男子称，他带的五个"妈"分别是亲妈、干妈、后妈、奶奶和姨妈，并当场大声向五个女人叫"妈"，对方也都一一答应，景区只好同意他们6人免票进入景区。②

以上两个事例都是现实生活中发生的。人们有时太追求得到正强化物，将行为的目标与结果混淆，为了得到奖励而去努力表现、迎合规则，而不是发自内心的真实需求。因此，在应用正强化法时，应引导个体从对外在强化的依赖转到依靠内在强化来激励自己的行为。

---

① 李爱华，李可欣. 武汉一男子贴1元现金发传单遭哄抢[EB/OL]. (2014-02-27)[2017-06-11]. http://news.xinhuanet.com/fortune/2014-02/27/c_126199998.htm.

② 赵三军. 景区规定"叫妈免费" 男子带去5个"妈"[EB/OL]. (2013-04-27)[2017-06-11]. http://news.ifeng.com/society/2/detail_2013_04/27/24754803_0.shtml.

4. 强化时机不当

依据正强化的原理，只有在行为之后立即出现的刺激物才能转化为正强化物，因此正强化的时机非常重要。强化时机不当包括提早强化和不恰当地延迟强化。

适度的剥夺可以增强正强化物的强化效果，但是如果过早得到强化物，就会使强化物失效，因此要避免提早发放强化物。有的家长许诺在孩子过生日时送他想要的礼物，离生日还有一个月，孩子吵闹着想要早点得到礼物，家长和他约定现在给了礼物，到生日那天就没有了。结果，到了生日那天，孩子仍然要求得到礼物。这是提早强化带来的问题。

适当的延迟强化，可以造成强化物的暂时缺失状态，这样可以激发个体对强化物的期待和增强强化物的强化效果。但是如果一味延迟，使个体几乎不可能得到强化物，那么他们的积极性就会下降，导致强化效果降低。如之前提到的长期拖欠工资，导致员工不能安心工作的事例。如果延迟到来的强化来得不凑巧，行为者刚好做了不好的行为，结果立即会被强化，如之前所提到的踢门而入的事例。对于年龄幼小的儿童来说，他们对以前做过的事情很快就忘掉了，如果他做了一件值得表扬的行为，但是没有马上得到表扬，而是过了很长时间后突然得到了奖励，这时他不会把强化效果与之前的行为联系起来，而是会与最近发生的事情挂起钩来。此外，在强化过程中，正强化物不仅用来维持特定行为，更重要的是形成了一种自然的契约，即如果行为者的行为达到要求，就可以得到奖赏；而如果不恰当地延迟强化，就破坏了原来所形成的隐性约定，特别是对处于发展中的儿童来说，会导致他们对行为管理者（教师或家长）信任感的下降。

5. 强化不足

中国文化普遍要求内敛，对于行为者好的表现，管理者往往不是直接加以赞美或奖励，而是注重从内心认可体现对其行为的肯定。这导致在生活中，人们得到的强化普遍不足。通过文化交流也可以看到中西方文化的差异。当与西方人如英美人打交道时，如果对方接到了一个礼物，他们会马上问："我可以打开看看吗?"不管礼物价值多少，他们都会表示很欣赏，并以现场拆开看的实际行动证明这一点。在演讲或讨论问题时，别人提出了一个问题，演讲者可能并不能马上回答，但是他们会肯定这是个好问题。这些都是对他人行为给予积极反馈，也符合正强化的过程。

由于视角不同，家长、教师往往只看到孩子存在问题的一面：如果他们表现得很好，大人们会认为这时孩子们表现好，不需要多说什么，可是一旦小孩表现出不好的行为，成年人就马上会加以指责。这实际上是对儿童的行为批评多、鼓励少。再如有人不善于烹饪，偶然有一次他（她）露了一手，做出饭菜尽管口味一般，但是他（她）也希望得到别人的认可，但生活中，这种情况下，他（她）往往会被嘲笑。这也是强化不足的表现。

在特定的条件下，强化不足会被行为者解读为某种行为是不好的，应该倾向于减少，这就导致好的行为退化（可参见区别强化部分）。因此，生活中需要不断给他人以强化，也时不时给自己以强化，进而能够更多地以发现他人或自身优点为出发点，始终看到他人或自己的长处，并不时地给予一定奖励（口头的、物质的），以确保人们都能得到充足的强化机会。

6. 僵化固定的强化间隔时间或次数

即使做到了给予充足的强化，如果强化时间或每次强化所要求的行为数量是固定的，结果行为者也会出现行为停滞或减少的现象。这是因为按固定时间间隔或一定周期或按累计次数发放的强化物，有明显的规律性，会使行为者在强化快到来时予以积极期待，而在强化之后行为出现停顿。因此，理想化的强化是连续性的，即每次符合要求的行为出现，都应该给予强化。但是在现实生活中，更常见的是间歇强化。这就需要了解如何将强化的发放变得更有可操作性，同时也不至于让行为者受固定间隔时间或次数的影响而导致行为停顿现象。

（三）使用正强化法的注意事项

在使用正强化法训练行为时，要注意以下几点。

(1) 选择正确的目标行为。依照正强化的原理，任何主动的行为发生后，只要得到了令行为者满意的结果，则该行为就会被强化，因此良好行为和问题行为都可以通过正强化建立起来。在对行为者进行训练时，应避免盲目性，防止使不良行为被强化而得到增强。

(2) 选择适合的正强化物，不符合行为者需求的正强化无法起到强化作用。有的刺激物并没有多大价值，但是在该刺激物被“剥夺”的情况下，其强化效果也很强。采取适度剥夺的策略，当行为者急需得到该刺激物的情况下，或者行为者并不是轻易得到正强化物的，其促进行为的效果才最好。

(3) 控制好正强化物发放的时机。发放正强化物的最佳时机是期望的行为出现后立即给予正强化，而拖延发放正强化物会导致正强化失效，提前发放正强化物也不能起到激励行为的作用。

(4) 结合指导语，使行为者明确行为与正强化物直接的联系，有助于以后对行为的约束与改善。

(5) 采取多样化的正强化物形式，避免对正强化物的饱厌，特别是多用社会性强化物，避免个体对物质性强化物形成依赖，也可以减少对物质强化物的饱厌现象。

(6) 逐步退出正强化程序，在使用正强化法有效地促进个体的行为后，要采取逐步退出的策略，如选用后面章节介绍的间歇强化，使强化法既有可操作性，又确保对行为适度的强化维持。

专栏 3-2　倒返实验设计

应用正强化法促进用功行为的实验①

倒返实验设计(图 3-2)也称 A—B—A—B 设计，A 代表基线期，B 代表处理期。在基线期(第一个 A)，行为矫正者不对被试进行实验处理，只对行为进行客观观察、记录；然后进入第一个处理阶段(第一个 B)，引入干预训练手段，观察、记录行为的变化情况；然后进入还原期(第二个 A)，行为矫正者停止采用干预方式，观察、记录行为是否有所反弹；之后进入第二个处理期(第二个 B)，行为矫正者再次引入干预训练手段，观察、记录行为发生的变化。最后综合 4 个阶段的行为变化情况，对行为矫正干预的效果进行评估。

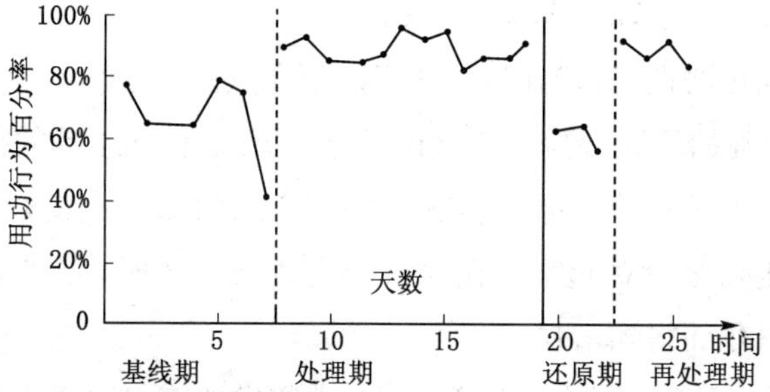

图 3-2　倒返实验设计示例

① 王辉. 行为改变技术[M]. 南京：南京大学出版社，2006：120-124.

在图 3-2 中，研究者对有分心行为的小学生 L 进行实验干预，其实验分为 4 个阶段：① 基线期，持续 7 天，每天在特定的时间观察记录 L 的用功行为（定义为专心于教师与功课的行为），该阶段平均用功行为为 65%。研究者发现，教师往往忽视 L 的用功行为，而对其分心行为则加以关注。② 处理期，持续 12 天，研究者采用正强化法，要求教师对 L 的用功行为给予注意而忽视其分心行为，结果其用功行为上升为 90%。但这并不能说明用功行为上升完全是由于正强化的结果。③ 还原期，持续 3 天，研究者不再用正强化法，结果 L 的用功行为降低到 60%。④ 再处理期，持续 4 天，再次引入正强化法，教师注意 L 的用功行为，忽视其分心行为，结果 L 的用功行为又提高到 90%以上。比较几个实验阶段的行为数据，可以说明用正强化来促进 L 的用功行为是有效的。

实践活动

1. 制定一个观察计划，选取一个在一定范围有权威的人物（如家长、教师、管理者等），记录他在一天内（或选取的观察时间段内），对被管理者进行强化的次数、强化的类型及效果等，将观察到的结果记录在自行设计的表格里。根据结果，分析在日常工作、生活、人际交往中，人们使用正强化的特点。

2. 影片《看上去很美》讲述了 4 岁男孩方枪枪在幼儿园成长的故事。影片以小红花为主线，开始老师以小红花为强化物来剪掉方枪枪的小辫儿，他极不情愿且不屑地扔掉了小红花。慢慢地方枪枪发现小红花代表了老师的表扬和同伴的喜爱，而要得到小红花就要遵守各种规矩。于是他尽力去表现但始终未能如愿得到小红花。一天，一个有地位的同学家长随口一句话却让他意外地得到了小红花，但是他没有为此而感到高兴，反而从此对小红花失去了兴趣。没有了小红花这个强化物作为目标，他开始变得为所欲为。他和同学策划捆绑李老师的行动，一下子成为小朋友们眼中的“英雄”。他用武力征服了幼儿园里最凶的孩子，成了幼儿园里的“小霸王”。他开始欺负同学、破坏公共设施、辱骂他最喜欢的唐老师。方枪枪为此被关了禁闭，被老师和同学孤立。最后，无论他如何吸引老师和同学的注意，都很难融入集体中，只能独自一人溜出了幼儿园……

观看影片《看上去很美》，分析小男孩方枪枪对老师奖励小红花的态度变化，从最初的不屑到努力追求，最后却因轻易得到而放弃的历程，讨论：

(1) 小红花对于方枪枪是否具有强化作用？

(2) 幼儿园里教师自发总结和使用的行为管理方法，哪些是有效的？

(3) 教师在无意中有哪些不正确的行为管理方法？

3. 观看电视剧《家有儿女——智慧的刘星》，结合普雷马克原理分析不同家人各自喜好的强化物是什么，刘星的做法在哪些方面(无意中)符合了普雷马克原理。

电视剧《家有儿女——智慧的刘星》中，刘星想玩两台电脑联机的游戏，去找父亲夏东海商量。父亲给他了一个任务，让他找夏雨动员他的同学填一些问卷以便他更好地针对小学生的需求改写剧本；可是夏雨因姐姐夏雪不肯给他支付抄写曲谱的五元钱而烦恼；刘星跑去找夏雪让她给夏雨和他的同学支付报酬，夏雪顺势提出要刘星帮忙从妈妈刘梅那里借来家里的摄像机；刘星去找母亲刘梅，结果母亲提出要求，假意要借用他的头给年轻的护士们练习扎针，实际上是想让刘星剃个光头改变发型。在刘星的来回周旋下，终于完成了一系列任务，家里的每个人都得到了自己想要的强化物。①

思考题

1. 电影《血战台儿庄》中，在日军猛烈攻击下，中国军队伤亡惨重，指挥官下定决心说："重赏之下必有勇夫，我现在悬赏十万大洋，组成敢死队。"可是敢死队员在出发前把发给他们的银圆都扔了，说："命都不要了，还要钱干什么？"

请用正强化原理分析其中的情境因素、行为、即时后果(正强化物)、长远影响等四要素各是什么。

2. 在课堂上，有的学生故意大声说话、出怪声、做鬼脸，有的老师一发现这种情况，就立即停止讲课，对其行为加以制止、指责或者严厉批评，观察发现当时这个学生有所收敛，但过了一会，他又冒出新的花样来。

在该例中，教师误用了什么行为矫正方法？有什么更好的解决办法吗？

3. 2010年6月，成都春熙路上，大三女生小河看到有游人乱扔垃圾和烟头。为了宣传讲文明、爱护环境的道德新风，特意化身"环保美女"，用献香吻的办法激励所有人从身边的小事做起，爱护环境。见到一男士丢下未灭的烟头

---

① 具体内容可以观看电视剧《家有儿女》第一部第36集《智慧的刘星》。

后，环保妹上去劝阻，男士捡起烟头面带愧色地向垃圾桶走去，这时环保妹给了他一个响亮的吻。环保妹说："乱丢烟头是不好的行为，公共环境需要大家一起来维护，但知错能改就该得到奖励。"小河说选择"吻礼"是妈妈教的，"每当做对事时，妈妈就会给我一个爱的吻"。面对质疑，她说："我没办法控制别人怎么想，我只要做对的事情就好了。"①

环保妹用香吻奖励路人爱护环境的行为，是否符合正强化原理要求？

① 环保妹为宣传爱护环境附送吻[EB/OL].(2010-06-10)[2017-07-13]. http://news.xwh.cn/news/system/2010/06/10/010123941.shtml.

第四章 间歇强化

案 例

航班延误给予经济补偿

近年来，随着国民收入水平的提高，越来越多的人选择乘坐飞机出行。而由于航空事业的发展还不能满足国民日益提升的需求，时常发生一些旅客对航班延误产生不满而导致群体事件的现象。当航空公司因自身原因导致航班延误超出规定的时限，主动给予旅客经济补偿，则能起到很好的安抚旅客情绪的作用。

某航空公司一趟夜间航班因机械故障而延误，旅客们被安排到酒店休息。在酒店等了很久，多数旅客以为当晚没有希望成行了，突然接到通知乘车前往机场。在机场候机时，已经是深夜，别的航班都已经结束，只有这一个被延误航班的乘客在候机。除了从酒店接来的国内乘客，还有一个人数较多的国外旅行团陆续进入候机厅。在登机前，服务台响起广播，招呼本次航班旅客凭登机牌领取 200 元补偿金。经常经历航班延误而从来没有遇到自动补偿的事情，旅客们突然听到有延误补偿，自然很高兴。更高兴的要算是那些国外游客了，他们毕竟不能马上明白广播的内容，一位刚下自动扶梯的外国青年，听到同行者招呼他可以领钱时，竟然异常兴奋地喊道："Cash?!"

比起之前在其他航空公司航班延误时的不愉快经历来说，绝大多数旅客的耐心等待都得到了回报。从航空旅客的角度来看，如果航班延误，又没有确定的时间表，就成了可变时间间隔强化模式，这样他们就会渐渐失去等待的耐心，甚至导致失控的群体事件。原因在于，人们选择乘坐飞机出行，看重的是其快捷、舒适，如果这些强化物被无理由延迟，也不知道预期延迟的期限，自然会产生强烈的失衡感。

一、间歇强化的概念

间歇强化(intermittent reinforcement)是指行为有时得到强化、有时得不到强化的强化分配方式。

间歇强化所建立的行为往往更牢固,不容易被去除。在正强化中,如果每次行为出现,都得到强化,可以称之为连续强化。连续强化建立的行为一旦没有得到强化物,就有可能消退,而间歇强化本身就是在特定的行为出现一定频率后或间隔一定时间才会给予强化的,因而如果偶尔没有得到强化,行为者会更有耐心等待强化的机会。使用间歇强化有助于克服饱厌现象,而且在现实中更具有操作性,因此在实际应用中,间歇强化是正强化更为普遍的形式。

二、间歇强化的类型

根据行为发生后得到强化的规则,间歇强化的类型可以按照行为发生的频率和行为发生的间隔时间来划分,也可以按照固定数量、时间或不固定数量、时间间隔的方式进行划分,这样可以区分四种主要的类型:固定比例强化、可变比例强化、固定时间间隔强化以及可变时间间隔强化。

(一) 固定比例强化

固定比例强化(fixed ratio,简称 FR)是指每次得到强化所要求的行为次数是一致的,行为达到规定次数,才得到强化。固定比例强化总的趋势是行为越多才能得到正强化,随着行为数量的增长,所设定的强化比例也在增长,但每个阶段是相对固定的。如某工厂采取计件工资制度,规定每完成 100 件产品可以得到一定的奖励,为了提高工作效率,在下一阶段又将奖励的指标提高到每完成 120 件产品才有额外的奖励,以此激励员工;老师给学生布置一定数量的作业,如规定每天记 10 个新单词、写 10 个句子、学完成 20 道计算题等,也属于固定比例强化。

固定比例强化比连续强化反应率高,有助于克服饱厌,行为保持时间长,也可用于保持其他程序训练的行为。在应用时应注意:首先,先用正强化(连续强化)将行为巩固下来,然后根据个体的特点与行为的特点,逐渐提高要求,过渡到固定比例强化程序。其次,每次强化所要求的反应数量应逐渐增加,不宜一开始就定很高的要求,以免导致行为消退。如对低年级学生布置口算练习,开始的目标设定为每做对 2 道题,可以得到一个正强化物,可将其标记为 FR2 程序;等其适应后,再将目标设定为每做对 5 道题,可以得到一个正强化物,即 FR5 程序,依此类推。最后,采用固定比例强化使行为得到巩固以后,可以考虑逐渐退出这一训练机制,直至过渡到依靠自然强化物或内在的自我强化来督促行为。另外,可以借助一定的计数工具来辅助记录,如手工的计数器,每发生一次符合要求的行为，就按一下，最终得到准确的计数。再如手机上的 APP 软件可以记录每天行走的步数，可以帮助个体自我监督每天行走锻炼的情况。

案 例

段誉叩拜玉像千遍得到秘籍

金庸所著武侠小说《天龙八部》中讲到，段誉在山洞中见到一个玉石雕成的美人像，神魂颠倒，不由得向其跪拜，磕头时看到玉像的鞋子内侧绣着几句话："磕首千遍，供我驱策；遵行我命，百死无悔。"段誉是个多情之人，觉得磕首千遍乃是天经地义之事，于是就"一五、一十、十五、二十……"口中数着，恭恭敬敬地向玉像磕起头来。当他磕到五六百个头时觉得腰酸骨痛、头颈僵硬，但想无论如何必须支持到底，要磕满一千个头才行。磕到八百余下，小蒲团破裂，露出下面有物。他仍然毕恭毕敬地磕足一千个头。之后，他发现小蒲团内藏有一个绸包，于是想到："原来神仙姊姊早有安排，我若非磕足一千个头，小蒲团不会破裂，她赐给我的宝贝就不会出现了。"段誉出身高贵，对于珍宝从来不放在心上，但这绸包既是神仙姊姊所赐，对他而言就是无价之宝了。①

固定比例强化是指每次得到强化所要求的行为次数是一致的，段誉面对玉像叩首千次，结果得到了藏在蒲团内的武功秘籍，这个过程就是固定比例强化。从段誉获得武功秘籍的过程来看，如果对玉像不尊、不加跪拜，是不可能得到宝物的；而如果跪拜时心不诚，敷衍几下，也得不到宝物；只有达到一千次这个固定的标准，才能最终得到藏在蒲团下的宝物。从这个例子中还可以看出，不同个体对强化物的喜好也是不同的，对于其他探险的人来说，也许发现金银珠宝才算是最好的奖赏，而对于段誉这个多情的青年人来说，神仙姐姐的指令那就是天下最好的正强化物了，其强化效果之强，足以确保段誉磕头千遍而不抱怨。

固定比例强化的优点是克服了连续强化容易导致的饱厌现象，但缺点是存在着行为的停顿现象，即在强化快到来前，个体会非常努力地表现，而一旦强化得到后，会暂时地停下来休息，即行为的停顿。因此需要采取对强化所要求的行为比例进行变化的变式。

（二）可变比例强化

可变比例强化（variable ratio，简称 VR）是指每次强化所要求的反应数目不

---

① 金庸. 天龙八部[M]. 广州：广州出版社，2001：53.

是固定的，而是在不可预测地变化着。

可变比例强化就可以很好地消除行为的停顿现象，因为行为发生次数与强化之间的关系是不固定的。总的来讲强化概率是围绕着一个平均的行为水平进行的，但具体到每次行为表现时，并不是固定不变的。由可变比例强化建立的行为不容易减退，因此可变比例强化更适合于促进行为的牢固性。如推销员上门推销商品，往往要经历许多次被拒绝的情况，但有时又可能遇到大客户很轻松取得成功；赌徒之所以沉迷于赌博，也是由于他们相信赌博有个获胜的概率，这次输了他们就赌下次赢，而事实上在一些被操纵的赌局里，庄家们也会偶然地让赌徒赢上几手，这样才能更好地拴住他们赚取钱财；彩民们热衷于购买彩票，彩票营销机构设置了彩票的中奖比例，具体到每张彩票上，不一定都能中奖，但是彩民们也总希望自己的下一张彩票会是中大奖的那个；一个班学生很多，在课堂上老师提问，学生举手发言，尽管每次都有人回答问题，但对举手的学生而言，他们平均每举几次手才能得到一次发言机会，而有的学生可能始终都没得到发言的机会；在下棋中，如果一个高手和初学者对局，可能双方都索然无味，但如果两人势均力敌，互有胜负，则下起棋来就非常有趣味性了。这些都是可变比例强化的作用结果。

图 4-1 购买彩票中大奖后的反应(漫画)

在应用可变比例强化时，要注意尽管对于行为者而言，每次得到强化的行为表现次数不等，但实际上从行为管理的角度，应该有一个平均的目标值。如教师准备训练学生养成举手发言的习惯，第一阶段设定的目标是平均每举手 3 次，可以得到 1 次发言机会，但是教师并不是按照固定比例数到第三次才叫这个学生，而是在这一阶段按照平均举手次数3次，也可能举手1次就得到机会，也可能举手4次才得到机会，但平均下来是举手3次得到1次发言机会，可以标记为VR3程序，以后再调整为VR4、VR5……但总的原则是行为者自身不会察觉出来这个规律为最佳。为了防止发生混乱，需要做好记录，也可以按照随机数字表抽取符合规定范围内的数字作为具体哪次行为可以得到强化的参考。

（三）固定时间间隔强化

固定时间间隔强化（fixed interval，简称FI）是指需要强化的行为在前次强化后经过某段固定的时间，再次发生就给予强化。

固定时间间隔强化采用的不只是以行为发生为标准，而且要求行为持续一段时间，或在某个时间间隔后又出现才给予强化，如果总的时间不变，两次强化之间的间隔时间越长，强化的机会就少，但行为的表现频率反而增加，因此也是用来增强行为的有效方式。其特点是要求行为只有在一定时间间隔后出现才得到强化，对于那些需要定期进行实际操作训练的技能比较适合。固定时间间隔强化的事例很多，如月工资制就是典型的固定时间间隔强化；老师、领导定时巡查，老师到自习课上查看或领导巡查下属工作情况，值班人员定时巡逻等；现代家庭中有许多电器要用到定时装置，如洗衣机、微波炉等；餐馆、商店等评选每周最佳员工等；电视剧《家有儿女——我有我美丽》一集中，夏雪和刘星追求个性，不愿意穿校服去学校，父亲采用疏导的方法加以应对，告诉他们准备给学校建议每周选择一天为“无校服日”，从而化解了矛盾。这些都是对固定时间间隔强化法的应用。

在实施时应注意，强化必须符合两个条件：时间间隔和行为出现，而不是仅仅查看时间间隔。斯金纳在对鸽子进行实验时，以固定时间间隔强化训练鸽子形成了一些刻板行为：实验者每隔15秒钟给鸽子笼内投放食物，结果几只鸽子都形成了刻板行为，如不停地点头、不停地梳理羽毛、举头向上等，实际上是因为它们正在做这些动作时偶尔得到强化，被鸽子错误地建立了条件反射，以后不断表现这一刻板行为，力图再次得到食物，而实验者操控的较短的时间间隔也很好地强化了这些刻板行为。可见，单纯强调时间间隔因素，就会形成严重的依赖性，过去有很多机构里人员的晋升都是熬年头、比资历，这样士气就不会高，因为到了一定时间，大家都可以得到更高的职位，而时间不到，再努力也没用。

应用固定时间间隔强化，需要借助计时工具，特别是有倒计时功能的闹钟更为方便。例如每20分钟检查自习一次，可以标记为FI20程序。针对需要苦练的学习行为的时间间隔,如每天的锻炼时间、练习钢琴等技能的时间、自我安排学习的时间,这些行为在强化时与固定比例强化类似,在最初可以设定的时间间隔短一些,便于行为者取得成功,然后逐渐延长时间间隔。这就意味着每得到一次正强化物,个体的行为要有更长的时间维持在符合要求的水平上,随着时间的逐渐延长,其良好行为占的比重越来越大,其行为也向着良好的方向发展。但另一方面,有些行为则不适合于不断加大时间的间隔,而是相对固定的间隔,如发工资、评选优秀就不宜无期限地延长,而采取相对固定的时间间隔(按周、按月、按年等)较为合适。

固定时间间隔的不足之处也是容易出现行为的停顿现象。如果强化的规律被行为者所察觉的话,那么行为就会按照强化的周期来变动。当检查过去后,行为者开始放松要求,当下次检查快来临时,行为者才会装作认真学习、工作的样子。这样显然是不符合强化程序的需要的,有时甚至会带来严重的后果,如负责安全的保安总是按固定的时间巡查一番,就容易出现管理的漏洞。因此应尽力避免过于僵化的固定时间间隔强化带来的行为停顿现象。

(四)可变时间间隔强化

可变时间间隔强化(variable interval,简称 VI)是指需要强化的行为在前次强化后经过某段时间,再次发生就给予强化,但这个时间间隔是不固定的。

典型的可变时间间隔强化如等候公交车,公交车一般按规定时间间隔发车,但在路面行驶中,实际情况很复杂,因此乘客候车时等候的时间是不固定的;钓鱼是需要耐心的休闲活动,喜爱钓鱼的人可以一整天坐在鱼塘边,能够吸引他们的正是鱼上钩时间间隔的可变性;为了打破固定时间进行巡查的弊端,一些部门对要检查的对象实施暗访,也是可变时间间隔强化的方式;一些带有益智作用的玩具,如拼图游戏等很容易使人入迷,因为解开难题也是可变时间间隔强化;新手在学习驾驶汽车时,经常会手忙脚乱,偶尔操作正确得到教练的表扬,这样就增强了信心,提高了学习效果,也符合可变时间间隔强化原理。

可变时间间隔强化也是规定行为只有在一定时间间隔后出现才得到强化,但两次强化之间的时间间隔不固定,这样就增强了强化效果。该类型比较适用于对持续行为的强化。对于有的行为,也不适宜采用可变时间间隔强化方式,如前述的发工资、评选优秀等,用固定时间间隔更为恰当。而对于那些时间间隔越长、行为越牢固的行为反应,则可变时间间隔强化更为有效。例如,在技能训练中(体操、驾驶汽车、合唱等),行为管理者可以应用可变时间间隔强化,将其标记为 VI10 程序,即平均每隔 10 分钟,会给行为者 1 次奖励。在这种技能练习活动中，行为者尽管会有些许失误，但是总会有好的地方或进步之处，行为管理者有意关注其好的表现，时不时地给予表扬(注意不是每隔 10 分钟必然给予表扬)，行为者就更有积极性。事实证明这样的学习效果更好，他们会在不知不觉中习得好的行为习惯。

三、间歇强化的应用

(一) 选择合适的间歇强化程序

鉴于不同的间歇强化程序各有利弊，因此在进行行为矫正时需要灵活选取，根据特定的行为，选择合适的间歇强化程序。

对一个新建立的行为，可以在开始时先使用连续强化，等行为有所巩固，再用小的时间间隔或较少的次数作为强化的前提要求，根据行为的进一步发展情况，再将间隔的时间延长或将累积的次数增大作为获取正强化物的前提要求，由此逐步就过渡到间歇强化。

如果不希望行为出现停顿现象，就应该选取可变比例或可变时间间隔的强化方法，而不是固定比例或固定时间间隔的强化方法。在改革开放以前，工厂多数都是实行“大锅饭”，干多干少一个样，有的工人平时闲逛，到快要发工资时就又回到车间来，只要一发工资，马上就又不来上班了。这就是将工资按照固定时间间隔来进行发放的强化模式，而并没有提出在工作成果的数量或质量方面的要求导致的结果。教师、医生等专业技术人员评职称需要发论文，于是在评职称规定的提交成果截止时间之前，成果会大量出现，而一旦晋升了高一级职称，就没有了动力，成果数量就显著下降。这就是固定比例或时间间隔的间歇强化模式带来的弊端。2010 年上海举办了世博会、2011 年西安举办了世园会，在这样的特大型会展期间，安保措施非常严格，各种事故发生率大大下降，而当展会结束后，却相继出现重大火灾、爆炸事故。如 2010 年 11 月 15 日上海市静安区胶州路一幢 28 层的教师公寓发生重大火灾造成，58 人死亡、百余人受伤的严重后果。这起重大责任事故的原因是该大楼在进行外墙节能改造工程期间，无证电焊工违章操作引起火灾。2011 年 11 月 14 日西安市科创路与太白路十字西南角嘉天国际大厦一层的小吃店液化气罐发生泄漏，遇火源发生爆炸，造成 10 人遇难，37 人受伤。这些偶然事件的发生也有必然性，即相关职能部门、普通大众的安全意识中，将展会起止时间作为节点，当预定的时间点过去后，潜意识中是会放松警惕的。

为防止停顿现象，可以在固定程序中加入小的间隔，使人们无法形成惯性思维。如在值班巡逻时,保安人员每小时巡查一次,改成平均一小时巡查一次,其间随机安排几个较为密集的巡逻,这样就能严格防范,降低安全隐患出现的可能性。教师在检查晚自习时,平均每半小时来教室检查一次,但偶尔也会突然回来,就会发现个别学生没有认真学习。

(二)对不同的间歇强化程序组合使用

固定比例强化、可变比例强化、固定时间间隔强化、可变时间间隔强化是四种基本的间歇强化形式。在实际生活中,人们并不是机械地照搬书本,而是灵活应用各种强化方式的,在此基础上还可以组合形成其他更为复杂的强化模式。

将时间与次数两个指标捆绑起来进行行为评定,再进行强化,更有助于行为的巩固。当指导小学生做作业时,会发现有的时候要求作业质量,结果要等到半夜才能完成;如果赶着做,又会发现错误率极高。对于这种情况,宜采用固定比例强化与固定时间间隔强化组合的模式,即要求小学生在做作业时,在半小时内完成10道题目,并且要全部做对。这样就有两个强化程序,一个是固定时间间隔的强化,另一个是固定比例的强化。其效果比单独使用某一个程序更好。

本章开头的航空公司给予补偿的案例中,航空公司发放补偿也不是无条件的,他们也是依据相关规定来兑现的:航班因公司自身原因延误超过4个小时以上,补偿不超过200元。显然这是一个小概率的间歇强化的方案。这里既以固定时间间隔强化为基准,又有奖励金额的限制。将两者组合起来,既可以对因公司原因导致的延误求得旅客的谅解,同时也不至于让航空公司陷入无休止的索赔纠纷之中,因为正常情况下,多数航班延误都不会超过2小时,而因天气恶劣等不可预计的外力因素导致的航班延误,航空公司则不需要给旅客们经济补偿。

专栏4-1 小额回报也有强化作用

银行高管:每天看到余额宝的收益很有意思①

两会期间,记者采访了全国政协委员、永隆银行马董事长,请他谈谈对互联网金融发展的看法。

---

① 王鹤,李婧暄,刘冉冉,等.招行前行长马蔚华:我也用余额宝 每天看收益很有意思[EB/OL].(2014-03-06)[2017-06-21]. http://tech. ifeng. com/internet/special/zyyeb/content-3/detail_2014_03/06/34474975_0. shtml.

马董事长："余额宝现在很多人喜欢，我自己也喜欢，每天都能看到收益。"

记者："您也在用余额宝理财?"

马董事长："我也试了一下，挺有意思的。每天都能看到钱增加了多少，确实是大家很喜欢的东西。"

记者："您放了多少钱在里面?"

马董事长："几千元吧。"

最后，马董事长说一方面要支持金融创新，甚至要呵护创新成长的企业，另外也要爱惜保护它，要规范发展，防范可能出现的风险。

（三）间歇强化的误用

1. 不连贯的消退，导致间歇强化不良行为

在行为者出现问题行为时，管理者通常采取减少行为的策略，但是往往不能坚持，导致问题行为被间歇式地强化。后面会有章节专门介绍消退法。当儿童表现出乱发脾气、哭闹等问题行为时，如果能够坚持不予理睬，其行为自然会消失，但是家长或教师有时会失去耐心，或以为消退不起作用，于是没有坚持下去。这样，给行为者（儿童）造成的错误暗示就是哭闹越长时间，越能成功。反复几次，就成了间歇强化，只不过强化的是问题行为。有的药物可以帮助人们集中注意力、消除疲劳，甚至有的还可以使人产生兴奋感，这样有人就偶尔使用一些药物，当身心状态良好时就不需要药物维持了，但是要消除对药物心理依赖并不容易。反复使用的结果，是使人对该药物上瘾。

2. 选择间歇强化类型不当

尽管提倡教育中贯彻民主精神，但是如果放松管理，一些中小学生缺乏对自己的约束能力，在自习时贪玩，教师采用的是固定时间间隔强化方式，而调皮的学生总是在老师离开后打闹、玩耍，当老师快来时他们就表现出很安静的样子。有的老师为了让每个学生都有课堂练习的机会，采用轮流点名做题的方式，结果排在后面的学生数清前面的人数和题目数，直接准备可能问到自己的题目，这就失去了课堂练习对技能训练的价值。在学校里，固定时间集中进行考试，有的学生也养成了应付考试的不好习惯，他们总是在平时不认真听课，快到考试时就忙于应付，考试一过，又扔下书本放松去了。这都是固定时间间隔强化带来的弊病。

3. 间歇强化导致成瘾行为

间歇强化有很强的对行为的促进作用。各个商家为了招徕顾客，推出各种抽奖活动，有人偶尔得到奖励后，就热衷于购买彩票或参加有奖购物，其实他们买的大多数都是不急需或不实用的物品。曾经有一个时期，社会上到处在传播某人买彩票中了大奖的故事，一些老年人也把自己的养老钱拿去买彩票。一次一位老人家没赶上即开式彩票销售活动，头脑一热，就带着大笔现金到邮局要买有奖贺年卡片(奖品都是些集邮用品)，经工作人员反复劝说才离去。严重的情况下，一些人无法控制自己的购买愿望，形成严重的成瘾行为。

4. 间隔的时间、次数幅度过大

在间歇强化中，间隔的幅度是重要的因素，通常应该采取逐渐增大间隔幅度的措施，而不是一开始就把间隔拉得很大。过大的间隔时间或次数幅度，导致行为几乎无法得到强化，最终导致行为被消退。各种服务企业如电信、航空、商场、网络营销平台等都设计了积分制来吸引顾客，发行了各种会员卡。但是有的会员积分制设计得不尽合理，从一个级别到下一个级别要消费很多才能达到，于是有的顾客冷静下来，就不再理睬会员卡了。

案 例

老板称年终奖 500 万　实发 2 元彩票

2014 年 1 月，临近新年，一家洗车店的员工都想提前回家过年，但老板以人手紧张为由让他们多撑几天，并承诺只要坚持到春节前，每人一次性发 500 元作为年终奖。结果到了兑现的时间，老板说："一人一张 500 万。"(注：实际是给每人一张面值 2 元的彩票)员工们与老板争执后，都表示不愿再干了。因老板发彩票伤了他们，他们不愿再相信老板会信守承诺，于是选择离职。事后老板则解释道："我是在网上一些论坛中看到有老板这么干。当时我就是开个玩笑，都是年轻人，就图好玩。"①

对于员工而言，500 元的年终奖是承诺，也是自己应得的奖励。500 万大奖虽然很诱人，但是并不是轻易可以得到的，况且眼下也只是 2 元面值的彩票一张，自然会让他们产生不公平感。如果把这一插曲放到聚会时的抽奖环节，员工们就不会因此而产生不满。或者将发放彩票作为一种临时

① 孟俭.老板称年终奖 500 万实发 2 元彩票　员工集体辞职[EB/OL].(2014-01-25)[2017-06-21].http://news.163.com/14/0125/09/9JE5D16U00011229.html.

加班的激励措施，而不是年终奖，可能对员工来说也更容易接受。

（四）间歇强化与赏识教育理论

在综合应用正强化的基础上，特殊教育实践工作者还创造性地提出了“赏识教育”的理念。人人都有被尊重、被赏识的需要，当得到他人的认可和赏识时，也会产生满足感。赏识教育的提出者周弘，是一位从普通工人成长为教育专家的成功范例。他在教因药物导致听力丧失的女儿周婷婷的过程中，总结提炼出了赏识教育的理念。赏识教育的核心观点是：“在孩子学说话、学走路时，家长是天生的教育家：孩子学说话时承认差异——导致差异缩小；孩子学走路时允许失败——导致不怕失败。”赏识教育观与强化有着共同的地方，可以看作是系列强化方法的综合应用。赏识教育鼓励注重孩子的优点和长处，让孩子形成“我是好孩子”的自我暗示。赏识教育提倡信任、尊重、激励、理解、宽容、提醒等教育方法，将“你真棒”、伸出大拇指作为对孩子行为进行评价的基本方式。赏识教育在综合应用强化方法的基础上，使教育者（家长、教师）树立起“承认差异、允许失败”的理念，能够运用强化的方法激发孩子的潜力，尊重和满足孩子内心深处的需求，从而取得了巨大的成功。现在赏识教育已经应用到各类人群的教育、管理以及社会交往等领域。

案　例

向问天对梅庄看门人妙用赏识

金庸所著武侠小说《笑傲江湖》讲到，令狐冲路遇向问天结为好友。向问天为了救任我行，来到西湖梅庄。他事先了解了梅庄的底细，知道连看门人都武功卓绝，于是对看门的丁、施二人大加恭维：“想当年丁兄在祁连山下单掌劈四霸，一剑伏双雄；施兄在湖北横江救孤，一柄紫金八卦刀杀得青龙帮一十三名大头子血溅汉水江头，这等威风，在下却常在心头。”书中介绍丁坚、施令威以前在江湖上是半正半邪的人物，平生做的好事不多，而又不加以宣扬，所以一般无人得知，再加上身负重任，在此地埋名隐姓，甘做门人。而向问天所夸赞的正是他二人生平的得意杰作，在他二人而言是少有的行侠仗义之事。丁、施二人听了向问天这一番话，不由得都面露喜色。①

书中说：“大凡做了好事，虽不想故意宣扬，为人所知，但若给人无意中

---

① 金庸.笑傲江湖[M].广州：广州出版社，2001：667.

知道，毕竟心中窃喜。”正如丁、施二人曾经做过行侠仗义的好事，被向问天一追捧，立即面露喜色。这反映了人们都有得到别人赏识的内在需求，也会对别人的赞赏表现出很在意来。

赏识是成功的教育中最常见的手段，只是多数人没有意识到其重要作用。教育家陶行知在应用批评艺术时也结合了赏识的理念。一次，陶行知在校园看到男生王友用泥块砸另一个男生，当即制止了他，并叫他到校长室去。王友以为要挨训了。可一见面，陶行知却掏出一块糖，说：“这糖是奖给你的，因为你按时来到这里，而我却迟到了。”王友惊讶地接过糖。随后，陶行知又掏出一块糖，放在他手里，说：“这第二块糖也是奖给你的，因为当我不让你再打人时，你立即就住手了，这说明你尊重我，我应该奖你。”王友更惊讶了，眼睛睁得大大的。陶行知又掏出第三块糖果，塞到王友手里，说：“我调查过了，你用泥块砸那些男生，是因为他们不守游戏规则，欺负女生。你砸他们说明你很正直、善良，有跟坏人做斗争的勇气，应该奖励你啊！”王友感动极了，他后悔地喊道：“陶校长，你打我两下吧！我砸的不是坏人，而是自己的同学呀……”陶行知满意地笑了，他掏出第四块糖果，说：“为你正确地认识错误，我再奖给你一块糖果，只可惜我只剩这一块糖了。我的糖完了，我看我们的谈话也该结束了。”在这里，陶行知并没有僵化地要求学生每做一件事情都很完美，作为教育者他更关注从事情的另一面来发现闪光的一面，这就符合了间歇强化的要求，即并不是每次行为出现都给予强化，而是当达到一定要求的时候就可以得到正强化物，这些要求可以采用计时的方式，也可以采用计数的方式，灵活应用以达到最好的效果。至于陶行知不直接批评学生的行为，实际上又是将正强化应用于减少不良行为的一个新领域，这就是后面章节会提到的区别强化。

案 例

见谁夸谁——电影《甲方乙方》中的赏识实例

电影《甲方乙方》中，姚远（葛优饰）和周北雁（刘蓓饰）等人受命在国庆节增加喜庆气氛，上街见谁捧谁。

（在公园，对一群扭秧歌的老年人）姚远：“听这锣鼓点儿，多好听啊，这民族的就是有魅力！这位大姐，您有四十吗？”

“我都七十八啦！”

周北雁：“那可不像，您要是再穿得艳点儿，说您三十八都有人信！”

“好，谢谢你！”（老太太舞得更欢了）

(在家具店)周北雁:“哎哟,你看人这个家具店,真大,真气派,进来就是不买东西,看着心里都痛快!”

姚远:“东西好坏是其次,导购小姐好那才是千载难逢的。你不是退下来的空中小姐吧?(“不是”)肯定是,还能不是?!”(导购员暗自高兴)

(在公交车上)周北雁:“这车开得真稳,跟坐奔驰似的。”

姚远:“比奔驰舒服,奔驰能直腰站着不碰头吗?”

周北雁:“那不光这个呀,还有咱公交专线呢!”

(群众:“哎,这话我爱听,要说享福啊,还得说咱工薪阶层呢!”)

周北雁:“哎哎哎,你看人那位先生,一看就是一大款,有钱,而且还是正道儿来的,称得上是仪表堂堂,财大气粗吧!”

姚远:“就是,你看那西服穿他身上多合适啊,就跟长在他身上似的。再看先生那手,一看就是没干过活儿的,多细多长啊,准是弹钢琴的!(周北雁:“嗯,真像!”)你再看人家怎么掏钱包的,你看你看,单用二指,那么轻轻一夹,神不知鬼不觉……”(两人夸着夸着夸到小偷身上去了)

从见谁夸谁的效果来看,赞扬的作用非常大,夸谁谁都高兴。这就是生活中的赏识精神。

实践活动

1. 调查或访谈经常购买彩票的人,了解他们坚持购买彩票行为背后对中大奖的期待等影响因素。

2. 观看电视剧《家有儿女——奶糖与香烟》,分析对于夏雨吃糖太多和姥姥戒不了烟的行为,采取什么行为矫正方法比较合适。

电视剧《家有儿女——奶糖与香烟》中,夏雨喜欢吃糖,姥姥喜欢吸烟,在全家的鼓动下,两人决定一起戒除不好的习惯。于是他们采用零食替代和避免在家中提到“糖、烟”等字眼的方法,结果两人不仅一下子就将给他们准备的各种零食小吃一扫而光,而且由于吃得太多而肚子胀……①

3. 观察某特定场合某个个体的行为,记录每次行为的开始与结束的时间点,之后统计每次行为持续时间、每天总的持续时间、行为发生频率(多长时间发生一次)等指标。②

---

① 具体内容可以观看《家有儿女》第一部第51集《奶糖与香烟》。

② 王辉.行为改变技术[M].南京:南京大学出版社,2006:95.

被观察者					观察者			
行为定义								
日期					每日持续时间			
开始	结束	持续时间	开始	结束	持续时间	开始	结束	持续时间

4. 采用固定时间间隔取样法，对某个个体的特定行为进行观察，记录其行为发生情况。注意表中的每个时段是相等的，当每个时段中目标行为发生时，即在发生的空格中打钩，未发生则不做标记。最后统计目标行为的发生次数与发生百分率。①

被观察者		观察者		观察日期	
目标行为					
观察时刻	发生	未发生	观察时间	发生	未发生
10:01～10:10			10:31～10:40		
10:11～10:20			10:41～10:50		
10:21～10:30			10:51～11:00		
发生次数			发生百分率		

思考题

1. 分析不同类型的间歇强化各有什么特点。

2. 如何应用间歇强化方法指导小学生做作业？

3. 2011 年“五一”小长假的最后一天，上海一公司要求所有员工加班，安排的补休方案是——将一天 8 小时工作时间，精算成 480 分钟，再分摊到全年 250 个工作日(依据是国家规定月计薪天数为 20.83 天，则全年约 250 个工作日)，让员工每天提早 2 分钟下班权当“调休”。老板还说：“以后大家每天都有两分钟的休假哦！”员工们怨愤不已。②

① 王辉.行为改变技术[M].南京：南京大学出版社，2006:97.

② 上海一公司把法定假日分解为每天提早 2 分钟下班[EB/OL].(2011-05-21)[2017-06-23].http://news.xinhuanet.com/legal/2011－05/21/c_121442326.htm.

请分析，该公司老板拆分假期的措施误用了什么强化方法。

4. 阅读下面的新闻报道，分析这一事件中有哪些强化类型。

2016年8月11～12日，在郑州市快速公交的B13路车厢里，贴上了“寻找公交文明风”的海报，上面写着只要给老弱病残者让座、搀扶老人上下车、帮助不方便乘客递送行李等的文明乘客，均可获得车长赠送的彩票一张，有机会获得500万元大奖。车长郁利强说，上季度班组被评为公司的“优秀班小组”，获得了300元的奖金。大家经过讨论后，决定把奖金买成150张彩票，在8月11日、12日这两天，送给有文明之举的乘客，并祝福好人中大奖，来鼓励更多的人做文明乘客。一名女士因给老人让座，获得一张车长赠送的彩票后，惊喜万分。她表示让座是一件非常美好的事情，这也是文明郑州的一种体现。①

5. 谈谈对赏识教育观点的评价。

① 公交车长送乘客彩票　让座将有机会获得500万[EB/OL].(2016-08-14)[2017-06-23]. http://sn.ifeng.com/a/20160814/4865918_0.shtml.

第五章 消 退

案 例

"狼来了"与"守株待兔"新解

寓言故事《狼来了》:有个放羊娃,在山上放羊觉得无聊,就想了个捉弄大家的主意。他向着山下正在种田的农夫们大声喊:"狼来了!救命啊!"农夫们听到喊声急忙拿着锄头和镰刀往山上跑,跑到到山上一看,只见放羊娃哈哈大笑:"你们上当了!"农夫们生气地走了。第二天,放羊娃故伎重演,善良的农夫们又冲上来帮他打狼,可还是没有见到狼的影子。大伙儿对放羊娃说谎十分生气,再也不相信他的话了。过了几天,狼真的来了,一下子闯进了羊群。放羊娃害怕极了,拼命地向农夫们喊:"狼来了!快救命呀!狼真的来了!"农夫们听到喊声,以为他又在说谎,没人去帮他,结果许多羊都被狼咬死了。

守株待兔出自《韩非子·五蠹》:宋人有耕田者。田中有株,兔走触株,折颈而死。因释其耒而守株,冀复得兔。兔不可复得,而身为宋国笑。

"狼来了"的故事可以看作是消退原理的应用事例。当放羊的小孩前几次喊叫狼来了时,正在干活的农夫们都赶来救援,但他们每次都扑空,而且被嘲弄,这样他们帮助放羊孩打狼的积极性就被逐渐消退了。直到最后真正的狼来了,他们也不再去救援。这表明村民们的救援行为被彻底消退了。而成语"守株待兔"就是消退失败应用的案例。当农夫偶然遇到一只野兔慌不择路在树桩上撞死时,他白捡到了兔子,得到了强化。第二天开始他就一心一意在树桩旁等候兔子再来自投罗网,结果一天天等下去,再也没有等到有兔子这样撞死。农夫在后来得不到强化物后,按照消退原理应当取消这样的行为,但是由于他过于固执而没有改变行为,成为笑柄。

一、消退的概念

(一)消退的概念

消退(extinction)是指在特定情境中,行为者出现以前被强化的行为,如果这个行为之后并不跟随着通常的正强化物，那么以后在类似情境下，该行为的发生频率会降低。

消退是正强化的相反面，两者的不同就在于行为之后有无正强化物出现。每次行为之后都有相应的正强化物出现，就可以将正强化看作是连续强化。而消退则是相反的，每次行为出现时，预期的正强化物并没有出现，反复多次后，行为者就会取消该行为。这样，消退的作用就是用来减少行为的。

（二）消退的适用范围

消退法适用于控制以下行为：哭哭啼啼和烦躁，噘嘴板脸和生气，以惩罚父母为目的的大声哭叫，无理取闹，不停地哀求、要求，轻微发脾气，为引起他人注意的行为。

特别是为引起他人的注意而表现出的哭闹行为，他人的注意是非常有效的一种强化物。当个体表现出不良行为时，如果周围的人对其予以关注，这种行为就会被无形中强化。相反，当他表现良好时，人们往往会认为他表现很好，用不着多操心而不予以关注。这样一正一反，恰好使问题行为得到了更多的关注。

根据正强化的原理，引起他人注意是很好的强化物，在正强化中曾经讨论过的异食行为就是典型的注意引起强化的例子。对于希望得到他人注意的问题行为，可以采取不予理睬的方式加以消退。再如，有的学生在课堂上故意捣乱的行为，实际上也是为了引起教师的注意。此时，教师即使采取的是批评等措施，对学生而言也是强化物，因为他得到了教师的注意，成为全班关注的焦点。正确的处理方式应是不予理睬，相反对其认真听课的行为应予以关注，这样捣乱的行为就自然会减少了。

二、消退的应用

（一）影响消退的因素

1. 替代行为

是否对替代行为进行正强化是影响消退效果的重要因素。替代行为是指个体的特定行为被消退后，在同样环境下所表现出的另外的行为。替代行为通常是行为管理者期望个体表现的积极行为。如果没有提供替代行为，被消退的行为只会暂时消失，当条件适合时又会重新出现，需要再次进行矫正，导致重复劳动。

2. 正强化物

对要减少行为的正强化物的控制是消退成功的关键因素。如果只是行为管理者控制了正强化物，忽略了个体可以从其他来源得到强化的话，往往会导致消退的不成功。例如有的父母严格要求子女，不随意给他们零花钱，但是小孩子跑去向爷爷奶奶要，仍然可以得到需要的正强化物。

3. 环境因素

环境是影响人们行为的重要因素，在消退中应严密地控制环境，避免环境中存在支持问题行为的土壤。如有的小学生爱在课堂上说话，班主任给他安排一个上课从不说话的同桌，那个学生上课爱说话的问题就会减少很多。要想控制吸烟，做到少吸烟、不吸烟，需要创设一个无烟的环境，如公共场所不放置烟灰缸、火柴等，这样想抽烟的人看到周围吸烟不方便就会自动减少在公共场所的吸烟行为。

4. 指导语

消退的成功还有待于指导语的配合。个体在表现某些行为时，往往缺乏明确的指导，从而导致问题行为。如果通过书面或口头的指导语给予提示，行为者就会自发减少不合适的行为。公共场合张贴的各种告示牌或指示牌，如果能很清楚地指明方向，来访者问路的行为就会减少很多。

5. 强化的连续性

与间歇强化相比，连续强化支持的行为更容易被消退。这是因为连续强化中行为者比较容易得到强化物，而间歇强化中，行为者需要更有耐心等待强化的到来，所以当强化物不能得到时，间歇强化所支持的行为往往更牢固。在计划经济年代，人们购买生活必需品都要提供票证，紧俏的商品需要排队购买。到了市场经济年代，人们可以选择的途径很多，很少有人还耐心排队等候。等公交车也是这样，以前的公交车比较少，两辆车之间的时间间隔很长，也不确定，排队等候的乘客有时要花半小时到一小时。随着城市建设的步伐，公交线路多了，可选的交通工具也多了，人们对等候太长时间就会感到不耐烦。这些都说明了连续强化支持的行为更容易被消退。

（二）消退的误用

导致消退失败的原因主要有以下几个方面。

1. 无意中消退了好的行为

案　例

陈家洛婉拒木卓伦部族助战

金庸所著武侠小说《书剑恩仇录》中讲到，红花会帮助回人木卓伦部族夺回了被抢走的回教圣物经书。陈家洛因误会霍青桐与李沅芷装扮的美貌少年过于亲热，拒绝了他们的热心帮助。木卓伦说了几遍，陈家洛只是辞谢。于是霍青桐对其父摇头示意不必再说了。①

红花会帮助回人部族从朝廷派来的爪牙手中夺回了回教经书，回人部族愿意提供帮助回报，但是陈家洛因误会而婉言谢绝回人部族首领的好意，一而再，再而三，最终回人部族的积极性被打消了。对于回人木卓伦一族人而言，帮助他们的大恩人是对他们最大的褒奖，但是陈家洛婉拒了他们的好意，霍青桐的一腔热情被泼了冷水，自然心灰意冷。其好意没有被领情，也就是没有得到需要的强化物，因此其助战行为被消退了。可见，消退与正强化的过程相反，当行为出现后，并没有预期的正强化物，则行为倾向于减少。

消退的原理是针对与特定强化物建立联系的行为，因此在实际生活中，不管是好的行为还是问题行为，只要预期的强化物被取消，就符合了消退的原理。这样，无意中往往会把好的行为消退掉。就像在上例中，木卓伦为表达感谢，愿意让自己的子女随红花会出战，但是当家人陈家洛婉言谢绝，使对方的热情受到了冷遇，其结果只能是对方收回出手相助的想法。

在幼儿园里，保育员要照顾很多小孩，午休起来，要帮年龄小的孩子穿衣。当有的小孩刚刚学会自己穿衣，保育员就忽略了这些孩子，而是集中精力去照料那些还不会独立穿衣的小孩。过了一段时间，保育员发现以前学会自己穿衣的小孩，突然又不会穿了，需要保育员去帮忙。这就是由于刚学会自己穿衣的行为尚未巩固，而保育员却转移了对他们的注意，为了得到保育员的关注，这些小孩的穿衣行为就又退化了。再如，在学校老师教会小学生放学回家要问好，而家长不了解这个情况，小学生回家主动问好说："我回来了。"家长可能没有明确地回应，几次之后，小学生就不再回家打招呼了。

在政府和企业管理中，对于群众反映的问题，管理者要学会倾听，即使不能

---

① 金庸.书剑恩仇录[M].广州：广州出版社，2001：147-148.

马上解决这些问题,但是能够耐心地倾听,实际上就是就对群众的强化。有的官员官僚主义作风较严重,群众的呼声听不进去,对问题置之不理,结果有的时候个别群众只好采取极端行为,以图引起领导的重视。这表明在平时要及时对群众的合理诉求给予回应,而如果采取了冷淡、拖延的对策,实际上是对其合理行为的消退,会导致更严重的后果。

2. 消退不彻底,导致问题加剧

一旦实施消退,就意味着当不符合要求的行为出现后,不管行为者用什么方式,都不能随意取消消退,而应当彻底消退。通常在刚使用时会带来一些麻烦,但是坚持下去,最终问题行为都会因为得不到强化物而自行消失。但是消退中常见的误用情境就是消退不彻底,当遇到哭闹、求饶、威胁等不良行为的干扰时,消退的执行者采取了退让的策略,结果导致问题行为更加严重。

人们经常可以在商场见到儿童哭闹要求家长买玩具的场景,对待儿童的这一行为,也需要用到消退的方法。大多数情况下,儿童要求家长买玩具或其他物品,都是不太合理的要求,家长也往往不会立即答应。如果家长一直采取不予理睬的态度,则儿童就知道不合理的要求不能得到满足,以后也就不会随便哭闹来提要求了。但是,很多家长最初不答应,当看到孩子开始哭了,就不忍心或坚持不了了,往往会退让或协商换一个其他可以满足孩子要求的物品。这样导致的结果是儿童以后在类似的场合下,还会表现出哭闹来达到不合理愿望的满足。如果家长在第二次、第三次这样的情况下又拒绝满足孩子的要求,则哭闹的行为会变得更加严重,如哭声更响亮,哭的持续时间更长等。因此,可以说正是由于家长的错误方式加剧了儿童问题行为的严重性。在这个案例中,家长最初不予答应,就是一种消退,只是往往不能坚持到底。在这种情况下,还有一种值得注意的问题,就是周围人的态度。家长要争取到周围人态度的一致和支持,避免其他家人介入而破坏了消退的进程,也要尽量通过沟通使周围的“热心人”理解而不要起到干扰的作用。

当问题行为出现后,行为的管理者要想占据主动,应当采取合适的策略,使问题行为被及时阻挡住,而不应该追随着问题行为,随着其程度加剧而逐步升级。在上例中,父母如果冷静想了最后结果,总之是要给孩子买个东西(有可能是替换原先所要的),那就应该在孩子的行为比较合理时就给他强化,如他用商量的方式征求父母意见时,或者作为对其学习努力的奖励。如果父母预想到的结果是无论如何不能答应,那只能采取坚持策略,直到小孩子自发停止哭闹为止。这就需要有足够的耐心,等待成功。

3. 消退中没有控制好其他强化来源

消退中的关键点是控制好对特定行为有效的正强化物，一旦形成了特定行为之后必然有正强化物的支持这样的习惯，人们总是会期待下次行为依然如此。而在消退的过程中，如果没有控制好强化物的来源，行为者有可能从别的途径得到强化物，这样消退工作就白费心机了。有的家长喜欢用钱来奖励孩子，当孩子的行为出现问题时，准备用不给零花钱的方式来消退其行为，但是小孩从别的家人那里得到了金钱，导致消退不成功。

计划生育是一项基本国策，尽管其政策已经从一个家庭一个子女演变到“单独二孩”，直到全面放开“二孩”，但是仍然存在着比较普遍的“核心家庭”结构，即祖父母外祖父母 4 人、父母 2 人都围绕着 1～2 个子女转，两代人教育观念的差异也导致儿童行为的困扰。曾经有一个孩子，父母在外地工作，从小在爷爷奶奶身边长大，爷爷奶奶对其十分溺爱，只要孩子有要求，都给予满足。后来父母将其接到身边，小孩还是和以前一样，常常哭闹着要家长满足其要求，可是父母比较忙，并且一贯严格要求，对他的不合理要求有时顾不上管，有时则拒绝。这样孩子很快就知道这一招在父母面前不管用，而不再哭闹来要挟父母了。但回到爷爷奶奶身边，小孩又恢复哭闹行为了。

一位在中国工作的德国母亲在中文报纸上写了短文，记录了这样一件事情：她把女儿送到附近的幼儿园，每当放学时，门口总有很多卖玩具或小食品的摊贩，许多孩子总要拉着父母买这买那。她的女儿看了后也想要买，但是母亲认为这个不合适。这时小姑娘有点不高兴了，母亲想借机对她进行什么是“不”的教育，于是就坚决不答应。小孩子的眼泪要掉出来了，这时旁边的其他家长却来帮腔：“给孩子买一个吧！”“来，我送你一个。”这位德国母亲写文章给报社，更多的是从文化差异的角度，对其他中国孩子家长干涉她教育孩子的过程表示不理解。而从行为矫正角度来看，周围的家长正是其他强化物的来源之一，他们的劝说会分散小孩对自己行为不当的关注，反而会加剧行为的表现，导致该德国母亲的努力徒劳无功。

4. 消退终止，导致行为爆发、附带行为或攻击行为被强化

当个体的要求得不到满足时，往往会采取更强烈的行为表现，此时表现为行为的爆发。个体往往会表现出更为严重的发脾气、摔东西，并且伴随着哭闹出现骂人、打人、咬人、躺在地上打滚等附带行为或攻击行为。如果此时正在进行消退程序，应当注意不要在行为变得更坏或问题更严重时给予强化，否则容

易使附带行为、攻击行为得到强化。如果能够确认这些行为是与被消退关联着的，最好的方式还是坚持消退。

消退终止就等于是回到了对个体行为的正强化上，其结果，强化的效果会增强到正强化物出现之前的那个行为上。例如有群众去某部门反映问题，总是得不到解决，于是他就采取一些过激的行为，而恰好相关政策落实了，他的问题得到了解决，结果来访群众形成了“闹事比平心静气反映问题更管用”的错误理念，进而导致积极行为消失，问题行为得到强化。在前面的小孩哭闹提出不合理要求的例子中，有的小孩会伴随有踢人、打人、满地打滚等附带行为，如果此时停止了消退，就是对其行为的正强化，以后就更加可能采用这种方式来表达不合理的愿望了。

5. 将消退用于不能够被消退的行为

消退对于人们希望引起他人注意的情境下的行为是十分有效的，而如果将消退应用于不能够被消退的行为，则是无效的。例如小孩子都爱吃糖果，家长告诉他每天只能吃一次，但是小孩自己打开糖果盒吃糖，家长如果误用了消退原理，等待小孩自己取消偷吃糖果的行为，最后会发现剩下的只是空的糖果盒。原因是糖果本身就是很好的强化物，家长的注意在这里并不重要。

（三）消退应用中应注意的问题

1. 消退要坚持

消退法应用中最重要的原则是一定要坚持。在最初开始对问题行为进行消退时，个体的行为往往会变得更加严重。没有经验的教师、家长或管理者就会以为消退失败了，实际上这表明消退策略是有效的。如果此时终止了消退，就会使行为向严重的方向迈进了一步，以后反复这样进行，结果导致行为日趋严重。因此，一旦实施消退法，就应当坚持到底，而不能中途停止，不彻底的消退就会导致行为被间歇强化，从而变得更严重。

2. 行为爆发时不应中断消退

当个体的要求得不到满足时，往往会采取更强烈的行为表现，此时表现为行为的爆发。个体往往会表现出更为严重的发脾气、摔东西，并且伴随着哭闹出现骂人、打人、咬人、躺在地上打滚等附带行为或攻击行为。如果此时正在进行消退程序，应当注意不要在行为变得更坏或问题更严重时给予强化，否则容易使附带行为、攻击行为被强化。如果能够确认这些行为是与被消退关联着的，最好的方式还是坚持消退。

3. 认识消退规律：行为在变好之前会变得更坏

当人们看到儿童的行为变得更加严重时，往往很担忧，并且担心对其带来更多的伤害，因而往往采取退让的做法。在应用消退时，应当谨记“行为在变好之前会变得更坏”的规律。其原因是之前个体的哭闹或提出不合理要求时，都能得到强化(甚至是间歇强化)，导致这些行为被增强，即使偶尔没有得到强化物，也会被理解为是需要等待(符合间歇强化的原理)，因此这些问题行为就会持续，甚至变得更严重以重新得到强化机会。在这种情况下，仍然要坚持消退的应用，当行为持续一定程度，就会发展到转折点，从而开始变好，一旦变好，该行为的发生率会急剧下降。因此，做好行为观察、记录是非常重要的。通过记录数据和绘制图表，可以清楚地看到行为发展的趋势，从而增强应用行为矫正策略的信心。例如在图 5-1 中，研究者采用 4 个阶段来观察、记录某儿童哭的行为变化。在基线期，连续 10 天行为者不加干预，结果发现其每天哭的次数在 5 次以上，了解到儿童哭是由于家长对其的注意，因此要求家长采用消退法，对其无原因的哭不予以理睬；在实验干预最初，行为并没有减少，而且还有上升的趋势，但是家长坚持继续消退，结果从干预的第二天起，行为发生次数开始显著地减少，连续消退了 9 天，发现儿童每天哭的次数只有不到 1 次了；为了排除其他因素可能导致的儿童行为变化，第三阶段不再使用消退法，结果一旦有家长的关注，儿童哭的行为次数又显著地增加了，连续观察 9 天，行为基本恢复到最初

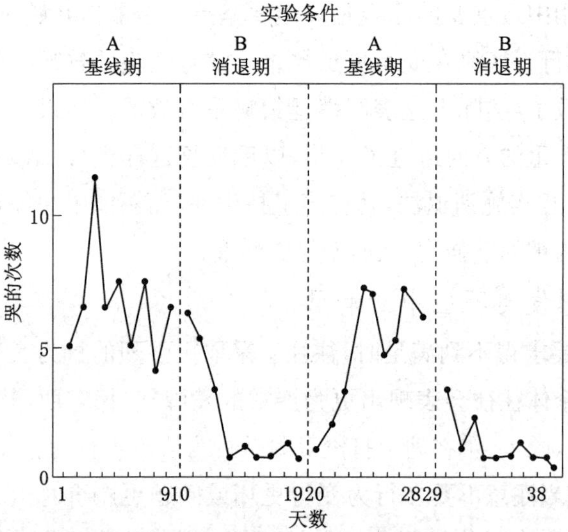

图 5-1　数据显示采用消退法有效地减少了行为(哭)发生频率

的水平，这其实恰恰证明消退能有效地控制其哭的行为；为了进一步消除儿童用哭来引起家人注意的行为，在第四个阶段，又采取了消退策略，结果发现儿童每天哭的行为几乎降为0。

实践活动

1. 去一所小学听课，观察是否有学生为引起教师注意而故意捣乱的行为（如说话、做鬼脸、出怪声、在座位上弄出响声等）。记录具体行为发生的频次以及教师所做的反馈。分析两者之间的关联性。

2. 观看电视剧《家有儿女——迟到的表扬》，分析刘星见义勇为帮助同伴的行为是如何被消退的。

电视剧《家有儿女——迟到的表扬》中，母亲刘梅对刘星见义勇为帮助同伴的行为不以为然，而对小雪奥数模拟比赛得第一则给予奖励。她的观点是对刘星只要一表扬，行为就会退步。母亲奖励给小雪一部随身听，刘星不高兴了，出门再次见到同伴二胖被别人欺负时，无动于衷、袖手旁观。全家对此事进行了讨论，母亲意识到刘星做好事被冷落了，于是向刘星道歉，并补上对他的表扬。①

思考题

1. 请分析：以下情境中，行为者所使用的行为矫正方法是否正确？如不正确，应当如何做？

(1) 在商场里，小孩子看到玩具，哭闹要家长买，母亲经不住孩子哭闹，只好答应给他买个小点的玩具，于是小孩就止住了哭声。

(2) 在课堂上，有学生故意做鬼脸，教师没有理睬，那个学生只好拿起课本读书。

(3) 班上几个调皮的学生给新同学起了个外号，新来的学生不高兴，和他们去争辩，结果大家更起劲地叫这个外号。

(4) 看到有的小孩爬上了变压器箱玩，周围的人置之不理。

2. 举例说明为什么在使用消退法的初期，行为发生频次或严重程度不仅没有降低，反而出现上升的情况。对此，应如何应对？

3. 2014年3月，美国佐治亚州亚特兰大一名10岁男童威利在街上走的时

① 具体内容可以观看《家有儿女》第一部第38集《迟到的表扬》。

候，有人用现金引诱威利，在威利走近时被绑匪绑架到车上。威利被绑后，在车上反复唱圣歌 *Every Praise*，持续了 3 小时后。绑匪从一开始的不断咒骂、到喝令他闭嘴，最终因不耐烦而开门将威利赶下车，还威胁他不要告诉任何人。最终威利安全脱险。①

请分析：威利不停地唱圣歌使绑匪无法忍受，这无意中迎合了什么行为矫正方法？

4. 西安的一名高一学生小杨在人行道上走着，突然在地上看见卷着的五元钱，她环顾一周没有发现其他人。这时，她看到了三四名站在路边的警察，小杨毫不犹豫地走过去将钱递了上去，说："叔叔，这是我捡的钱，交给你。"一名警察接过钱后一脸茫然，不知道怎么处理，他向身边几位同事请教，他们商议后决定不收。警察称不知道应该如何处理，便将五元钱又还给了小杨。

小杨对记者说，她从小就认为，捡到的钱就应交给警察叔叔，父母也一直这样教育她。而且，她和同学们都认为，拾到公物交公，捡钱交给警察是一件很光荣的事。现在，遇到"五元钱"的烦恼后，她就很茫然了，如果以后捡了钱，她不知道该不该交？②

假如你是那位警察，对于小杨的举动你会怎么处理？如何应用行为矫正的原理解决这类问题？

---

① 10 岁男童被绑架后连唱 3 小时圣歌　绑匪受不了将其释放[EB/OL].(2014-04-22)[2017-06-24]. http://news.ifeng.com/a/20140422/35943852_0.shtml.

② 张璐，朱娜. 女孩路边捡 5 元钱交警察　对方称无法处理归还[EB/OL].(2011-08-08)[2017-06-24]. http://xian.qq.com/a/20110808/000005.htm.

第六章 区别强化

案 例

篮球比赛中犯规规则的合理利用

篮球比赛规则中有明确的犯规规则,篮球运动中的犯规是对规则的违犯,含有与对方队员的非法身体接触和/或违反体育道德的举止。犯规的类型包括:侵人犯规、双方犯规、技术犯规、违反体育道德的犯规、取消比赛资格的犯规和打架等。具体的处罚规则有:一名队员已发生了5次犯规,裁判员应通知其本人,他必须立即离开比赛,并且必须在30秒钟内被替换;在一节中某队全队犯规已发生了4次时,该队处于全队犯规处罚状态等。美国职业篮球联赛(NBA)是全球最有影响力的体育比赛赛事之一,对于犯规行为的处罚也十分严格,裁判神圣而不可侵犯,要求球员与教练员绝对遵从裁判的判罚,如果在语言或动作上对裁判的判罚有不满的行为,马上会被判罚技术犯规;并且还规定比赛最后2分钟对无球队员的犯规属于技术犯规,要进行二罚一掷。

篮球赛场上节奏快、对抗性激烈,难免发生各种身体冲撞。因此对于严重的犯规会导致取消比赛资格;而对于难以完全避免的侵人犯规规定5次的最高限制,同时对一节比赛中全队的犯规次数限定为4次。这样既防止有球员恶意采用主动犯规战术,又确保比赛能正常进行。从这些规则来看,犯规规则在以下几个方面符合区别强化的特征:计算犯规次数有明确的时间周期;区分严重与一般犯规行为,对于严重的犯规行为不能容忍,相当于是零反应区别强化;总的要求是犯规次数越少越好,而且不能超过规定的限额,这属于低比例区别强化;在没有超过限额的情况下犯规,仍然能保证球员在赛场上参赛,也能确保全队的战斗力,这起到了正强化的作用。因此,篮球赛场上的犯规规则特别是对于犯规次数的规定,可以被教练员、球员、球队合理利用,例如防守时主力队员要合理控制自己的犯规次数,避免因犯规被罚出场,必要时可安排替补队员或犯规次数少的队员去实施犯规战术，破坏进攻队的进攻气势和节奏。

一、区别强化的概念与特点

（一）区别强化的概念

区别强化（differential reinforcement）是指个体在一定时间内，某种行为发生次数减少时，才得到强化，直至行为不出现或出现次数减少到可接受范围。区别强化是一种可以减少行为的间歇强化法。

（二）区别强化的特点

1. 可用于减少行为的强化法

区别强化采用了强化的方法来减少行为，具有独特的改变行为的作用。强化可以起到激励的作用，强化越多，行为也就越牢固。但区别强化之所以可用来减少不当行为，是因为其目标行为是减少不良行为，并且要求在行为以低比例出现时才给予强化，逐次递减。每一次行为者的行为不超过预定的标准，就可以得到强化。

2. 可以将行为控制在一定水平

区别强化有着独特的作用，除了可借助强化彻底消除不需要的行为外，还可以通过逐步降低的策略将问题行为控制在一定水平上。

3. 减少了负面情绪

区别强化采用的是行为只要达到阶段性目标，就可以给予强化，而不是非此即彼或一步到位的策略。这样行为者的问题行为在得到降低的同时，仍然可以得到正强化，从而避免了通常所采用的消极方法带来的副作用。

二、区别强化的类型

（一）低比例区别强化

低比例区别强化（differential reinforcement of low rates，简称 DRL）是指只有当行为不超过一定次数时才给予奖励，并且逐渐降低规定的次数标准。

低比例区别强化适用于可以以较低次数发生的行为，或行为较严重，还无法立即解决的情况下，先容忍其存在，只要能够比过去有所改变就给予强化，然后逐次递减。在准备减少行为时，要有耐心，对行为的反弹现象要正确处理。如对于强迫洗手、发言太快、在课堂抢答问题等行为，要分清这些行为本质并不坏，只是频率太高，需要适当予以降低，如果采用严格禁止的方法反而会走向反面，那也不是人们所希望的，因此可以采用低比例区别强化，将这些行为先降到可接受的范围，也就相当于不仅要规定行为的上限，还应确保行为在下限以上。此外，对于儿童过多吃零食的行为、吃饭或说话过快或过慢的行为、咬指甲、在课堂上随意插话、在做作业时不断要求协助、骂人、发脾气等情况，都可以采用低比例区别强化，根据实际需要来确定适合的比例，使行为保持在合理水平上。

案 例

如何评价“一日不过三”

金庸的武侠小说《侠客行》中描述到，江湖上有个叫“一日不过三”的武林人物。自称一日之中最多只杀三人，杀了三人之后，心肠就软了，第四人便杀不下手去。有人痛斥到：“一天杀三个人还不够？这等邪恶毒辣的奸徒，居然能让他活到如今。”①

绰号“一日不过三”的江湖人物丁不三只是作家虚构的角色，在现实生活中这种极端的问题行为是不可容忍的，但其限定特定行为数量的做法是有启发性的。书中的丁不三给自己定的规矩是每天杀人不超过三个，如果与他过去杀人无数相比较，“一日不过三”算是不小的进步，如果书中再给这个规矩加上一个附加条件，即只杀为非作歹者，则更符合区别强化的本意了。换作别的需要减少的行为，其策略也是由较高的数量开始、逐渐递减，直至行为数量降低到合理范围，当然也可以由行为频次为二、一，而最后降为零。在现实生活中，当人们出现某种过多的行为、需要将其消除或减少时，或者当某种行为表现出较低频率时为良好表现，而当出现较高频率就成了问题行为的情况下，就要转换思维方式，不是要消除这个行为，而是将其降低到可以容忍的范围之内。用辩证思维看，当问题行为发生数量由多变少，也是一种进步，因此用强化法来加以激励，有助于行为的改善。这就是“一日不过几”的独特价值所在。

“一日不过三”案例给人们的启发是：当问题行为比较严重，一时不能解决的话，可以先设置一个较容易达成的目标，只要在规定时间内行为问题的数量不超过规定指标，就可以给予强化。过一段时间，再将指标数量依次降低，直到

① 金庸.侠客行[M].广州:广州出版社,2001:43.

彻底消除为止。篮球比赛中对犯规行为的处罚也符合“一日不过三”的原理(见图 6-1)。

图 6-1 篮球中犯规行为示例①

漫画家华君武曾创作了讽刺戒烟者戒烟不成功的漫画《决心》。图中一名吸烟者举起拳头,下定决心戒烟,然后他把烟斗从窗口扔了出去,但他很快就后悔了,立即冲下楼梯,以比烟斗掉落还快的速度抢先下楼,从空中接住了烟斗继续吸烟……漫画虽然夸张,但在现实生活中,要想戒烟,并不是件很容易的事情。有人反复下定决心一定要戒烟,但没几天就又开始吸烟了。在戒烟者不成功的背后,除了环境影响或个人自制力的问题以外,最主要的还在于戒烟过快,违反了行为矫正的基本规律。对于烟瘾较重的个体,吸烟的行为往往比较牢固,而且每日吸烟的频率很高,要将一个频率很高的行为降低,用一刀切的方法是行不通的,即使强制执行,也会坚持不了多久。如果戒烟者了解了行为的变化规律,先统计下自己每天平均吸烟的数量(支数),然后以此为基线,再制定一个较低的目标,例如原来每日吸烟超过 50 支,则约定一周内每日吸烟最高量不超过 50 支,当持续一段时间目标都达到后,再将目标调为每日不超过 45 支,之后逐步降低至 40,35,…,10,8,5,2。当每日吸烟数量不超过 2 支,且经过较长时间的检验,没有发生反弹,就可以再进一步将其降为 1 支乃至 0 支(即彻底戒烟)。在每天结束时统计下当日的行为控制情况,如果没超过最高限,就可以给予自己奖励。这样在区别强化的作用下,原本比较顽固的吸烟行为就会逐步递

① 本图由杨明绘制并授权使用。

减，直至彻底消除。

为规范驾驶行为，确保道路交通安全，依据《公安部关于修改〈机动车驾驶证申领和使用规定〉的决定》（公安部第139号令），对驾驶员的道路交通安全违法行为实施记分制度，规定累积记分周期为12个月，满分为12分，从机动车驾驶证初次领取之日起计算。依据道路交通安全违法行为的严重程度，一次记分的分值为：12分、6分、3分、2分、1分5种。机动车驾驶人在一个记分周期内记分未达到12分，所处罚款已经缴纳的，记分予以清除；记分虽未达到12分，但尚有罚款未缴纳的，记分转入下一记分周期。一次记分12分以下的情况即属于低比例区别强化，表明在严格管理的同时给予驾驶员表现良好行为的机会。总的倾向是鼓励越少违规越好，对于轻微的道路交通安全违法行为给予一定的容忍度，而又通过记分方式，确保道路交通安全违法行为不至于太频繁和严重化。累计记分达到12分的，公安机关交通管理部门将依法扣留其机动车驾驶证。此外，符合规定要求的记分在记分周期满时可以被清除，符合区别强化对于行为发生的时间周期要求。通过记分规则，可以使驾驶员努力减少违反道路交通安全规则的行为，从而得到自我满足和驾驶机动车本身带来的正强化。

案 例

可采用区别强化矫正儿童咬指甲的行为①

7岁的龙龙在母亲的带领下前往医院就诊，被诊断为皮肤行为症。龙龙有一个习惯性动作，喜欢将大拇指和食指放在嘴里啃咬。开始母亲并没有在意孩子的这一小动作，但是近来却发现孩子的拇指和食指的大半个指甲没有了，而且指甲发黑、指甲周边脱皮。医生认为孩子习惯性地啃咬指甲，时间长后就导致出现甲萎缩、甲沟炎等疾病。皮肤行为症的治疗主要采取心理治疗，不能采取强制手段加以制止，应鼓励孩子多参加集体生活和有趣的文体活动，转移其注意力。

针对儿童咬甲癖的行为，区别强化可以发挥作用。区别强化的重要特点是在行为减少的条件下，给予强化。儿童都是喜欢得到强化物的，当他们咬指甲行为的频率很高时，不应直接要求他们立即转好，而是给他们几个梯度的行为阶段，先容忍其咬指甲的行为，只不过要求咬指甲的行为要低于设定的标准。最初这个目标应设置得与其日常表现非常

① 吕华. 7岁男童咬指甲成癖[N]. 西安晚报，2009-1-7.

接近，这样他很容易就可以得到强化。得到强化就会激励儿童在后续的训练中更加努力地控制自己的行为，使咬指甲的行为逐渐减少，直到最后彻底消除。

低比例区别强化在使用时应注意以下几点要求。

(1) 反应数量应逐渐减少。即最初可以根据行为者的平均水平设置一个高限度，开始时只要不超过这个限度，就给予正强化，然后再降低一点，降低的幅度不应太大，以便使行为者适应，之后再依次降低一定幅度，直到最后降到可以允许的范围，只要不超过阶段目标都给予正强化。

(2) 每次强化要求行为发生量递减。区别强化的关键在于让行为者较低频次的行为比高频次的行为得到更多的强化，也不能总是保持在原始水平上，因而需要逐次降低行为的发生量，并将其作为阶段性目标，才能实现以间歇强化来减少行为的效果。

(3) 不要过快将行为指标压到很低。低比例区别强化并不需要将行为完全消除，而是把目标定为使行为保持在较低水平上，因此允许行为者在一个阶段内逐渐减少行为。如果过快降低行为水平，会造成困难，结果行为会反生反弹，反而变得欲速则不达。

案 例

用低比例区别强化控制儿童逃课行为

一位在加拿大进行汉语推广教育的教师，记录了这样一个教育片段：少儿书法班课时是一个半小时，最小的孩子只有五岁，注意力当然不能集中那么久。有个孩子常常要上厕所，后来家长主动说他在家也这样，不想写作业就上厕所，所以要书法教师限制这个孩子上厕所的次数。书法教师就跟孩子商量，如果一节课只上两次，就奖励一块糖或者巧克力，如果上一次还外加一个拥抱。后来孩子就真的只上一次厕所了。[1]

(二) 零反应区别强化

零反应区别强化(differential reinforcement of zero responding，DRO)是指对于不能容忍的行为，要求在规定的时间段内，行为发生次数为零时(即不发生)才能得到强化。零反应区别强化对行为的要求更严格，即在规定的时间段内，目标行为不出现，才能得到强化物；如果时间未到而表现出了该行为，则需

---

① 史风华. 化作春泥更护花[N]. 中国社会科学报，2015-03-27(A06).

要重新计时，使下次强化的机会被相应推后。

零反应区别强化有两种用途，一是可以作为低比例区别强化取得成效后的进一步工作，对于原来发生频率特别高，无法在短时间内降低的行为，则可以先采取低比例区别强化降低行为的发生频率，待行为稳定在1～2次的极低水平时，再进一步严格要求，使不需要的行为彻底消除；二是对于极端的行为、不能容忍的行为、严重的问题行为等应采取严格禁止的态度，因而提出的行为目标是零。

例如，对于前文列举的戒烟案例，在吸烟者将每日吸烟数降低到1支或几天1支水平后，维持一段时间，如果要彻底戒除，只要再前进一步就可以解决问题了，实际上零反应区别强化就成了低比例区别强化的后续工作；根据社会规范，有时需要在规定的时间段内禁止人们从事某些行为；对于打架的行为可以提出更高的要求，严格禁止；目前在一些行业如交通运输业、工矿企业还存在着死亡事故标准的做法，这是因为交通事故和矿难一时还不能根除，但从以人为本的角度出发，最好采取严格的控制措施，将零死亡作为安全工作的最高标准。

当机动车驾驶员有严重的道路交通安全违法行为时，可以被一次记12分，其机动车驾驶证将被公安机关交通管理部门依法扣留，在这个记分周期就无法合法驾驶机动车了，这就属于零反应区别强化。即对严重的道路交通安全违法行为不能容忍，对其行为要严加限制。通过记满分后扣留驾驶证，并进行道路交通安全法律、法规和相关知识学习和考试，考试合格的，记分予以清除，发还机动车驾驶证。这样的严格规定可以规范驾驶员驾驶行为，彻底消除严重违反道路交通安全规则的行为，从而得到自我满足和驾驶机动车本身带来的正强化。

在应用零反应区别强化时应注意以下几点要求。

(1) 在规定时间内严格控制行为。所谓零反应区别强化可以看作是低比例区别强化的特例，而其对行为的要求更为严格，在规定的时间段不能出现，这样可以严格控制住行为。

(2) 在行为比较频繁时，可以先采取低比例区别强化的策略。如果基线阶段的行为处于较高水平，很难一下子就消除，可以先采取低比例区别强化进行过渡，当行为降低到合适的较低水平后，可以维持一定时间，最后再用零反应区别强化彻底消除这个行为。

（三）不相容行为的区别强化

两种行为彼此对立，它们不会同时发生，则这对行为被称为不相容行为。

不相容行为的区别强化（differential reinforcement of incompatible responding，简称 DRI）是指，在同一时间，有的行为不能同时并存，具有不相容性质，则可用一好的行为来取代不良的行为。

例如做作业时的马虎与认真、错误与正确、潦草与整齐、离开与坐下都是不相容的行为；但是要注意管理者经常犯的错误就是单纯以禁止、命令来要求学生或员工，事实上任何禁令都无法禁止所有行为，因为有的行为是彼此相容的，如不准学生在上课时做上小动作，但给他的规定是不准离开座位，那么这个学生坐在座位上不做小动作，但是可以发呆、看课外书、乱涂画、东张西望等，这些行为与坐在座位上是相容的；对于逃学的学生要求他们到学校听课，但与此同时有的学生表现出小偷小摸、损坏公物等行为，与到校是相容的。因此如果是需要严格限制的行为，一定要考虑是否与其他行为具有相容性，不要简单地用禁止来要求。

在应用不相容行为的区别强化时应注意以下几点要求。

(1) 确保行为的不相容性。如果仅仅列出几条禁止行为，实际上很难避免出现相容的问题行为来，这就需要在提出要求时要给予明确的界定，使行为者非此即彼，不能有多个可以替换的行为出现。有时也需要行为管理者作为有心人，平时多积累有关案例，这样在遇到实际问题时能够做出准确的选择。

(2) 在已有的行为中选择替代问题行为的不相容行为。这是为了避免重新学习行为导致对问题行为的控制失去时效性。

(3) 强化时防止对相容的不良行为进行强化。如果不了解相容行为的原理，当管理者只看到行为好的一面时，会忽视其另外一面，这时给予强化等于对另一个潜在的问题行为给予了支持。例如有学生装作学习英语听力，但实际上通过耳机播放的是歌曲，家长看了外表，对其表扬，结果是鼓励了他占用听听力的时间听音乐的行为。

三、区别强化的应用

（一）对区别强化的误用

1. 无意中以低比例对待良好行为

有时行为管理者更容易看到发生频率高的问题行为，而忽略发生频率较低的良好行为，这样造成无意中以低比例区别强化对待良好行为，相反对于问题行为却予以更多的关注。例如，在课堂上老师为了鼓励学生多发言，看到很多学生举手要求发言，老师有意选择了平时发言较少的学生，以便鼓励其行为，在此情境下，个别学生会形成错误的理解，以为越少的行为才能得到老师的关注，于是逐渐变得不爱举手发言了；有的家长每天回来抱怨孩子，放学后在操场上玩或者在学校大扫除，把新衣服弄脏了，结果孩子为了让衣服保持整洁干净，而不愿意参与学校的各种活动了；日常生活中，人们经常会形成“少的行为会得到更多的强化”的错觉，正如俗话说“会哭的孩子有奶吃”，有的行为者有意表现出更少的行为，以便引起管理者的关注而给予强化。

2. 误将合理的行为彻底消除

2003 年席卷大半个中国的“非典型肺炎”让人们形成了多洗手可以预防病毒传染的理念。正常的洗手是没有问题的，但是如果有人老担心自己的手不干净，做了任何动作后都去洗手，每次都花很长时间，反复涂抹洗手液，唯恐手上沾染了病毒，这就变成了强迫洗手的问题。如果要矫正这样的问题，也不能太极端。如果采取一种手段，让强迫洗手的来访者厌恶洗手行为，结果会走向了对立面——新的问题是他一直不洗手。这就是该用低比例区别强化而误用了零反应区别强化的结果。

在教育情境中，教师对学生的行为管理有时也往往不自觉地误用了零反应区别强化，导致新的问题发生。如对于比较吵闹的学生严格限制，使其逐渐变得自我封闭起来，原因是教师的管理方式给学生的暗示是越少说话或活动，越能得到表扬。在幼儿园里，幼儿的生活自理能力较低，往往需要教师帮助清理个人卫生。个别幼儿教师为了减少幼儿上厕所的次数，就故意不给小孩喝水，或者每次只给一点水。时间久了，幼儿们意识到教师不喜欢老去上厕所的孩子，于是自行憋尿，在园时都忍着，久而久之，可能导致部分幼儿患上某些生理疾病。在课堂上，学生不懂就问老师，但是在中国传统教育理念下，注重教师的权威性，不允许学生随意发问，以至于原本好奇心重、经常思考问题的学生变得不再发问，进而影响了其学习成绩。在这些情境中，学生们的行为本身是好的行为或者中性的行为，但是教师却采取了零反应区别强化加以应对，给学生们的暗示就是这些举动越少表现越好，结果好的行为或者中性的行为就被无形中减少，以至于带来新的问题。

3. 误用相容的行为

所谓相容的行为是指，在同一时空条件下，可以同时出现的行为。而不相容的行为则是在同一时空条件下，不可能同时出现，具有非此即彼的特点的行为。在解决问题行为时，最好的替代行为是具有不相容性质的行为，这样替代行为的出现就自然可以防止某种不良行为的同时出现。在学校管理中，如果简单地以各种禁令来维持课堂和自习课的秩序，就会不断遇到禁令上没有的新情况，如规定课上不准说话，但是没说不可以趴着睡觉，而再规定不准课上睡觉，学生又出现玩手机的行为……这些行为就属于相容行为，禁止了一个并不影响另一个出现。为此，教师和管理者应当选择那些具有不相容性质的行为，使学生遵守其中一个好的行为要求，自然就不会表现出另一个问题来。为了减轻小学生学习负担，有的地方教育部门规定不得给学生在放学后延点或补课，一些学校为了避免主管部门查处，就干脆规定下午三四点放学后，学生一律不得在校园内停留，而这个时间段许多家长还在上班，顾不上管孩子，一些学生就跑去游戏厅、网吧玩电子游戏。这都是对相容行为的误用。

4. 递减速度过快导致失败

区别强化针对的问题行为往往有较高的行为发生频率，试图一下子将高频率的行为减少到频率很低或者彻底消除，其结果往往是欲速则不达，这就是递减过快导致区别强化策略不成功。

5. 应该消除的行为维持在低水平上

倡导低比例区别强化并不是针对所有行为都一刀切，而是根据行为的严重程度和发生频率，采取先用低比例区别强化降低行为发生率，再过渡到零反应区别强化的递进措施。而对于一些危险行为，不能允许行为发生率慢慢降低，而是需要坚决阻止，那就应该选择使用零反应区别强化，严格限制住不符合要求的问题行为出现。而常见错误应用就是，矫正者一味照搬低比例区别强化的策略，不考虑具体行为是否具有危害性或可能带来严重后果，导致意外事故的发生。

6. 低比例区别强化导致“突击消费”现象

在使用低比例区别强化时，教师和管理者可以按时间段限制行为发生次数。例如规定了在一节课内，某学生可以有三次不举手发言的机会，但是在现实应用中，偶尔会出现有个别学生上课前半段时间表现都很好，而等到快下课时想起自己还有发言的机会没用，于是就出现了类似“突击消费”的现象。如果正好是一次公开课，这就非常挑战教师的应变能力了。为了更加严格进行控制，对此类行为还可以补充规定三次机会不是一次用完，而是分别在课堂上的三个时间段里，每段时间内最多只能有一次机会。事实上，如果该学生在某个时间段内没有随意发言，也就自然减少了一次机会，可以使行为得到更好的控制。

（二）应用原则

1. 选择合适的行为

在使用区别强化时，要明确目标行为，适用的行为首先是行为发生频率比较高、一时不能彻底消除的行为；其次是对那些本身是中性的行为，没必要被消除的行为。同时，也应明确行为的性质，避免将良好行为也用区别强化来对待进而导致良好行为减少或消失。

2. 确定适当的递减方法

在进行区别强化时，具体使用低比例区别强化还是零反应区别强化，需要根据行为的性质、行为的发生率来确定，不宜一刀切。

3. 递减步伐要合理

区别强化的关键策略是逐步降低行为发生率，因此在行为训练时应先从小的时间间隔开始，最初行为发生次数允许较高，逐步降低行为的发生频率或延长两次行为之间的时间间隔。应遵循小步子原则，避免递减时步伐太大而导致不成功。

专栏 6-1　低比例区别强化应用案例

采用逐变标准设计降低行为的实验①

在一个职业学校班级里，有 15 名女生，她们在课上讨论时，经常发生讨论离题的情况。研究者拟采用低比例区别强化，规定当讨论离题的行为减少到预定标准以下时，全班同学可以在周五下午增加 50 分钟的自由活动时间。

实验阶段包括基线期 1、处理期（分为四个阶段）、基线期 2 等几个阶段。在基线期不做干预，只客观观察、记录女生们每节课讨论离题的发生次数。处理期分为 4 个小阶段，每个小阶段为期 4 天。处理期第一阶段的目标是每节课发生的讨论离题行为在 5 次以下（含 5 次，下同），第二阶段为 3 次以下，第三阶段为 1 次以下，第四阶段为 0 次（见图 6-2）。

① 王辉. 行为改变技术[M]. 南京：南京大学出版社，2006：138-139.

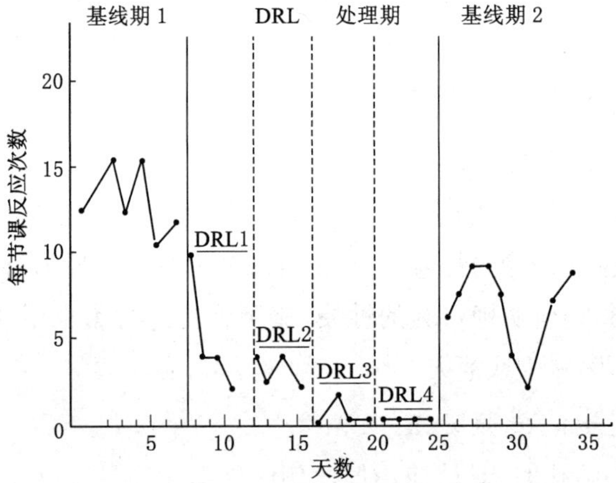

图 6-2　采用逐变标准设计对离题行为的低比例区别强化干预实验

采用逐变标准设计实验对行为进行干预，可以发挥低比例区别强化的优势，即在行为一时还无法彻底消除时，或者有的行为不需要彻底消除，则容忍个体的行为发生次数在设定的目标之下，并给予强化，等其适应后再逐渐降低所设定的目标，直至达到最终的目标行为次数。

4. 控制行为的相容性

大量的行为矫正实践证明，有许多行为之间是存在相容性的。在开始时教师、家长、管理者往往只看到要被减少的行为，而没有考虑可能自发的替代行为本身也是问题行为。随着行为矫正技巧的熟练，教育者应增强替代行为选用的主动性，确保替代行为与问题行为存在着不相容性，使学生的行为得到更好的控制。如在自习课上，如果只是要求学生坐在座位上，不随意离开，就不能排除他们出现很多相容性的问题行为，如吃东西、说话、玩游戏、东张西望等。而将目标行为定为坐在各自座位上认真上自习，则他们读课文、写作业、做练习题等这些行为都是符合要求的，自然就顾不上做上述影响学习的行为了。

实践活动

1. 查找《机动车驾驶证申领和使用规定》及其附则道路交通安全违法行为记分分值：① 制作道路交通安全违法行为记分一览表。② 观察道路上行驶的机动车存在的违法行为，判断应给予何种情况的记分。

2. 观看美国职业篮球联赛(NBA)的比赛:① 分析篮球比赛规则中的犯规次数规定从哪些方面体现了区别强化的特征;② 分析球队是如何通过对犯规规则的合理利用来实施主动犯规战术的。

思考题

1. 分析区别强化中,为什么采用了强化策略,而行为者的行为却倾向于减少。

2. 比较间歇强化与区别强化各自的特点,分析区别强化有什么优势。

3. 在学校教育中,少数学生会形成"较少的行为才可以得到奖励"的错误认识,因此出现了一些问题行为或倒退现象,原来能做的事情也不会做了,以求得到教师的奖赏或关注。请分析这一现象背后的行为矫正原理。

第七章 惩　　罚

案　例

惩罚与关爱学生哪种教育方法更有效?

法国影片《放牛班的春天》中,有一所专门教育问题青少年的学校,在校生大多是问题学生和孤儿。校长哈森一贯强调严厉的教育。在他眼里,学生们都无药可救,他的教育方法简单粗暴,诸如关禁闭、罚抄100遍作业,甚至各种形式的体罚等。他制定的院规就是“一犯规,就处罚!”代课教师马修的到来,给学校带来了新气象。他更多的是鼓励学生,以幽默的方式化解学生的捉弄,帮助学生们遮掩以免受校长的处罚。他发现孩子们很爱唱歌,于是重新开始谱写歌曲、组建合唱团,让学生们人尽其才,都参与到其中。马修老师从学生们身上获得了灵感,发现宽恕更能激发学生潜能。而学生们也通过参与合唱、运动,变得更加阳光,各种问题行为减少了,而纪律维持更好了,行为表现得到了肯定,甚至还变得更“聪明”,最重要的是知道了感恩……

美国影片《死亡诗社》中,威尔顿贵族学校是一所古板守旧、奉行教条主义的男子寄宿制学校。其教学活动墨守成规,禁锢学生的思想,对犯错的学生则以体罚作为教育手段。当查理以死亡诗社的名义自行在校报上添加了要求学校招收女生的文章时,校长搬出了校规,手持专用的板子对查理打屁股,并且要求查理大声报数。这种教育方式尽管完全符合刺激-反应的理论,但是却忽视了青少年的成长特点。新来的基廷老师有着与学校其他教师不同的教育理念,他经常鼓励学生们换一种方式来观察和思考,即使是走路也要走出自己的方式。他打破常规,鼓励学生灵活思考。在他的带动下,不同性格特点的学生在不断地完善着自我……

一、惩罚及其分类

(一) 惩罚的概念

1. 厌恶刺激

厌恶刺激是指人们所不喜欢或不需要的、并令人不愉快的刺激。

2. 惩罚

惩罚(punishment)是指在某种情境下个体表现某行为后,立即得到厌恶刺激或正强化物被撤除,以后在类似情境下行为倾向于减少。

(二) 惩罚的类型

惩罚的类型有很多,如给予脸色、谴责(批评)、警告、叱责、罚劳役、取消强化物等。从程度上看,许多问题行为只需要给予轻微的惩罚就能见效,如给脸色、谴责、警告、叱责等。因此在谈及教育行为矫正中的惩罚时,惩罚是不可缺少的一种减少行为的方法。但是这并不等同于对惩罚的提倡,更不能将惩罚与体罚画等号。相对于社会管理层面,学校中的惩罚类型有一定的限制,教育者也不能任意对学生进行惩罚。而对于违反管理制度的行为采取必要的惩罚措施,则有助于促进学生行为的改善。

谴责或批评,是指个体出现不良行为时,及时给予强烈的、否定性的言语刺激或警告语句以减少或消除不良行为的出现。谴责也往往会伴随有表情、动作如瞪眼、皱眉等,起到代表着惩罚即将到来的信号作用。在学校中,教师应用谴责、批评不当,或者嘲笑、讥讽学生,也会无意中起到了惩罚作用,或者使学生因受到强烈惩罚而产生条件惩罚物,对教师、课程或学校产生厌恶。为此,有教育工作者倡导要注意不说"教师忌语",提醒教师多鼓励表扬学生,少用、禁用嘲笑、讥讽、责骂等消极方法来教育学生。

在教育行为矫正中,惩罚法是一种储备的备用手段,应该是在不得已的情况下才使用。同时惩罚应有其教育作用,即不仅仅是解决了眼前的行为问题,更重要的是通过惩罚,使学习者认识到自身的问题,并建立起对惩罚物的条件反射,以从长远上控制问题行为。当教育者使用那些以表情、眼神、言语为信号的轻微惩罚手段时,应确保在这些信号之后有强有力的惩罚措施在起支撑作用。如果没有建立信号与强力惩罚物之间的联系,对于被教育者而言,谴责或批评等就成为空头支票,不能起到制约个体行为的作用。在学校教育中,常可看到新教师由于权威性尚未树立起来,有时喊破了嗓子,调皮的学生们也不见得会有所收敛;而一些威严的老教师,只要象征性地对学生们表示出不满,他们就会立即安静下来。实际上在之前的教学中,老教师已经通过多种方式使学生们知道了他的批评甚至皱眉的表情都代表着不同程度的惩罚措施,而只要立即将行为转好,就可以避免受到真实惩罚,从而起到了教育预警的作用。

专栏 7-1　涉及厌恶刺激的两种方法

厌恶疗法与惩罚法的区别[①]

厌恶疗法是一种抵制不良强化物的方法。厌恶疗法与惩罚都需要用到厌恶刺激,因而两者容易被混淆,在教育行为矫正中应注意区分。

首先,两者的理论基础不同。厌恶疗法中的厌恶刺激和不良行为或不良习惯等几乎同时出现,由于两者的反复联合,使厌恶刺激成为不良行为的条件刺激,所以其整个过程是建立在应答性条件反射基础上的。而惩罚是当个体表现出不良行为后,再给予厌恶刺激,以此来消除不良行为,所以它是建立在操作性条件反射基础上的。

其次,两者的主动性不同。在厌恶疗法中,治疗者指导行为者去从事伴有厌恶刺激的不良行为,故其不良行为是被动的;而在惩罚中,个体的不良行为是主动的,并因其不良行为受到惩罚。

最后,两者的效果不同。厌恶疗法的主要效果是减少从事不良行为所得到的强化作用;而惩罚是直接处罚个体的不良行为。

二、对体罚的探讨

体罚是指随着儿童不良行为的出现,立即施予一种厌恶刺激(或惩罚物),使其产生生理上的不适感,以达到减少或消除这种不良行为的目的。

作为惩罚手段之一的体罚,可以起到减少行为的作用。根据操作性条件反射原理,惩罚是指当个体表现出某种行为后,如果立即得到厌恶刺激,那么以后在类似情境下,该行为的出现率会下降。体罚属于厌恶刺激的一种,因此也具有减少行为的作用。但是,从长远效果来看,惩罚特别是体罚,是消极的方法,如果使用不当,很容易产生副作用。

---

① 吕静.儿童行为矫正[M].杭州:浙江教育出版社,1992:164.

在教育中,原则上不使用体罚,并尽量少用一般的惩罚。体罚本身是消极的方法,并且存在着很大的安全隐患,从人性角度出发,是应当绝对禁止的。《中华人民共和国未成年人保护法》中,也明确规定"学校、幼儿园、托儿所的教职员工应当尊重未成年人的人格尊严,不得对未成年人实施体罚、变相体罚或者其他侮辱人格尊严的行为"。但是在部分紧急情况下或不得已的情况下,体罚仍可以发挥其改善行为的作用。例如依据行为主义原理,当幼儿表现出类似在马路上乱跑等危险行为时,监护人可以站在其面前进行适度的体罚,使他清楚地看到这一场景,并形成相应的条件反射,在以后,见到车来车往的街景,该幼儿就会注意自己的行为。而对这种行为置之不理,或在事后批评,或在现场时在儿童身后追赶并责罚,都是无效的管理行为。对于行为养成初期的儿童来说,他们并不明白很多禁止的言语对行为的制约作用,轻微的体罚则起到建立条件反射的作用,以后就只需要用口头警告的信号来代替真实的体罚就可以解决这些问题了。除了在原则上不使用体罚以外,一般的惩罚措施也应少用,能够采用其他替代方法的应该尽量选用其他方法。

案 例

父亲以棍棒教育管教儿子

流落到哈萨克族人居住地的汉族姑娘李文秀与哈萨克族青年苏普相恋,苏普将自己杀死的狼的狼皮送给了李文秀表示其爱慕之情,但却遭到其父亲苏鲁克的责罚。苏鲁克粗大的嗓门在大声咆哮着:"你定是拿去送给了那个汉人姑娘,……好,你不说,瞧是你厉害,还是你爹爹的鞭子厉害?"只听得刷刷刷刷,几下鞭子抽打在肉体上的声音。像苏鲁克这一类的哈萨克人,素来相信只有鞭子下才能产生强悍的好汉子,管教儿子不能用温和的法子。他祖父这样鞭打他父亲,他父亲这样鞭打他自己,他自己便也这样鞭打儿子,父子之爱并不因此而减弱。……鞭子不住地往下抽打。苏普起初咬着牙硬忍,到后来终于哭喊起来……苏鲁克这时的鞭子早已不是管教儿子,而是在发泄心中的狂怒。他每一鞭下去,都似在鞭打敌人。①

在苏鲁克教训儿子苏普时,采用的是鞭打的方法。这是典型的体罚行

① 金庸.白马啸西风[M].广州:广州出版社,2001:285-286.

为。惩罚不等于体罚，但很多家长、教师在对儿童出现的行为问题进行管理时，往往会体罚、惩罚不分，久而久之，就形成了体罚的习惯。

报刊、电视、网络等媒体经常披露在一些学校发生的滥用体罚导致学生身心伤害的事件，但媒体更多的是从社会新闻角度去报道，很少从教育与心理的本质上去挖掘其深层次原因，而这些事件也未引起教育工作者的足够重视。近年来在学校中体罚现象层出不穷，主要表现为：第一，发生频率高。从幼儿园到中学，各个阶段都曾出现过体罚学生的事件。第二，体罚方式多。许多老师的体罚行为五花八门，扇耳光、踢腿、拳击头面部、罚吹冷风、罚钻桌子、罚跑圈、罚捶打墙壁、用针扎、用胶带封嘴、用剪刀剪手指、用火钳夹鼻、棍棒殴打等，完全背离了教育者的道德准则。第三，体罚造成身心伤害严重。有不少的学生因体罚而导致自我封闭，严重的出现了反应性精神障碍，有的对上学产生恐惧，有的造成耳膜穿孔、门牙被打落，最严重的还有学生被殴打致死。第四，体罚者不反省。许多教师平时习惯用轻微的体罚来管教学生，当学生与教师发生激烈对抗时，或教师自己的情绪失控时，往往会导致体罚升级，造成严重的后果。但对此老师们往往还是找理由给自己辩解，例如认为现在的学生难以管理，认为自己也是为了学生好，还有的同行教师对本校教师体罚导致事故表示同情，或者对教师的管教方法提出可以探讨等模糊不清的理解。第五，体罚与惩罚不分。有的教师认为变相体罚不算体罚，还有的则因为禁止体罚的规定而不知道如何管教学生，实际上体现了教师们对体罚与惩罚之间的区别认识不清。

专栏 7-2　关于体罚的新闻报道

五花八门的教师体罚行为

近年来，各地频发教师体罚学生的事件，除了从违法和教师职业道德失范的角度分析以外，这些事件还表明教师普遍存在欠缺行为管理技巧的问题，应引起关注。

(1) 1999 年 10 月 7 日，陕西黄河机械公司子弟学校 6 年级学生 W 拿了同学 10 元钱和本子，班主任 C 老师在其脸上刻了个“贼”字。

(2) 2000 年 8 月 2 日，浙江玉环县城关小天使幼儿园 6 岁的小 L 在教室里抢同学的鞋子玩，被正在上语言课的某老师发现，说：“再不听话就把你的手指剪掉！”小 L 没有理会，该老师就拿了一把剪刀，竟真的把他的左手食指尖剪掉一小节。后因手指已坏死，小L不得不做了截指手术。事后该老师解释说："只想吓一吓他的，不知怎么真的剪了。其实我很喜欢孩子的，真的。"

(3) 2001年10月，云南宣威市第一中学初一某男生给小月写纸条纠缠，小月谎称自己有很多追求者，班主任袁老师捕风捉影，在晚自习时公开对此"早恋"行为进行鞭打，导致该生因恐惧而拒绝上学。

(4) 2002年5月24日，西安市新蕾幼儿园Z老师刚把地拖干净，两个女孩跑过来踩脏了地，老师生气地罚她们下跪，并要孩子舔掉地上的脚印。

(5) 2003年12月4日，成都市水碾河小学二年级的音乐课上，因课堂纪律不好，老师让学生做下蹲动作，并打开三台电扇对着全班学生吹了半节课。结果十多名学生感冒。

(6) 2004年12月，记者根据举报对甘肃漳县大草滩中学进行调查，发现该校存在组织学生从事危险劳动的情况，校长和部分教师经常体罚学生，有的学生被严重打伤。

(7) 2005年5月8日，刚上课一个同学突然叫丁丁。丁丁答应了一声，被班主任汪老师听见，汪老师让他站到讲台上，并拿了一支长粉笔塞进他的嘴里。这时，一个同学说他含着粉笔就像是在抽烟，引来全班同学哄堂大笑，结果那个同学也被罚含粉笔。

(8) 2006年10月20日，陕西省宝鸡市岐山县第一初级中学一名男教师惩罚两名女生喝下大量白酒。原因是课间检查学生课桌时发现她们抽屉里有一个夹板(烫发工具)和一封信。当晚，两女生因喝酒后剧烈呕吐，眩晕，经诊断为酒精中毒。

(9) 2007年12月12日，西安市碑林区雁塔路小学，来自牙买加的外教采取当众脱掉学生裤子的方式惩罚调皮学生。事后，外教说"在牙买加这样做没什么"。

(10) 2008年6月24日，商洛市商州区城关二小四年级3班安全教育课结束后，王老师把听讲不守纪律的学生叫到讲台前批评教育，让学生"好好反省检讨一下!"教师宣称自己并没有授意，但是结果批评的结果却是30名学生站在讲台前相互扇耳光。

(11) 2009 年 10 月 23 日，云南建水县西湖幼儿园家长发现该园孙老师用注射器针头扎不听话的孩子，经查有 20 多名幼儿被其用针头扎过。

(12) 2010 年 12 月 14 日，江苏兴化市板桥幼儿园一老师因上课时有学生讲话，就用从插座上拔下一段时间的、熨烫鞋垫的熨斗把 7 名幼儿的脸烫伤。

(13) 2011 年 11 月 14 日，深圳市罗湖区金稻田路紫荆花园小区的紫荆幼儿园多名幼儿因午睡不老实遭老师用笔尖扎脚底。

(14) 2012 年 5 月 22 日，杭州市临平第二幼儿园多名孩子因不睡午觉、不喝水被老师用紫外线灯惩罚。

(15) 2013 年 5 月 30 日，上海嘉定区新怡幼儿园的孙某认为幼儿调皮影响教学，用文具剪刀将班内 7 名幼儿手臂划伤，其中一名幼儿手臂因伤被缝两针，其他幼儿手臂皮肤浅表轻微划伤。

(16) 2014 年 5 月 23 日，宝鸡市金陵小学几个学生课间打闹，为让学生体会打别人自己手也会疼，老师让几个学生双手在水泥讲台上拍了整整一节课，事后其中一名学生双手青肿。

(17) 2015 年 8 月 17 日，四川省自贡自流井盐厂幼儿园幼儿教师用胶布封住幼儿嘴巴，然后将幼儿带到监控死角用杂物封堵鼻孔，导致儿童鼻孔里的异物无法取出，后经送医治疗才取出异物。

(18) 2016 年 3 月 18 日，重庆市沙坪坝大学城的重庆市政府机关幼儿园幸福里分园教师经常采取用手推、用脚踩、将小朋友的脚提起来在地上当拖把拖、罚抱被子等多种方式对儿童进行体罚。

(19) 2017 年 4 月 23 日，南昌希望言语康复语训部对进行语训康复的耳聋幼儿，采取诸如猛摇身体、打头、扇耳光、强按在厕所里、威胁拉到裤子里就让他吃掉等体罚手段，老师抽孩子耳光或拿木棍打，目的是“为了让他发音哭出来”。

近年来学校中频发的体罚事件令人触目惊心，体罚的手法五花八门，造成的后果也相当严重。特别是许多教师在体罚事件发生后仍然找各种理由为自己的行为辩解，甚至在其他教师中，对体罚者报有同情态度的也大有人在。因此，教师滥用体罚现象应当引起教育管理者和教育研究人员的高度重视。滥用体罚是现行教育中所存在的若干弊病导致的结果，这些弊病既有来自传统文化中的错误教育观念，也有受应试教育形成的僵化观念，还有从市场经济和西方文化中引入的部分不合国情的观念。首先，传统封建教育思想中落后的教育观、教师观、学生观对教育者仍然有一定的潜在影响。体罚是古代封建教育中经常被采用的手段。汉字“教”的起源就与体罚有关：“教字的意思就是手执棍子迫使青少年在经典的约束下行动。”在明代，国子监特设由监丞负责的“绳愆厅”，专司对学生的体罚。清代王誉昌《崇祯宫词》注：“有犯老师，批本监提督责处，轻则学长以戒方打掌，重则罚跪于圣人前”。这表明传统教育是很看重体罚方式的。这种传统教育思想和观念对当今社会的教育工作者仍然有一定影响，这就为体罚现象屡禁不止提供了社会文化的土壤。其次，应试教育实践导致的错误人才观、教学观、评价观盛行。随着高等教育的普及率提高，应试倾向不仅没有消除，反而愈演愈烈，学校、教师、家长、学生乃至社会都将高考成绩、上线人数和考入名校的比例作为评价学校、教师、学生的唯一标准。在这一错误指挥棒的误导下，社会上形成了错误的人才观、教学观和评价观，将“高考状元”作为人才标准，教学中强调教师的主导，过多依赖考试和机械训练，教学评价手段单一，对考试成绩过于看重。在这种教育环境下，教师的教育观念日益陈旧，教育方法落后，偏重题海战术，忽视学生的创新性，而学生学习负担重、考试压力过大、人际交往和自我认同等方面存在着许多潜在的问题。这些因素使得教师在教育教学中往往急于用高标准、严要求来管理，如果学生的行为不符合要求就寻求用体罚方式来解决。盲目地使用体罚方法实际上是教师黔驴技穷的表现。再次，市场经济和西方文化中过分渲染的教育产业化、市场化、拜金思想也影响着教育者的行为。一段时期以来，过分被宣扬的教育产业化、教育市场化以及拜金主义等思想观念侵入了校园，导致部分教师忘记了教书育人的职责，忘记了以培养人、促进人发展为自身最大成就的信念，陷入对物质的盲目崇拜，教师与学生的关系转变为金钱交换的关系。部分教师片面追求经济利益，如果学生成绩差、未完成作业就会影响自身收入，因此在很大程度上许多教师体罚学生并非出于急切地盼望学生成才，而是带有功利性目标。同时，学校在管理中忽略了以人为本的理念，将教师看作是机器一样，只关注升学率和考试成绩，这导致教师的工作压力加大，进而影响教师的情绪和心理状态，在解决问题时失去理智，盲目地选择体罚作为管理的基本方法。

三、惩罚的副作用

（一）强烈的惩罚可引起不良的情绪反应

强烈的惩罚会使惩罚者和被惩罚者都感受到强烈的情绪波动，引起他们的情绪反应，对身心带来很大的影响。

（二）容易产生条件惩罚物

惩罚的实施者、实施惩罚的环境等因素往往被纳入到惩罚的刺激情境中去，被惩罚者有可能产生对环境中一些中性刺激的厌恶，如学生逃学、不爱上某一门课等。

（三）惩罚容易使儿童模仿

在实施体罚的过程中，被体罚者和旁观体罚的其他人，都有可能从中模仿到体罚。他们倾向于将体罚看作是可以更快地解决问题的有效方法，这样就导致儿童模仿。

（四）惩罚容易导致使用者上瘾

惩罚的一般规律是见效快，立竿见影，但实际上维持效果不佳，通常被惩罚的行为经常会再次出现，这导致惩罚步步升级。而管理者往往只看到惩罚的即时效果，因而倾向于更多地选择惩罚的方法，这就使部分教师习惯于使用惩罚，包括体罚措施。

（五）惩罚只能抑制旧行为，并不建立新行为

从行为矫正的目标看，形成良好行为与矫正问题行为同等重要，但惩罚则只能抑制旧行为，并不能帮助个体建立新行为。因此惩罚总体上是消极的管理方法，在使用时应谨慎。

四、惩罚的应用

（一）惩罚的误用

1. 嘲讽带来的惩罚作用

嘲讽与谴责类似，都属于惩罚的信号，在使用时如果不谨慎，容易带来惩罚作用。如学校会要求教师不说“忌语”，防止因言语不当对学生产生消极的惩罚。有的家长爱拿自己孩子的成绩与他人比，这样也无形中打击了孩子的积极性，带来了惩罚的作用。

2. 谴责缺乏惩罚措施的支持而降低效能

谴责是一种信号，如果在信号背后支持其起作用的实际惩罚力度不大的话，谴责就不能起到实际的惩罚作用。例如有的家长管不了孩子，只是口头威胁而无实际行动，结果孩子的行为问题越来越严重。

3. 惩罚不及时

按照条件反射的形成规律，只要是在个体表现某个行为动作之后，立即出现的刺激物，就可以成为制约或对该行为进行反馈的条件，或者起正强化作用，或者起惩罚的作用。因此惩罚不应拖延，而应及时实施。有的教师解决不了问题，就喜欢给家长告状，家长回家后再责打孩子，这样的惩罚来得相当晚，起不到教育的作用。有的家长或教师担心惩罚引起学生的哭闹，而拖延惩罚的实施，结果导致事后惩罚加重或者孩子将惩罚与其他行为错误地挂起钩来（甚至是刚刚做的好事情也遭受了惩罚）。还有的家长将许多问题累积起来，跟孩子“算总账”，这样往往会大大加重惩罚的力度。

4. 滥用惩罚

受传统教育观念的影响，一些家长和教师过分依赖惩罚作为教育手段，导致对惩罚的滥用。过多使用惩罚往往会使使用者误以为惩罚的效果比较好，事实上，惩罚的作用一般是见效快、但容易反弹。在实施惩罚时，双方都可能出现情绪失控的情况，从而导致惩罚升级或严重后果。还有的老师会滥用惩罚，如写错一个字罚抄百遍。

5. 对严重问题的惩罚过于轻微

惩罚的作用在于将行为有效地阻挡住，但有时教师或家长采取的惩罚措施过于轻微，不能有效地制止问题行为，反而会形成累进式的惩罚：随着学生行为严重程度的升级惩罚力度也逐渐增大，但是没有从根本上解决问题。因此不能滥用惩罚与惩罚要有适度的强度两者不矛盾，要根据行为的严重程度选择适当的惩罚力度，以有效地阻止住问题行为。

专栏 7-3

男子中 20 万六合彩拿不到钱 主动报警被罚款①

快过年了，在瑞安打工的卢某手头较紧，想在年前搏一把。在别人介绍下，通过地下渠道，他找到了两处卖六合彩的地方，分别花了 2 500 元押

① 陈秋如. 温州：男子中 20 万六合彩拿不到钱　主动报警被罚款[EB/OL]. (2014-01-26)[2017-07-03]. http://news.ifeng.com/society/1/detail_2014_01/26/33388024_0.shtml.

一个号。到家后，卢某得知六合彩出来的数字和自己今天买的是一个号码，这让他兴奋不已，没想到自己竟然中了20万元的大奖。这下有钱过个大年了。于是他连夜跑去找那两个卖六合彩的地方。但六合彩卖家均联系不到上家。卖家说他们只负责卖六合彩，输赢跟他们无关，要找上家要钱的。可是找了几天也没找到上家，卢某怀疑上家可能是因一时拿不出那么多钱跑掉了，因此双方发生了纠纷，协商不下，双方决定报警。经仙降派出所民警调查确定，卢某因涉嫌赌博被依法行政拘留10天并处罚款500元，两个六合彩卖家因涉嫌非法经营罪被警方采取刑事强制措施。

民警提醒：无论是买还是卖六合彩，均属于违法犯罪行为，大家要远离六合彩。

（二）应用惩罚的原则

1. 有节制地应用惩罚

惩罚应在严格的限制条件下使用，避免盲目使用，能采用其他方法解决问题的就不用惩罚方法。

2. 只限用温和的惩罚

惩罚有很多种手段，在必须使用惩罚解决问题时，可以优先选择较为温和的惩罚手段，以达到既解决问题，又不会造成伤害的双重目的。

3. 不良行为发生后马上惩罚

及时性是行为矫正重要的原则之一，对于惩罚也是一样，不良行为之后应立即进行惩罚，而不是拖延很久再进行。

4. 在情绪平稳时再施予惩罚

实施惩罚的人应当保持情绪稳定，在冷静状态下做出的决策或采取的行动才会是理性的，情绪波动时盲目地惩罚往往会带来许多副作用。

5. 扼要讲明惩罚的原因

指导语的作用是给被试以明确的指示，使他们明了应该做的事情。在惩罚时，应扼要地讲明惩罚的原因，以使被惩罚者清楚地了解被惩罚的原因，这样就不会过于生气，也更容易改善行为。

6. 避免使用体罚

体罚有很多弊端，尽管行为矫正方法将体罚列为惩罚的一种手段，但是并不鼓励滥用体罚。体罚多数情况下只是作为一种备用手段，用来维持谴责等较轻微的行为矫正方法的作用。

实践活动

1. 设计一份调查问卷，选取某类学生群体如大学生或中学生，进行问卷调查。调查的主题是对于学校中的体罚经历的回溯、对体罚的态度。根据调查结果分析当前教育中体罚现象的普遍性。

2. 通过网络收集本年度报道的学校中的体罚事例，对新闻报道中的文本进行分析，总结体罚现象的严重程度、发生的规律或特点、导致体罚的原因，并提出你的建议与对策。

3. 观看苏联影片《教育的诗篇》，这部影片讲述了教育家马卡连柯在高尔基工学团，是如何通过尊重、爱、信任等教育手段，逐渐将那些有顽劣习性的流浪青少年、问题青少年转变为热爱学习和劳动的集体中的一员的。讨论在影片中教育家马卡连柯所说的“集体还没建设起来，传统和优良的习惯还没有形成，这时教师没有权利拒绝强制和惩罚”应如何理解。

思考题

1. 阅读以下新闻报道，用惩罚原理分析该早自习管理制度的合理与不合理之处。

早自习管理制度中的奇葩条款①

3 月 18 日晚上 10 点多，一名金职院学生在微博上爆出一份职院医学院学习部最新制定的《早自习管理制度》。管理制度包括制度要求、考核办法、处理程序等。而 9 条处理程序里，有不少“富有创意”的规定：如第 1 条“早自习早退几分钟，晚自习就晚下课早退时间的 5 倍”；第 3 条“早退者罚钱用作班费，早退 1 分钟罚 5 元，2 分钟罚 5 的平方，3 分钟罚 5 的三次方，以此类推”；第 5 条“早退者要在人流高峰期，在医学院门口大喊三声‘我再也不早退了’，并写检讨贴

---

① 颜元滔. 奇葩校规：早退 1 分钟罚 5 元　2 分钟罚 5 的平方[EB/OL].(2014-03-27)[2017-07-03]. http://edu.ifeng.com/news/detail_2014_03/27/35185110_0.shtml.

在大门口”等。

记者找到金职院医学院学工办汪主任了解情况，他说这其实是个乌龙，网上贴出来这份文件并不正式，没有学院公章和落款。起因是学校规定大一学生要早晚自习，但是很多学生不重视，因此学生会学习部就向同学们征询管理意见。这份意见汇总稿是传给各班学习委员讨论的，有学习委员不小心传到了班级群里，又被转发到微博上。

汪主任说管理制度还在讨论中，学院审批通过后会加盖公章下发正式通知。“同学们的想法天马行空，征集稿中的一些意见虽然缺乏实际操作性，但也有值得借鉴的部分。不过通过这次乌龙的事件，我们也能够更了解学生的想法，促进学生的自我管理。”

2. 阅读以下新闻报道，结合惩罚原理，谈谈你是否赞同用罚款惩戒学生。

老师用罚款惩戒学生，有人反对有人赞同①

方芳(化名)的孩子在西安某企业子弟学校七年级就读。孩子回家后反映，班里同学犯错误后，要被罚钱。“校服脏了1元，裤子脏了1元，上课讲话多的最高罚5元，讲话少的罚1元，作业写得潦草也罚钱。”方芳说，孩子说班里不少同学被罚了钱，孩子自己也曾因校服脏了而受罚。对于老师的这种做法，方芳表示不认同，如果孩子认为金钱可以解决一切，就会形成作业可以不做、纪律可以不遵守，缴罚款即可的错误观念。

“是有这事，我也觉得这样做不对，但我也是在摸索管理学生的办法。”该校七年级班主任李老师承认有罚款现象。她表示，由于学生们较难管理，她想过多种办法对孩子们进行约束，但效果甚微。无奈她与班上全体学生商量，采取小额罚款的办法，对不守纪律、不好好完成作业的学生加以惩戒，用这种方式让学生们知道自己做错了什么。“罚款数量很少，没有超过5块的。”李老师表示，除了罚之外，还有奖，“罚款都放在班干部手里。班里会定期选出一些表现好、进步大的学生，然后用这些钱买本子或者笔进行奖励。”这样的反差会让那些不守纪律不好好学习的孩子内心有所触动，进而注意自己的行为。“去年我刚接这个班时，成绩特别差，现在除了语文之外，其他各科都是全年级四个班中的第一、二名。”李老师认为，这项措施可能也起到了

① 杨德合.老师用罚款惩戒学生　上课讲话最高罚5元[EB/OL].(2014-02-27)[2017-07-08].http://news.269.net/news/detail_2134141.shtml.

一定作用。

对此事，该校一名老教师表示，现在的学校教育轻不得重不得，李老师的做法是一种摸索，是在寻找一种合适的管理办法。

如何看待老师以罚款的形式惩罚犯错学生，不少人与家长观点相似，认为会使学生形成不良的金钱观念，但也有支持老师做法的，认为能促进孩子守规则、学习进步的方法都是好方法，有罚有奖对建立孩子的规则意识也有帮助……

3. 阅读以下新闻报道，谈谈你对该公司针对迟到行为进行的处罚有何看法，请结合行为矫正原则提出建议。

上班迟到 170 分钟被罚做 150 个上下蹲①

6 月 29 日，20 岁的女孩小杜在西安大唐不夜城依曼丽内衣专卖店上班，平时都是下午 3 时 30 分上班。7 月 1 日，店里通知要求 2 日 13 时上班，可 2 日当天她的前单位通知她去领还没有结完的工资，最终小杜上班迟到了 2 个小时 50 分钟。“到了店里，老板要罚我做 178 个俯卧撑。”小杜说，由于她前不久才骨折过，于是老板改罚她做上下蹲，但要做双倍。“当时她只做了 150 个上下蹲，我看她实在做不了，就帮她做了 40 个。”副店长韩小姐说。

小杜说，迟到她认错，但对迟到员工进行体罚让她难以接受。“一则没人告诉过我这些惩罚措施，二则我觉得体罚对员工是莫大的侮辱，到现在我的腿还很疼。”事发第二天，感到受了极大委屈的小杜到店里提出辞职，并想要拿回 400 元的押金。“可是店长不退，她还说如果我继续在这儿干，就必须补交迟到的 50 元罚金，还要押身份证原件。”

店长张小姐向记者出示了两份“店规”，里面没有体罚的规定，只有迟到一分钟罚款一元的规定。“我们都是按照店规执行的，因为她做了上下蹲，所以本来该罚近 200 元，最终才罚她 50 元的。”韩小姐说，她在店里工作近 1 年，从来都是如此，如果自己迟到的话会主动做俯卧撑并把罚款放进店里的储存罐里。

4. 阅读以下文章，谈谈你认为在学校教育中，惩罚与赏识哪个更有效。

由“惩罚”教育想到赏识教育②

青岛一中学教师认为，当今学生不缺沟通不乏激励少的是管教，我认为有

---

① 李治燕，宫志芳. 上班迟到 170 分钟被罚做 150 个上下蹲[EB/OL]. (2010-07-05)[2017-07-08]. http://hsb.hsw.cn/2010—07/05/content_7789996.htm.

② 张沱滨. 由“惩罚”教育想到赏识教育[N]. 中国青年报，2002-12-11.

一定的道理。如何管教好学生,把握不好尺度,则“宽严皆误”。这的确是一门学问。

中国青少年研究中心副主任孙云晓认为,在提倡表扬、奖励、赏识的同时,不应该忽视“惩罚”在教育中的积极作用。要让孩子在成长的过程中,懂得为自己的过失负责,感到一种责任。一个能承担责任的人,才是现代人。他认为,教育本就是十八般武艺,表扬批评奖励惩罚,什么都应该有。没有惩罚的教育是不完整的教育,没有惩罚的教育是一种虚弱的教育、脆弱的教育、不负责任的教育。

此言甚善。这很容易令人想起家长和老师纷纷效仿的“赏识教育”。其实,赏识教育并不能包治百病。

现在,独生子女占很大比例,家长的注意力和爱自然都倾注在孩子身上。有的家庭对孩子的要求百依百顺,特别在物质上不断满足。结果过分的宠爱,无休止的满足,渐渐使孩子养成了自私自利、任性乃至放荡不羁的性格,在孩子心中就会形成“没有什么是不可能的”的概念,因此,只要他渴望得到的,就会毫无顾忌地去抓、去取。有的家庭过分保护孩子,一切事情父母都包办代替,甚至把做力所能及的家务都看成潜在的危险,因此孩子的全部探索都变成了在父母精心照管下的附属活动,由于没有独立的实践机会,动手能力大大减弱。

同时由于独生子女没有兄弟姐妹共同生活的训练,他们虽然常听到父母教育他们要互相帮助,但这对于他们而言只是一个概念,并没有真正的行动。

试想,如果用“赏识教育”来教育这样的孩子,只会使他们更加不能正确地评价自己,更加狂妄、放任自流和孤僻。

即使孩子是各方面表现都优异的“好孩子”,过度地夸奖和赏识他们,也可能会带来以下不良的影响:一是增加孩子的依赖性。越是夸奖,孩子就越依赖大人们的选择来决定什么是对什么是错,而不是形成自己的判断。二是会剥夺孩子的自豪感。儿童教育专家玛莉琳·古特曼认为,那些小时候经常受到父母表扬的孩子,在他们步入社会后很可能会遇到更多的失望。随着年龄的增长,孩子不再会很容易地接受父母那种表面上的夸奖。过分“赏识”你的孩子,必然滑向溺爱的沼泽,对孩子有百害无一益,结果会害了孩子。

因此,教师和家长应该根据不同孩子的性格特点,实施不同的教育方法,使孩子形成健康的人格。孩子犯了错误,在不伤害其自尊的前提下实施“惩罚”,严格管教,是必要的。如果孩子性格孤僻,就应该鼓励他多参加集体活动;如果孩子动手能力不强，就应该鼓励他干一些力所能及的事情；等等。

实际上，“惩罚”教育也好，赏识教育也好，只是若干教育方法中的一种，还要与严格教育、挫折教育等并行，因为没有一种方法能够适用于所有孩子。

第八章 分 隔 法

案 例

缺乏包容导致残障人士与社会隔离

近年来，儿童孤独症的发病率节节攀升。由于孤独症儿童缺乏社会交往技能，有时还伴有一些异常行为，普通的社会大众往往会以另类的眼光来看待他们，导致孤独症儿童的家长也不愿意带孩子抛头露面，结果出现这样的情况：① 启智学校老师的老师带班里的智力障碍和孤独症儿童去公园，孤独症儿童 W 突然跑到喷泉边，眼睛一眨都不眨地盯着运动的水流……事后向家长了解，家长说："我们怕别人看出什么，基本上把他关在家里，他从没见到过喷泉，又喜欢水，看到喷泉后自然地很兴奋。"② 孩子被诊断为孤独症，家长不愿意让别人知道。当客人来家里拜访时，他们会让孩子提早十分钟离开家，母亲带着客人从小区北门进，外婆带着孩子从小区南门出。这样就不会有碰面的机会。亲戚朋友结婚，邀请他们把孩子带去。推辞不过，家长把孩子带到举行婚宴的酒店。外婆跟着一起去。到了酒店，外婆不上去，在大堂里等着。他们一家三口上楼，在宴会上给孩子十分钟的时间，让他喝一杯饮料，和每一个桌上的宾客干杯。这杯饮料能让他在十分钟内保持住愉悦的情绪，他喜欢甜的事物，喜欢杯子与杯子相碰时"叮叮"作响的声音，这让他能很好地完成干杯的任务。他清秀的外表总是能让宾客啧啧称赞。他自顾自地微笑，反而让他看上去很腼腆，好像受夸奖是一件羞惭的事情。十分钟后，外婆就打电话来，说要接走孩子赶着上培训班……①

这两个小故事只是千千万万个残障人士家庭的缩影。在网络上，有人问："中国有上千万盲人，为什么在大街上却一个也看不到？"也许这两个小故事给出了答案。绝大多数残障人士要么因为行动不便无法出门，要么因

① 钱利娜. 一个都不放弃[M]. 宁波：宁波出版社，2014：67-71.

为家人不愿意让别人知道，而一旦走出家门，家长与残障者感受到的也是异样的眼神，结果这么多的残障人士就与社会逐渐分隔开来。这种隔离与社会大众缺乏包容有一定关系。行为矫正中的分隔法不是为了把某些群体与社会隔绝开来，而是针对特定的行为问题，明确时间、地点，给予行为者和行为管理者冷静的机会，当情绪稳定后再进行沟通协商，这样有利于情绪疏导和行为改善。

一、分隔法的概念

分隔法(timeout)是指当行为者表现出某种不良行为时，及时撤除其正在享用的正强化物以阻止或削弱其此种不良行为的再现，或把个体转移到正强化物较少的环境中去，以降低不良行为的出现率。分隔法源于英文中表述行为矫正方法的“time-out”一词，一些学者将其译为“隔离”或“暂时隔离”。简单套用隔离一词，往往使得部分非专业的人士，如家长等产生错误理解，认为从种族隔离到医学上对传染性疾病的隔离，往往都带有一定的歧视色彩。教育行为矫正主张从积极的视角来看待儿童的行为问题，因此不宜照搬“隔离”一词来表述。

分隔法在日常生活中较为常见，如家长准备带孩子外出，在出发前孩子突然发脾气，于是家长决定孩子留守家里，请爷爷奶奶照看，然后父母二人按计划去参加活动。回来后家长故意大声讨论今天的活动很热闹，孩子在一旁听了后后悔自己没有去成，于是家长因势利导，告诉他以后要是遵守规则才能带他出去。这样的效果比单纯批评孩子要好。再如母亲告诉孩子，如果玩完玩具不收好，就统统收集到“星期六篮子”里，被放到这个篮里的玩具要等到周六才能再拿出来玩，这样孩子乱扔玩具的行为就改善了。在学校里，老师准备一个带有扶手的椅子，告诉全班同学，如果在集体活动中有人故意打人等行为，将被罚坐在这个椅子上 5 分钟。或者准备一个呼啦圈放在地上，如果在课堂上有严重的扰乱纪律或攻击行为，就得站在圈内 5 分钟。

案 例

令狐冲被罚在思过崖面壁

金庸的武侠小说《笑傲江湖》中提到，令狐冲奉命下山，违反了华山派的戒条。师父岳不群决定罚他，说：“每日自朝至晚，除了吃饭睡觉之外，便得面壁思过。”“正因为出于好心，这才罚他面壁一年，要是出于歹意，我不打掉他满口牙齿、割了他的舌头才怪。”岳夫人道：“大师哥在玉女峰上面壁思过，你可别去跟他聊天说话，否则爹爹成全他的一番美意，可全教你给毁了。”岳灵珊问：“那么大师哥吃甚么呢？一年不下峰，岂不饿死了他？”岳夫人道：“你不用担心，自会有人送饭菜给他。”①

师父罚令狐冲到思过崖面壁，实际上是对其违规行为的分隔处理，分隔的地点为思过崖，分隔的时间为一年，分隔的原因是其下山后违反本门派的规定——这些都是分隔法的要素。对犯错者的分隔，可以起到舒缓情绪，并借助分隔的时机对其意志品质进行磨炼的效果。正确使用分隔法，可以发挥其他行为矫正方法不能起到的作用。

二、分隔法的具体方法

分隔法主要适用于儿童发生攻击行为、乱发脾气，或不听劝告做危险动作、对问题行为警告无效等情况下。而对于下列行为，用分隔法往往是无效的：儿童的情绪问题如闹别扭或闷闷不乐，有安全感的问题如恐惧心理，儿童忘记做家务或不做作业的行为，儿童不肯苦练某种技艺如钢琴等行为。

（一）分隔室

分隔室是一间专用的房间，主要用于对严重攻击行为、大发脾气的学生进行暂时分隔，使其平静下来。

分隔室应当具备以下条件：首先，房间面积不很大，光线充足，但窗子较高，被分隔的学生不能直接看到外面；其次，房间内没有可能导致学生自伤的利器、棱角，室内也没有图书、电视、电脑、玩具等，只有一把不可移动、包裹有软包装的椅子供学生坐；再次，应安排专人查看，并通过观察窗查看学生的动静，在将学生带入分隔室后，值班人员应启动秒表计时；最后，一般情况下，对学生的分隔时间限制在 5 分钟内，如果他能平静下来，可以立即解除分隔，而如果其行为持久不能改变，则对年龄稍大的学生适当延长（根据年龄，每长 1 岁，可以延长 1 分钟）分隔时间，但最长不超过 15 分钟。

分隔室的设施看上去似乎很不适合于学校环境，但实际上这样的设施更多的意义在于提醒师生，避免严重的冲突，而且有助于防范那些过于随意的处罚学生的行为，而正是这些行为容易带来各种潜在的危险（参见误用部分）。

（二）分隔区

分隔室需要在学校的建筑设计中留出专门的空间，多数学校没有这样的条

① 金庸. 笑傲江湖[M]. 广州：广州出版社，2001：253.

件，那么也可以采取更为灵活的分隔区方式。分隔区是在教室内划分的一个特定空间，用屏风或靠背椅与其他空间自然分隔开来。分隔区的要求也是不能有太多可能导致学生分心的玩具、图书、电脑、电视，也不能直接看到窗外，最好是让学生只面对一堵白墙。同样，教师应当对被分隔的学生进行观察和记录，行为符合要求时应及时解除分隔。

(三) 专用椅、圈、带

如果教室空间有限，也可以采取灵活的方式，如用有扶手的圈椅、呼啦圈、用跳绳或彩带围成一圈的分隔带，对有问题行为的学生进行暂时分隔。

(四) 冷板凳

坐冷板凳实际上是一种隔而不离的分隔方式，可以使被分隔者的部分感觉通道与正在进行的学习活动同步，这样全班正在参与的游戏等活动，越是热闹、有趣，越能引起被分隔学生的参与愿望，此时可以因势利导，对其行为进行矫正。采用这一方式，可以分别采取只可听到(背朝集体)或可看且听到(面朝集体)等形式，效果各有不同。

三、分隔法的误用

(一) 对分隔法的误用表现

1. 分隔的环境不当

分隔对环境有特定的要求，不管是室、区、圈，还是冷板凳，都要求让被矫正者能尽快冷静下来，并避免造成伤害。但有的家长曾经把孩子关在浴室等黑房子里，造成儿童极度的恐惧，并对此记忆深刻。有的幼儿园老师在生气时顺手把小孩子关在壁橱里，结果导致伤害事件。有个幼儿长期被限制活动在围栏里，结果导致他产生讨厌围栏的心理。如把卧室当作分隔处所也不妥当，有的中学生被家长批评后被要求回自己房间反省，结果很快他倒头在床上睡着了。在学校里，教师把教师办公室作为分隔地点，或者把学生带到教务主任甚至校长室进行批评教育，这些都是不当的地点。前者因为有很多分心的事物，如书本、电脑等，会使学生分散对行为的反思，而后者则往往离教室较远，等把学生带到了那里，早已经超出正常情况下人们激动情绪变冷静的时间范围，以至于后续的教育都成为无效的。

2. 对不适宜的行为进行分隔

有个笑话说某个学生上课中途回家了，邻居问他怎么这么早放学，他说：

“我把同桌踢了一脚，老师就让我回家了。”在此例中，该学生是为了逃避上课故意捣乱，而老师的分隔却成了强化物。类似这样的情况也很多，分隔法应该分隔的是令行为者感到有兴趣、能得到强化的环境，而不是把他们从厌烦的环境转换到他们所喜欢的环境里，也就是有些行为并不适用分隔法来解决。

3. 缺乏明确目的，盲目进行分隔

在我国的台湾、香港等地曾经发生过将幼儿遗忘在校车上导致其意外死亡的事件，这引起行为矫正理论研究者的高度关注。但之后在大陆不同的省份也接二连三地发生了多起将幼儿遗忘在校车上致其死亡的事故。在个别案例中，有新上岗的跟车教师，因为学生在车上吵闹，而威胁到站时不准下车，结果到了幼儿园忘了清点人数，等人们到下午发现孩子时，孩子已经因车内酷热而死亡(下文将详细进行分析)。这就是盲目用分隔而导致的不良后果。在学校里，教师在教学活动中常会盲目地用分隔法，甚至会演变成为变相体罚，如对不听话的学生罚站，或将其罚站在教室外，但却忽略了要及时解除，结果学生并不能从中吸取教训。

4. 用分隔法时未计时和安排专人监督

实施分隔法，要有明确的时间限制，不能无限制地将学习者予以分隔处置。对于年龄较小的儿童，一般限定在 5 分钟内，同时，一旦行为达到要求，就立即停止对其的分隔干预。对于年龄较大的儿童，可以适当延长分隔的时间，可以按照每增长 1 岁，分隔时间延长 1 分钟的标准，最多到 15 分钟。如果分隔时间太长，在教育情境下，学生长时间远离教育环境，已经失去了其教育价值，因此不值得提倡。而且在类似发脾气等突发情况下，人们的情绪波动往往只是短暂的十几秒或几十秒，只要给予一定的缓冲时间，人们的情绪都会很快平复下来，因此没必要长时间分隔处置。

为了防止发生意外，对分隔的学生并不是放在一边不管，而应派专人监督，一方面负责计时，另一方面要观察学生表现，防止发生意外。所以分隔并不是将学生从教育环境中赶走，而是希望有问题行为的学生能够尽快回到教育环境中来。

5. 将分隔扩大到心理上的隔绝

教师与学生、家长与学生、管理者与被管理者之间的关系并不是敌对关系，采用分隔法并不是要建立双方的对立关系，而是在突发的情况下，将潜在的冲突双方分隔开来，并等待情绪恢复平静，以继续实施教育影响。因此，绝对不应当将分隔从物理环境上的分隔扩大到对学生心理上的隔绝。曾经有个中学生因与班主任发生冲突，班主任就把该生的课桌椅撤除，班主任的课该生不能来上，其他教师的课他只能站着听讲，而且这种状况持续了很长时间。这就完全失去了教育意义，成了个人恩怨甚至是敌对关系，这种心理上的隔绝是不当的。

（二）对幼儿园校车事故中误用分隔法的分析

1. 校车成为不当的"隔离"场所之现象

近年来，随着农村经济社会的发展，农村学前教育事业也获得了飞速发展，但在这一进程中，由于盲目追求经济效益，缺乏社会责任感和教育的基本规范，出现多起农村幼儿园安全事故，尤其是接二连三地发生校车闷死幼儿的事件，这不得不引起人们对校车现象的关注。

专栏 8-1　分隔法的误用

将幼儿遗忘在校车内致死事件

近年来，各地频发因幼儿被遗忘在幼儿园校车内导致幼儿死亡的事件，除了加强管理和提高教师的责任心外，很有必要将分隔法等教育行为矫正技术应用于对幼儿园教师和工作人员进行行为管理规范化培训中。

（1）阚某在没有获得教育部门办学许可证的情况下，在肥东县某镇开办幼儿园。2007 年 5 月 29 日，阚某和司机孙某开着校车，将 20 多个孩子接往幼儿园。到达幼儿园后，3 岁的小夏被遗忘在车内，直到 13 时用车时才发现小夏在车内高温环境下中暑死亡。

（2）2007 年 8 月 8 日早，小吴被家长送上山东某幼儿园接送孩子的校车。上车后，小吴等几个小朋友在校车过道上做游戏。校车上老师大声训斥他们，让其回到座位上并警告说：到站后不许他们下车。校车到了幼儿园后，平时非常听话的小吴遵老师之命没敢下车，仍然坐在车后排的座位上。老师没检查车上有没有遗留孩子，下车站队后也没有清点人数。下午 5 点多钟，才发现小吴已倒在车的地板上。

（3）2007 年 8 月 20 日早上，佛山某幼儿园校车司机陆某、实习老师朱某接孩子上幼儿园。二人没有按照规定清点人数及上车检查，就将车门锁上，致使 1 岁 8 个月大的小唐被遗留在校车内。至 12 时许，小唐被发现遗留在校车内，经送医院抢救无效死亡。

（4）2007 年 9 月 9 日上午，十堰市某双语幼儿园司机郭某驾驶幼儿园面包车将军军接上车，下午1点40分左右才发现军军被忘在车上，中间近5个小时车窗、门一直紧闭。小孩经医院抢救无效死亡。

(5) 2007年9月17日，2岁半的阳阳被闷死在东莞大朗镇某中英文幼儿园的校车内。家长反映送孩子上学时他正在大哭，怀疑跟车教师为惩罚孩子而将其关在车内致死。

(6) 2010年5月19日，广东潮安县一名4岁女童被“遗忘”在车内6个小时后被发现，昏迷不醒送治无效死亡。

(7) 2010年7月31日，西安市水泥制管厂幼儿园园长兼司机朱某和试用老师王某开校车接幼儿，到幼儿园后两人招呼将小孩带回幼儿园。朱某用车钥匙将车门反锁，从车后绕到中门，用钥匙将中门反锁，未检查车内，也未清点学生人数，将2岁半的邯邯遗忘于校车上。下午4时许，朱某准备送小孩回家时，发现邯邯半躺半坐在副驾驶室的座位上，送到医院后医生确诊女孩已窒息死亡。

(8) 2011年8月2日，安徽安庆育才双语幼儿园负责人兼司机杨某和汪某在接幼儿到园时，将3岁女童小朱遗忘在幼儿园校车内8个多小时，导致其死亡。而据事后调查汪某系来自某师范学校的实习生，到园实习才一个月。

(9) 2011年8月29日，三亚荔枝沟博爱双语幼儿园工作人员王某和司机赵某开着幼儿园校车接3岁男童梁某到幼儿园上课，由于王某下车时未清点人数而将梁某遗忘在门窗紧闭的校车内，直至当天16时15分才发现梁某已因缺氧窒息死亡。

(10) 2011年9月1日下午4时左右，海口市新坡镇的爱心幼儿园校车内发现一名5岁女孩意外死亡。

(11) 2011年9月13日，湖北荆州紫荆花幼儿园校车专职司机何某与跟车老师谭某来到太湖管理区接幼儿上校车，到园后未发现4岁的小惟、小雪留在车内，下午4时30分放学，才发现2人倒在校车内，2人经抢救无效死亡。

(12) 2012年6月20日上午8点30分，湖南邵东县3岁女童小紫(化名)乘五彩风车幼儿园校车去上学，结果被遗忘在校车里。直到下午3点多，幼儿园老师准备开车送小朋友们回家时，才发现小紫被关在面包车里，送医院时被确诊为中暑死亡。幼儿园管理方称他们有规定：小朋友全部下车后，接车老师返回车上，对全车包括座位底下进行检查，跟园长汇报，园长再上车检查，要做记录。但当事老师没按流程执行。

(13) 2012年8月29日，警方调查显示，天津新苗三幼一名2岁10个月大的女童被遗忘在校车内因高温闷死。

(14) 2013年5月23日，河南邓州市汲滩镇金贝贝幼儿园在用校车接送幼儿入园的过程中，早上将一名3岁多的李姓幼儿遗忘在校车内，下午送学生回家时，才发现该幼儿在车内窒息。该幼儿经送往医院抢救无效死亡。

(15) 2013年6月17日上午，江西德兴花桥镇宝宝接送车司机尹某(与该幼儿园负责人为夫妻关系)将幼儿接至幼儿园后，环顾车内，没有发现幼儿，遂将车子开至家中锁好离开。下午尹某准备开车送幼儿回家时，发现5岁男孩小徐昏迷在车内，送医院经抢救无效死亡。

(16) 2013年8月29日，河南许昌鄢陵县超超幼儿园司机解某和跟车老师石某把幼儿接到幼儿园后，没有认真检查核对上下车幼儿人数，直到当天下午5点左右，司机解某开车送放学幼儿时，发现迪迪在车内死亡。

(17) 2014年9月13日，广西横县莲塘镇的2岁幼童小黄，因被遗忘在启明星幼儿园校车上9小时导致身亡。幼儿园的股东兼校车司机潘某称幼儿园规定司机主要负责车辆行驶的安全，车上小孩的人身安全由跟车老师负责。跟车老师谢某参加工作仅两个月，因当天没有带登记本，在接送小孩上下车时没有清点人数。

(18) 2015年7月12日，山东沂水县一家名为北京银座幼儿园沂水石良社区分园的刘园长用私家车将3岁半的小诺从家中接走。到幼儿园后，刘某将孩子遗忘在车中，直到下午5时才被发现，孩子已经死亡。家属说因幼儿园没有校车，家长每月给园长交300元交通费，由刘园长驾私家车接送。

(19) 2016年6月16日，湖南常德市临澧县四新岗镇启智幼儿园司机和随车监管员接送学生来校时，将一名4岁男孩毛毛遗忘在车内。下午3点，家人去幼儿园接孩子时，老师说孩子没去上学。随后老师走开去询问确认，结果在院子里的面包车上发现毛毛已经死亡。

(20) 2016年7月11日，河北保定容城县大河镇小天使幼儿园一名4岁男童在校车高温下身亡。下午5点家属接到园方通知赶到医院时，发现孩子已死亡数小时之久。

(21) 2017 年 5 月 12 日，广西宜州市庆远镇洛岩的新村爱心幼儿园，一名 3 岁半的男童被遗忘在校车上，在高温下脱水死亡。幼儿园将幼儿送医院时谎称该幼儿午睡不起，另外校车司机则是由幼儿园园长的丈夫担任的。

(22) 2017 年 5 月 18 日，山东省东明县陆圈镇蓝天幼儿园车辆接送学生上学时，将一名 4 岁女童遗忘车内，下午 5 时发现后立即送往市立医院，经抢救无效死亡。

(23) 2017 年 6 月 28 日，河北省雄县昝北幼儿园，一名 3 岁男童被遗忘在校车内，直到下午放学时才被发现，发现时孩子已经不省人事，送医院后经抢救无效死亡。

(24) 2017 年 7 月 10 日，河北省遵化市成才双语幼儿园接送幼儿车辆到园后，未点清人数，下午 4 时 40 分发现一名 3 岁幼儿被遗落在接送车辆内，后经抢救无效死亡。

(25) 2017 年 7 月 12 日，河北省晋州市天宝幼儿园校车接幼儿上学，到达幼儿园后将一名 2 岁半女童遗忘在车内，直至下午 4 时才发现该女童，经抢救无效死亡。经查该园系未经注册审批的非法幼儿园，之前桃园镇教委、镇政府和派出所曾多次对该幼儿园下发停办通知书。

(26) 2017 年 7 月 13 日，河北省霸州市堂二里镇亲爽养正幼儿园接送车接幼儿上学，到达幼儿园后，将一名 3 岁女童遗忘在车内，直至下午 3 时 30 分打开车门才发现该幼儿，经抢救无效死亡。

文中人物均系化名。

从 2007～2017 年，媒体公开报道的幼儿被遗忘在校车内致死的事件就有 26 起，分析事件发生过程，可以发现有很多共同特点。

(1) 被困幼儿年龄都非常小，最小的只有 1 岁 8 个月，2 岁多到 3 岁的幼儿也占了很大比例。这些年龄较小的幼儿完全没有自理自救能力。如果要再深入分析的话，这些低龄幼儿过早被送到幼儿园，实际上反映出在把经济发展放在首位的情况下，父母忙于工作，而家庭所在地或社区缺乏托儿所这类机构。

(2) 他们都是在高温下被关在封闭的校车内长达数小时而导致死亡的，

这表明工作人员责任心极差，盲目使用了隔离处理，大部分是遗忘，极少数是带有口头批评或惩罚性质，这些完全违反了教育行为矫正特别是分隔法的基本规则，如地点选取不当、时间没有限制、无专人监督、没有解除处罚的标准等。

(3) 幼儿园管理不规范。发生事故的多数都是民办幼儿园，查处后才发现多数都是无资格或未经审批的黑园。有的私立园园长(或其家人)身兼校车司机一职，有的跟车教师尚处于试用期甚至未取得教师资格证。再从深层分析，目前的学前教育未纳入义务教育，办学门槛较低，没有资质的人员也来办幼儿园，出发点是为了赚取经济利益，而用校车接送，则反映出幼儿园布点过于分散，公立的幼儿园机构不足，这些都属于教育宏观管理方面的问题。

(4) 学校、教师与家长沟通不畅。教师发现幼儿未到课堂，既不通知家长，出事后又极力隐瞒真相，个别幼儿园甚至直接和家长谈如何私了的问题。

2. 从行为矫正角度防范幼儿被关在校车内的事故

2007 年 6 月 28 日，教育部办公厅发出的《关于近期连续发生两起幼儿伤亡事故的紧急通报》，要求："针对低龄幼儿缺乏基本的安全意识和自我管理能力，在幼儿上下校车时认真核对人数，严防将幼儿遗漏车内。"2011 年 9 月 21 日，教育部办公厅又发出《关于近期连续发生数起幼儿园幼儿被遗忘在接送车内导致死亡事故的情况通报》，要求切实建立健全教师跟车制度和收车验车制度，对跟车教师、车辆驾驶员、园长及中层干部、各班教师分别提出具体的工作要求，严防将幼儿遗漏在车内导致窒息事故再次发生。2012 年 4 月 5 日，国务院公布并施行的《校车安全管理条例》明确规定："随车照管人员应当履行下列职责……核实学生下车人数，确认乘车学生已经全部离车后本人方可离车。"这些为建立健全教师跟车制度和收车验车制度提供了依据，但是仅仅有制度还是不够，更重要的是切实执行和落实这些制度。

在教育行政部门接连发出紧急通知的情况下，类似事件却依然一而再、再而三发生，这表明幼儿园校车治理工作不仅应重视校车的配置、驾驶人员的驾驶技巧、道路交通保障等物质条件，更应以人为本，首先重点关注幼儿，一切措施都应优先考虑适合幼儿特点，而不是业绩、经济利益、节省时间等；其次是对校车从业人员(特别是驾驶员和跟车教师)提出更高要求，不仅在入职时予以考核，而且要高度关注其日常行为的规范性。

专栏 8-2 相关文件

教育部办公厅关于近期连续发生数起幼儿园幼儿被遗忘在接送车内导致死亡事故的情况通报

（教基一厅〔2011〕8 号）

各省、自治区、直辖市教育厅(教委)，新疆生产建设兵团教育局：

今年 8 月 2 日至 9 月 13 日，安徽安庆，海南三亚、海口，湖北荆州等地连续发生四起幼儿园幼儿被遗忘在接送车辆内导致死亡的恶性责任事故，造成 5 名 3 岁至 5 岁的幼儿死亡。这些事故的发生，对当事家庭造成巨大伤痛，社会反响强烈。这四起事故均系幼儿园接送车辆接幼儿到幼儿园后，跟车教师未清点下车幼儿人数导致关闭车门后，幼儿被遗忘在车内而窒息身亡。这说明个别地方对幼儿园安全特别是幼儿接送车辆安全管理麻痹大意，责任不落实，措施不到位，幼儿园安全管理还存在着严重漏洞和重大隐患。为坚决防止此类事故再次发生，特予以通报并再次提出如下要求：

一、立即组织开展一次幼儿园接送车辆及安全工作大检查。各地教育行政部门要联合公安交管等部门，采用自查、互查、联合检查、抽查等方式，对各级各类幼儿园的接送车辆开展一次专项检查，重点检查接送车辆车况、驾驶员资质及各项管理制度落实情况。同时要举一反三，积极协调有关部门，对幼儿园周边环境、校舍及活动场地、设备设施(含消防设施、玩具教具等)、饮食卫生、教职工(含临时工)任职资格及身心健康状况等方面进行认真细致的排查，发现不安全因素要立即采取措施及时消除隐患。

二、切实落实幼儿接送车辆教师跟车制度和收车验车制度。各地自备或租用车辆接送幼儿的幼儿园要针对幼儿缺乏基本安全意识和自我管理能力的特点，切实建立健全教师跟车制度和收车验车制度，跟车教师每天要负责在幼儿上下车时清点核对幼儿人数，车辆驾驶员每天要负责在收车锁门前检查车内幼儿是否全部下车，幼儿园园长及中层干部每天要对跟车教师和车辆驾驶员落实人数清点和车辆检查工作情况进行认真监督检查，各班级幼儿教师要负责在每节课特别是早晨第一节课上课前认真清点本班幼儿人数是否齐全、有无无故不上课者，严防将幼儿遗漏在车内导致窒息事故再次发生。

三、进一步强化对幼儿园教职工的教育和培训。 各地教育行政部门要加强对幼儿园教职工(含临时工)的职业道德教育,结合本地实际,认真开展对幼儿园教职工(含临时工)的安全培训工作,切实提高幼儿园从业人员的安全意识和安全管理水平,坚决避免因管理疏漏和其他不当人为因素引发幼儿伤亡事故。

教育部办公厅

二〇一一年九月二十一日

为坚决杜绝类似事件再次发生,应加强教育行为矫正原理在幼儿教育工作者中的普及宣传,确实需要采取校车接送幼儿的,应采取以下措施:① 教育管理部门应将已发生的此类惨痛事件制成专题视频、宣传图(册),发放到每所幼儿园,对幼儿园管理者、校车从业人员做经常性的警示教育。② 在幼儿园考核评估以及新办幼儿园审核时,应将如何保证幼儿不被遗忘在校车内作为必考项目,要求每位园长、教师时刻将幼儿安全置于首位。③ 加强技术保障措施,在校车内安装全方位摄像头,采用无接触身份识别卡,自动记录上下车的每位幼儿行踪。④ 驾驶员接满一趟幼儿,应立即通过车载通讯装置报告人数。⑤ 下车时,幼儿教师车上车下各一人进行交接。⑥ 针对幼儿的身高特点,设计、安装幼儿专用校车座椅。⑦ 校车专用,停驶时应敞开车门。⑧ 推行普及学前教育计划,在城镇社区和乡村就近建设社区化幼儿园,尽量避免幼儿远距离往返幼儿园。

四、分隔法的应用原则

(一) 环境要求

分隔的场所应确保安全、明亮,不应使用汽车、壁橱、卫生间、黑暗狭小的空间等作为分隔场所。分隔场所应取消所有可能分散学生注意力的物品,如图书、玩具、电脑、电视等,也要避免通过窗户看到外面。分隔场所不能有任何利器或有突出棱角等,防止学生自伤。分隔场所应有监控窗口或设备,并安排专人值班,对被分隔的学生应有时间限制,因此需要配备计时工具等。

(二) 应有时间限制

分隔是暂时的,而不是隔绝,更不能盲目地将学生弃之不顾。一般情况下,在 5 分钟以内的分隔就可以使个体的情绪得到平息。个别学生的行为问题持续较长时间，则可以适当延长分隔时间，但总的时间也不宜超过 15 分钟。

（三）解除条件

即使规定的分隔时间没有结束，只要学生的行为转变了，就可以立即停止分隔，这样可以起到更好地强化良好行为的作用。

（四）指导语与监督

一般情况下，不应该和被分隔的学生就目前的问题进行讨论，而是先让其通过独自分隔冷静下来。在将学生送往分隔室时，不要过多纠缠谁是谁非，而是简明扼要地告诉对方存在什么问题，将受到什么样的处理，什么条件下或多长时间后可以解除，然后就离开。不要与学生再进行更多的交谈，以免导致他转移对问题行为的悔过。

（五）避免自伤

除了在分隔场所确保无危险物品或可能导致学生意外伤害的室内设施外，还要安排专人去监督，一是为了到时间及时解除分隔，二是为了确保更加安全。但是，不管什么情况下，分隔法对于孤独症学生或性格过于孤僻的个体不适用。

（六）避免盲目分隔

很多老师、家长都曾使用过分隔法，但是多数家长或教师不清楚该如何去实施分隔，也不清楚分隔法并非将儿童一关了事，更不应出于发泄愤怒而临时采取这样的措施。带着盲目性的分隔处理，容易导致难以预料的严重后果。如将学生一个人分隔在校车上，结果导致学生窒息而死的悲剧。有的教师把幼儿关闭在黑暗的壁橱内，使孩子长大后仍然有一定心理阴影。

（七）不对心理进行隔绝处理

分隔主要是针对问题行为进行分隔，而不应对儿童进行心理上的隔绝。一些家长或教师采取冷淡的态度，或者对不喜欢的学生采取极端的措施，导致双方的对立，这不符合分隔的暂时性和针对性，更不符合教育行为矫正的根本目的。

实践活动

通过网络收集近期发生的幼儿园校车事故，对新闻报道中的文本进行分析，总结其中将幼儿忘在校车内的事故与其他类校车事故（如交通事故）的不同特点，分析事故发生的共同原因，并提出你的建议与对策。

思考题

1. 请阅读以下新闻报道,分析该案例中教师在哪些方面违反了分隔法的要求。

5 岁童高温天气被锁校车 6 小时　家长起诉要索赔①

2013 年 8 月 1 日早上 7 时 30 分左右,通州区某幼儿园的校车将幼儿萌萌接走。下午 2 时许,萌萌的父母接到通知赶到区妇幼保健院,才得知因幼儿园工作人员严重不负责任,导致孩子在 35 ℃左右的高温天气下,被关在密闭小轿车内 6 个小时。萌萌病情严重,转至首都儿科研究所附属医院进行治疗,经诊断为中暑、急性上呼吸道感染、多脏器损伤,经住院治疗才好转。萌萌的家长将幼儿园所有者告上法庭,要求赔偿近 3 万元损失。经法院调解,除幼儿园先行支付的医疗费等费用外,负责人还需要再赔偿医疗费、交通费、营养费、护理费、精神损害抚慰金共计 8 000 元。

2. 请阅读以下新闻报道,用行为矫正原理分析教育行政部门的应对措施应进行哪些改进。

3 岁半女孩被困校车 8 小时生命垂危　涉事幼儿园被关停②

2013 年 8 月 6 日早上,3 岁半的女孩小柔(化名)被长沙德才火星中心幼儿园校车司机忘在车内,从早上 8 时开始直到下午放学时才被发现。小柔被迅速送到医院,医生确诊为在高温炙烤后出现脱水性休克,经积极抢救治疗,次日上午意识已清醒。

事发后,长沙市芙蓉区政府、区教育局迅速成立应急小组开展工作,调查了解事故原因,责令该民办幼儿园立即关停,做好其余托管幼儿的疏散工作,并吊销该园办园许可证。涉事司机等人员被带至派出所接受调查。

---

① 金可. 5 岁童高温天气被锁校车 6 小时　家长起诉要索赔[EB/OL]. (2014-03-27)[2017-06-20]. http://edu.ifeng.com/news/detail_2014_03/27/35185401_0.shtml.

② 帅才. 3 岁半女孩被困校车 8 小时生命垂危　涉事幼儿园被关停[EB/OL]. (2013-08-07)[2017-06-20]. http://edu.ifeng.com/gundong/detail_2013_08/07/28369722_0.shtml#_from_ralated.

第九章　负　强　化

案　例

平时的安全教育优于事故后亡羊补牢

四川省绵阳市安县桑枣中学原校长叶志平始终把学生安全摆在首位，多年来不断加固教学楼并定期组织学生进行防灾逃生演练。在“5·12”汶川特大地震时，桑枣中学2 200多名学生、100多名教师，就是按平常的演练，1分36秒全部冲到操场，创造了“零伤亡”的奇迹。①

地震、火灾、踩踏事件、校车事故、春(秋)游意外伤害……层出不穷的校园安全事件之后，教育部门发出紧急通告进行大面积隐患排查、加强监管，甚至于取消一些正常的教学活动。于是在重大校园事故发生后，总有一段时间学校会把安全保障提到最优先的位置。但是当师生们已经习惯了之后，有可能又松懈下来，这样新的隐患就开始萌芽，有的最终上升为不安全事故。如此循环往复，说明亡羊补牢不是解决校园安全问题的最好办法。桑枣中学平时组织好防灾逃生演练，是一种负强化策略，即平时通过模拟演练，使师生们学习到应急措施，建立起系列的逃避反应。当意外的重大自然灾害发生时，师生们就会条件反射地将之前演练的行为转化为现实的行动，有序地撤离危险地带，从而确保安全。可见，各级学校平时做好安全教育，相比事故之后再补救，是更优的选项。

一、负强化的概念与特点

(一) 负强化的概念

负强化是指当个体正在承受厌恶刺激时，一旦个体表现出期望的良好行为，便立即撤除其正在承受的厌恶刺激，以后在同样的情境下，该行为的出现次

① 钟华林.“最牛校长”的牛劲:追记四川绵阳安县桑枣中学校长叶志平[EB/OL].(2011-08-18)[2017-07-14].http://cpc.people.com.cn/GB/64093/64104/15450221.html.

数就会增加。

负强化可以用负负得正的原理来理解，厌恶刺激令人不愉快，而当撤除厌恶刺激时，则可满足人的安全和舒适需要，从而摆脱厌恶感，达到与给予正强化物同样的令人愉快的效果。这就相当于数学中的负负得正的原理，取消某个刺激的过程（负）加上厌恶刺激是不愉快的（负），其效果就相当于促进良好行为的作用（正）。所谓的戴罪立功即是负强化的典型实例。

案 例

桃谷五仙为避免兄弟受伤害而守规矩

金庸的武侠小说《笑傲江湖》中讲到，平一指给令狐冲疗伤，桃谷五仙吵闹不休，于是平一指威胁要他们按之前救活桃实仙的约定去杀一个人，不过要杀的正是桃实仙。

平一指道："你们倘若真的不愿去杀桃实仙，那也可以通融，你们到底听不听我的话？我叫你们到船舱里去乖乖地坐着，谁都不许乱说乱动。"桃谷五仙连声答应。一晃眼间，五人均已双手按膝，端庄而坐，要有多规矩便有多规矩。①

（二）负强化与惩罚、正强化的比较

根据刺激物的性质，可以将刺激物分为正强化物和厌恶刺激两类，实施行为矫正的策略有施加与取消两种，这样，可以组合出不同的行为矫正策略。根据表 9-1，可以看出负强化与正强化的过程是不一样的。负强化可以看作是惩罚的后续工作，当个体出现问题行为，被加以惩罚时，就处于厌恶刺激的作用下，个体想摆脱厌恶刺激的影响，就必须表现出积极的行为来，这样就可以导致厌恶刺激的取消，实际上达到了与正强化类似的效果。因此负强化的结果是使个体形成某种行为，但其实现过程不是通过正强化物令人愉快而实现的，而是通过去除不愉快的厌恶刺激来实现强化效果的。从这个表中，可以直观地看到正强化、惩罚和负强化之间的关系。

表 9-1　　正强化、惩罚、负强化的比较

	施加	取消
正强化物	正强化	惩罚
厌恶刺激	惩罚	负强化

① 金庸. 笑傲江湖[M]. 广州：广州出版社，2001：502.

二、负强化的过程

负强化实际上是从逃避反应到回避反应的过程。

(一) 逃避反应

逃避反应的基本过程如下所示：

厌恶刺激(先)—良好行为(后)—厌恶刺激被撤除。

在逃避反应(escape conditioning)中，个体实际地感受到了厌恶刺激的作用，因而表现出良好的行为，以换取厌恶刺激被撤除的效果。

(二) 回避反应

回避反应的基本过程如下所示：

厌恶刺激的信号(先)—良好行为(后)—可免受厌恶刺激。

在回避反应(avoidance conditioning)中，个体并没有实际感受到厌恶刺激的作用，而是先感受到了厌恶刺激的信号，为了避免遭受到厌恶刺激的作用，而主动表现出良好的行为，从而使自己免受厌恶刺激的影响。

逃避反应是实际体验厌恶刺激的过程，也是形成回避反应的必要条件，但是人们不可能将每件事情都经历并先形成逃避反应，再形成回避反应。实际上，大量的行为是建立在回避反应基础上的。这并不意味着不需要有逃避反应，关键在于少量的逃避反应建立起了强有力的回避信号，可以迁移到其他刺激情境下，从而不需要经历逃避而直接建立回避反应。

用教育行为矫正的观点来看，社会上人们自觉遵守规则，往往都是在回避反应机制影响下发生的。例如学生按时完成作业可以避免家长老师的批评，按时归还图书可以避免图书馆罚款，遵守交规可以避免被开罚单，儿童在玩耍后打扫好房间是害怕受到父母责备，吸烟者会因听到吸烟有害的报道后为避免身体严重问题而戒烟，播放交通宣传片可以提醒公众遵守交通规则，对中小学生开展安全教育可以防范他们遇到危险时不知道如何处理。

2011 年 2 月 25 日，十一届全国人大常委会第十九次会议表决通过了《刑法修正案(八)》，对相关条款进行了修改、增加，首次将醉酒驾车这种严重危害群众利益的行为规定为犯罪，并于 5 月 1 日正式实施。该条款规定："在道路上驾驶机动车追逐竞驶，情节恶劣的，或者在道路上醉酒驾驶机动车的，处拘役，并处罚金。"醉酒驾驶的界定标准为每百毫升血液中的酒精含量高于或等于 80(含)毫克。2011 年 5 月 9 日晚，著名音乐人高某某因酒后驾驶，在北京造成四车追尾，后经北京市东城区法院开庭审理，高某某以危险驾驶罪被判拘役 6 个月，罚款 4 000 元。这个案件对于广大驾驶员产生了极大的警示作用。严格管理酒驾后，媒体采访不同人员，发现人们的驾驶行为和意识的确有很大改观，如有出租车司机说“上班绝对不喝酒”，而私家车主则称“现在吃饭不喝了”，单位的公车驾驶员也很高兴“不用再替领导喝酒了”……可见，对于高某某来说，出现了醉驾行为而导致被拘役，此后他保证永不酒驾，这是受到厌恶刺激后的逃避过程，从而使自己以后不再受厌恶刺激（罚款与拘役等）的影响；而其他驾驶员看到交警及司法部门动真格的了，自觉提醒开车不喝酒，这是回避潜在的厌恶刺激的过程，从而使自己免受厌恶刺激带来的惩罚作用。

三、负强化的应用

（一）负强化的误用

1. 成年人误用逃避形成儿童不良行为

许多儿童都会对成年人的表情进行察言观色，有时还会不自觉地用一些行为策略，结果反而影响了成年人的行为。例如当家长正在和客人交谈时，小孩子就跑来跑去制造噪声、吵闹，令大人们很烦，于是家长就会给孩子点钱，让他自己去买吃的，这时家长就误用了逃避反应，躲开了儿童制造的吵闹环境，但对小孩子的不良行为无意中进行了强化。

2. 回避对错误的追究

有时，行为管理者会由于回避对行为者错误行为的追究而误用负强化法。如当儿童犯了错误时，家长力图避免对其实施惩罚或引起更多的不快；而如果儿童做了错事又撒了谎，则家长也可以避免由于追问错事而实施负面的管理方法；还有的儿童会通过讨饶等方式使家长不追究他的过失。再如学生跑去找老师要求改成绩，有的老师为了回避学生总来找烦恼，就答应了他们的要求。这些情况下，都是行为者回避对错误行为的追究，误用了回避反应。

3. 过度惩罚形成条件厌恶刺激

负强化的前奏是惩罚，而惩罚的原因则是个体的错误行为。但是如果惩罚使用不当，往往会导致个体对造成惩罚的刺激情境或人员形成条件厌恶刺激，以后就会逃避这种情境。如一次考试没考好，遭到老师的严厉批评，导致对该门课程、老师乃至学校都很厌恶，进而出现逃学等行为。有的家长过于严厉，对孩子的教育以惩罚为主，导致儿童对家长产生恐惧心理，会采取离家出走等方式回避与家长的交流。随着年龄的增长，孩子有了一定的独立意识，甚至会产生对抗的行为。

4. 对问题行为的过分宽容导致变本加厉

与之前家长教育孩子时回避对孩子的惩罚类似，在对特定对象的问题行为进行处罚时，如果过分宽容，也是一种回避，结果可能会导致问题更加严重。如过于溺爱孩子，对所犯的小问题不以为意，结果导致更严重的行为隐患；再如对罪犯采取了宽大处理或假释措施，但有的罪犯在出狱后不思悔改，而是变本加厉，继续犯罪，导致更严重的后果。

(二) 负强化的原则

1. 优先考虑采用回避反应

逃避反应与回避反应相比，前者更容易给被矫正者带来伤害，而且有的情境是不适宜于通过逃避来学习的。如涉及生命安全的情境，让个体直接承受厌恶刺激是不适当的。另外逃避反应下个体将实际地承受厌恶刺激的作用，而回避反应下只是接受厌恶刺激的信号，因此应优先考虑选用回避反应。

2. 在进行回避反应前，先借助逃避反应建立目标行为

尽管回避反应优于逃避反应，但逃避反应是一个必经的过程，即使之前经历的逃避反应与要建立的回避反应不是同一个情境下的，也可以通过迁移的方法来获得。而如果学习者在之前已经建立了逃避反应，则在此基础上要形成回避反应，就会更容易些。

3. 引起回避反应的条件厌恶刺激应该是强力厌恶刺激物的信号

在回避反应下，条件厌恶刺激是引起回避的关键因素，但条件刺激物只是信号，有时信号可能比较微弱，不能起到强有力的刺激作用。因此在建立回避反应时应选取强力厌恶刺激物的信号，以对回避反应起到强有力的支持作用。

4. 谨慎使用负强化原理

负强化在使用时要先对个体创设厌恶刺激情境，厌恶刺激毕竟对个体有一定的负面影响，因此应当尽量避免使用。如果要用，应抓住自然机会，而不是人为地创设厌恶刺激情境。

5. 可以通过观察别人的经历而学习到回避反应

为了更多、更快地建立回避反应，可以利用其他人由于客观原因而建立逃避反应的过程。例如安全教育，通常采取对典型事例的介绍、分析，使学习者通过观察学习，直接建立回避反应。这样的效率更高，而且可以解决逃避反应的

危险性问题。

实践活动

1. 查找关于名人逃税被处罚的新闻报道，分析按章纳税行为背后的行为矫正原理。

2. 查找关于中小学校园安全事故的新闻报道，分析安全教育中的负强化原理。

思考题

1. 阅读以下新闻报道，分析对闯红灯的行人进行处罚符合什么行为矫正方法的要求。

武汉行人闯红灯需站岗抓到下一个违规行人为止①

为了保证行人安全，相关部门安排市容监督员值守在主干道路口。根据管理规定，市容监督员可对违规行人处以罚款，但不少行人对此抵触情绪很大，没有起到宣传教育效果。为此，汉阳城管部门采取"文明接力"的方式对违规行人进行处罚，规定如市容监督员发现行人闯红灯过马路，该行人就必须在原地替市容监督员"值班"，提醒市民看灯通行，直到抓到下一个违规过马路的行人才可"下岗"。该方法实行一周以来，违规行人较此前下降五成。

上午9时半，龙阳大道墨水湖北路路口人流车流量都很大。路口的人行道边放有两块提示牌，提醒过往行人严禁闯红灯过马路。8名市容监督员分别值守在4个路口，不断提醒行人不要闯红灯。少数市民不听劝告闯行，市容监督员将其拦下，口头教育后让其"站岗"接受处罚，直到抓到下一个行人为止。

记者在路口观察15分钟，其间红绿灯切换约20次，共有9名违规通行的行人接受处罚。附近上班的颜先生每天都要经过此路口，他说自己前两天闯红灯过马路被抓到，在此"值班"近10分钟才抓到下个行人，现在过马路都特别小心。

2. 阅读以下案例，对于李某某屡次违法和犯罪的行为，分析其监护人在家庭教育中是如何误用了负强化原理的。

---

① 鞠皕，方蓓，周玉琴. 武汉行人闯红灯需站岗抓到下一个违规行人为止[EB/OL].(2014-06-02)[2017-07-14]. http://news.qq.com/a/20140602/001632.htm.

出生在音乐家庭的李某某从小就表现出非凡的艺术天分,4 岁被选为中国幼儿申奥形象大使,10 岁加入中国少年冰球队,曾获全国少儿钢琴比赛金奖等。尽管头顶着这样荣耀的光环,李某某却屡次违法,最终因严重罪行成为少年犯被判入狱。

2011 年 9 月 6 日晚,在北京市海淀区某小区门口,一对业主夫妻在开车刚要拐入小区南门时,遭到后面一辆无照宝马车和一辆奥迪车司机殴打,两人头部被打流血。打人者欲逃离时被群众拦截。经核实,宝马司机李某某,年龄 15 岁,无驾照,系某名人之子。最终李某某被劳动教养 1 年。解除劳动教养后,李某某并没有改过,而又犯下更严重的罪行——2013 年 2 月 17 日晚,李某某等 5 人在海淀区一酒吧内与一女子喝酒后,将该女子带至一宾馆房间内轮奸。2013 年 9 月北京市海淀区法院做出一审判决,以强奸罪判处李某某有期徒刑 10 年。2013 年 11 月 27 日,北京市第一中级人民法院二审裁定驳回上诉人的上诉。①

3. 阅读以下新闻报道,分析存在哪些对负强化的误用情况。

媒体揭减刑方法:一人假装越狱　多人举报立功②

法律学者指出现行的减刑制度存在漏洞,如罪犯是否认真遵守监规,是否确有悔改表现,是否呈报、建议减刑,是否裁定减刑,减多减少,早减晚减,存在很大操作空间。

制造立功机会得以减刑:2005 年,某集团总裁张某被警方拘捕。2006 年,原广东某律师事务所律师徐某找到时任某看守所工作人员的罗某并送给其好处费 3 万元,要其为他的当事人张某寻找检举立功线索材料。罗某利用职务便利,将一条抢劫案线索告知张某,由张某通过检举他人入室抢劫致人死亡的犯罪行为而立功。2007 年,佛山市中院一审判决张某有期徒刑 15 年。2008 年,广东省高院依据张某在押期间的立功表现对其改判为 10 年。服刑期间张某又获得了两次减刑机会,于 2011 年年初提前出狱。

购买案件线索得以减刑:2008 年 6 月,宜昌市犯罪嫌疑人王某因受贿羁押在看守所,其律师以 4 900 元的价格从某刑警中队民警高某处购得一盗车案线索,由王某向管教干部检举了该盗车案。检举材料中对案发时间、地点、嫌疑人的姓名、住址及被盗助力车价格等,都写得一清二楚。王某因协助“破获”了这

---

① 陈树强. 从李某某事件看未成年人犯罪的预防与矫治[J]. 中国青年政治学院学报,2014(3):6-9.

② 习宜豪. 媒体揭减刑方法:一人假装越狱　多人举报立功[EB/OL]. (2014-01-23)[2017-07-16]. http://news.ifeng.com/shendu/nfzm/detail_2014_01/23/33283455_0.shtml.

起盗车案获得减刑。

佯装脱逃帮助他人立功：2004年11月6日，在河南省某监狱服刑的4名罪犯预谋，由张某假装脱逃，然后由白某、樊某向监狱举报，以获得重大立功表现。经法院裁定，白某被减去刑期17个月，樊某被减去刑期20个月。

买报减刑：江西省某监狱规定服刑者可以通过购买指定的报纸获取减刑。如买一份30多元钱的监狱自办小报可以获得1.5分，购买20份便有望减刑30天。监狱曾接到上级摊派订阅某法院报的任务，服刑者认购1份即可获得减刑天数的奖励。

花钱买表扬：江西某监狱和函授教育机构联合培训，服刑者只需花100多元钱就可以找人替考并获得相应的证书。每名服刑者可以同时报考2～3个专业，每获得一个技术等级证书，就有望减刑20天。

第十章 塑　造

案　例

学习就是塑造的过程

尹生拜列子为师想学习御风而行的本领，但他没有耐心，想很快学会，于是不久他就待不下去了，不辞而别。过了几个月尹生又回来了。列子问："为何去了又回来？""老师，我知道自己太急切，不能一蹴而就。"于是尹生开始潜心学习。

经过3年的学习，达到心中不敢有是非念头、口里不敢说利害得失的境界，老师才会多看他一眼；5年以后，尹生又达到另一种境界，才能博得老师会心的一笑；7年以后，他已经达到从心所念而无是非对错、随口所言而无利害得失的境界，这时，老师才要他并席而坐；9年之后，不管尹生想什么，口中所说都不会涉及是非利害，不知不觉中他觉得自己内外如一，心神凝聚，随风飘浮……①

尹生拜列子为师学习御风而行的本领，强调了学习者要潜心，才能在不知不觉中达到"内外如一，心神凝聚，随风飘浮"的境界。尹生的经历正体现了学习是一个艰苦的过程，不能一蹴而就的原理。"御风而行"是古人美好的设想，作为一种很了不起的本领不能指望在一日之内就学会。老师要尹生跟在他身边，从最基础的做起，练习基本功，一点一滴地积累，最终尹生在不知不觉中学会了飞翔的本领。由此可见塑造的力量之大。

一、塑造的概念与特点

（一）塑造的概念

塑造(shaping)指通过强化一系列不断接近的行为，最终建立新行为的方法，又称为"连续接近法"。

---

① 林正文.儿童行为的塑造与矫正[M].北京：北京师范大学出版社，1998：208.

塑造是个体学会一个全新行为的过程。通常对于一个简单的动作，正强化可以起到促进作用，但是对于一个个体还没掌握的行为动作，就不能消极地等待其正确行为出现再强化，而是首先要对与目标行为较为接近的一个起始行为进行强化。尽管这个起始行为距离目标行为还很遥远，但两者有一定程度的相似性，且个体在现阶段还只能表现出这个行为。当这个行为得到巩固后，再对个体提出更高要求，需要他表现出另一个更接近目标的行为来，才能得到强化。依次类推，经过许许多多个接近性的行为，最终可以达到目标行为。在这个过程中，塑造的起点与终点行为是最重要的行为。如果选取了错误的起点行为，就会导致南辕北辙的结果；而如果目标不明确，最终也无法获取正确的行为。另外需要注意的就是在塑造的每个环节中，正强化都在发挥着积极的作用，当获取最终行为后，还会得到更大的强化物，这样才能确保行为不断前进。

例如婴儿学会说话，最初喊出的一般都是“妈妈”，这实际上也是成人塑造的结果。抚养婴儿的成人不断给婴儿以言语刺激，婴儿也在努力模仿，但最初他只能发出咿咿呀呀的声音。偶然地，他无意中发出“m”的音，父母听了后会理解为是在喊“妈妈”，于是非常高兴，对孩子又是亲吻，又是夸奖。尽管婴儿不理解夸奖的含义，但从表情上感受到父母很高兴，从而得到正强化，于是他更努力地发这个音。但是这个音毕竟与“mama”还是差得比较远，父母就不断将正确的发音示范给婴儿。不久婴儿又含含糊糊地发出了“maa”的声音，而不再发单独的“m”音。还是和之前一样，父母先是很高兴地给予强化，之后又示范正确的发音，婴儿也在努力学习这个音。经过多次尝试错误，婴儿从不会发“mama”的音到能正确无误地发出这个音节，其间不断地得到家长给予的强化。并且由这一个单词，又可以扩展到其他词汇。所以婴儿学习语言是塑造的结果。

幼儿学走路也是类似的情况。一般而言婴儿要到1岁左右才能独立行走，在她学会独立行走之前，能够偶尔有很短的瞬间可以独自站立，但如果没有支撑物很快就会跌倒。在家长的鼓励下(如在一步之外呼唤孩子)，他向前迈出一步，在即将跌倒时被扶住。这样就开始了走一步的历程，以后可以走出两步、三步……最后达到完全独立、安全地行走。

婴儿学习说话、学习走路的过程都是典型的塑造过程，对某种职业技能的训练、运动员体能训练、具有坚定信念的战士的养成都是利用了塑造原理的结果。儿童的行为大多是在不断强化中累积起来，逐渐塑造而成的。塑造是潜移默化的过程，良好的行为不是一下子就建立起来的，而是通过点滴的行为不断累积而成；另一方面，严重的问题行为也是有其根源的，当青年人出现一些严重的问题行为时，应当追溯到其早期的经历。

（二）塑造的特点

1. 有助于形成复杂行为

相对于正强化，塑造更适用于对复杂行为的训练。复杂行为往往需要经过一段时间学习才能形成。例如对于幼儿来说，要学会成人的复杂社会化行为是很困难的，如果一直期待儿童出现该行为后再给予强化，就意味着放弃了教育的超前性功能，而且很可能无法等到儿童自发表现出来。因此，塑造采用渐进的方法，将复杂行为细分为简单的小行为，使相邻的行为比较接近，分别对阶段性行为给予强化。这就如同登山，每上一个高度就得放弃较低处的营地，只有这样才能登上山顶，但是如果想越过山脚、山腰，直接达到山顶，也是不可能的。为了激励登山者，还需要不断给他进行鼓励、强化，当登上山顶，一览众山小，得到的快乐是非常强烈的，起到了正强化的作用。

案　例

习武、比武中的塑造过程

金庸所著的武侠小说《神雕侠侣》中讲到：神雕训练杨过在激流中舞剑，杨过在水中击刺半日，剑力竟然大进，不知不觉中内力大增，终于掌握了独孤求败留下的精妙剑法。①

金庸所著的武侠小说《笑傲江湖》中讲到：令狐冲与田伯光在悬崖边比武，令狐冲用剑刺田伯光左腰、左颊、左腿，使田伯光一步又一步地向右退让，最终被逼到右边石崖的尽头。②

事实上，武侠小说中主人公的成长经历，基本上都是塑造的结果。在上两个例子中，处于成长阶段的杨过、令狐冲已经具备了使剑的基本功，也掌握了一些招数，但当他们各自遇到新的对手或挑战性目标时，原来的剑法就不够用了。这时，他们具备的起点行为就是使剑，而目标行为则各不相同。杨过起初在激流中要站稳都不容易，反复练习之后终于能站稳在一块岩石上；但要用剑挑水中的岩石仍很困难，在神雕的训练下，他开始凝气用力，不仅能够在水中立足，而且能够稳稳地站立水中并调整自己的呼吸；之后，他才有机会举剑挑刺顺水而下的岩石；再往后，已经不需要神雕督

① 金庸. 神雕侠侣[M]. 广州：广州出版社，2001：887-890.
② 金庸. 笑傲江湖[M]. 广州：广州出版社，2001：347.

促，他自己休息片刻便跃入溪流中挑刺岩石……直到最后悟出用剑之道，终成一代剑术大侠。令狐冲起初使剑斗不过田伯光的单刀，就抢占先机，攻其左侧，使他不得不向右迈步避让，不知不觉就将对手逼到悬崖边。

2. 适用于学习全新的行为

正强化的前提是行为者已经能表现出在某种情境下的适当行为，而如果对于行为者还不具备的行为，给予正强化物的效果就差了，因为行为者还不具备训练者想要加以强化的行为，他们得到的正强化物只会对之前所做的行为起到强化作用。如果有足够的耐心，也可以等到行为者偶然出现预期的行为时，再给予强化。但这样的效率较低。为此，应采用塑造的方法，先强化一个行为者已经能表现出来的、且与目标行为有一定相似度的行为，也就是起点行为，当这个起点行为出现后，立即给予正强化。随着训练的深入，逐步提高对行为的要求，使行为更靠近目标行为……经过这样不断地对新建立的行为进行强化，使其逐步接近目标行为，最终能够获得新的行为并通过强化而加以巩固。

3. 刺激不变，行为在改变，强化贯穿全程

不管是用于训练复杂行为，还是形成新的行为，其共同点都是刺激不变，而所要塑造的行为在不同阶段不断变化。如果固守一种行为，就不能发展为塑造过程。而如果刺激条件不断变化，就会使行为者无法建立稳定的条件反射，实际上导致塑造不可行。

在塑造的过程中还要充分发挥正强化物的作用。塑造不同于正强化，但塑造其实是由一系列强化过程组成的。从塑造的过程来看，将复杂行为细分为系列的行为，相邻的两个行为比较接近，分别对阶段性行为给予强化，最后当达到目标行为后，还要给予更大的正强化物来加以巩固。可见，在塑造的过程中，正强化、间歇强化等方法都在贯穿使用。当然，具体到每个阶段，正强化物可以不同，强化的频率等也可以不同。

总之，塑造是一个渐变的过程，也是较为复杂的行为矫正程序。

二、塑造的误用

（一）由于塑造导致不良行为

和任何一种行为矫正的方法一样，塑造既可以形成好的行为，也可以形成不良的行为。例如民间经常用来教育小孩子的故事“小时偷针、大时偷金”，就是小孩子在是非观念还没建立时，偶尔拿了别人的东西，家长不仅没有批评他，

反而夸赞他聪明。于是随着年龄长大,孩子越来越爱随便拿别人的东西,以至于长大后成为一名江洋大盗。其成长历程就是塑造的结果。此外,青少年严重的说脏话、网络成瘾等行为也是塑造的结果。

塑造还有可能形成一些儿童的自伤行为,如有的重度智力障碍儿童不停地撞头而导致自伤,其原因是该儿童平时较少得到周围人的关注,而当他偶然跌倒、头磕在地上时就引起了大人的关注。在这里,成人的关注是强化物,无意地、轻轻地撞头是起点行为,而故意地、严重地撞头却是错误的目标行为,这正符合了塑造的原理,从而导致了这一伤害行为。

(二) 在该使用塑造时未及时使用导致行为停滞

塑造要求在个体的行为完成前一阶段任务后,进一步向更高水平的行为去发展,但是有时家长或教师会疏忽了对儿童的塑造,在该使用塑造来推进行为改善的时候却没有及时使用塑造,导致行为停滞不前。如在婴儿学习走路时,刚开始学会走一两步,家长认为已经可以独立行走了,就没有再进行刻意的训练,结果在很长一段时间里,小孩的走路行为停滞不前。在成人教幼儿学习语言时往往喜欢用儿化语,随着儿童语言能力的增强,成人应当更多地鼓励其清楚地发音,但有的家长仍然用儿童语言方式与其对话,导致儿童的语言发展速度降缓。

(三) 塑造步伐过快

塑造可以分成若干个环节或步骤,每个环节或步骤之间应该给予足够充分的训练,使其行为得以巩固,而不应急于将行为水平拔到最高水平。由于塑造的步伐太快,有时会导致学习者因为失败而丧失信心;有的家长望子成龙心切,将孩子送去参加各种培训班,结果孩子对原本感兴趣的活动也觉得乏味、枯燥,甚至产生严重的逆反情绪;在王安石所写的《伤仲永》中,小神童就是由于家长过于急功近利,拔苗助长而导致塑造不成功,致使一代神童泯然众人矣。

专栏 10-1 塑造的误用

4 种语言轮番轰炸 宝宝"罢工"了①

一对年轻的父母,都是外企职员,孩子的家庭环境非常好,在父母的朋友圈里被称为语言小天才。孩子的爸爸在日企工作,成天说日语;孩子妈

① 语言小天怎么突然不会说话了[EB/OL].(2008-01-24)[2017-07-20]. http://news.sina.com.cn/o/2008-01-24/053313316178s.shtml.

妈开口闭口就是一串英语；外公外婆说的是普通话；保姆是一口宁波话。小宝宝每天受4种语言的轮番轰炸，一开始他还学啥像啥，逗得家人朋友一阵开心，可最近却失语了，一句话也不肯说了，再怎么教他，都不开口。医生检查孩子的声带、听力一切正常。医生在询问家庭情况后，说孩子不说话是因为处在多种语言的混乱环境里，容易造成语言系统失衡，他不知道该用什么来表达自己的意思，时间一长就开不了口了。不过这种失语现象是暂时的。现在全家只敢跟孩子说普通话了，说等他大点了再教他外语。

专家指出，现在很多高知识高收入的家庭在孩子刚会说话时就让他们学习外语，表面上看是培养了一个语言天才，但过早接触外语其实弊大于利。长此以往孩子会混淆口音，造成语言思维混乱，很容易引发语言功能障碍，丧失语言理解能力，即使及时发现，也需要一段时间的心理治疗才能恢复。专家建议，幼儿最好是在3岁以后再开始学习外语，同时不要一口气接触太多种语言，否则只会影响到日后学外语的正确发音。

（四）起始行为不当，塑造南辕北辙

塑造的作用很强，但如果在塑造过程中选择的起始行为不当，也会导致南辕北辙的结果。例如家长不考虑孩子的兴趣爱好和优势、特长，一味地要求他按照家长预设的道路来发展，结果由于选择的兴趣培养方向与孩子的真实兴趣完全背道而驰，导致塑造的结果与家长的预期恰恰相反。

三、塑造的原则

（一）确定目标行为

要塑造的行为是目前个体还不能达到的，根据教育行为矫正的基本要求，应选择具体的、可观察、可测量的行为作为目标行为。

（二）确定起始行为

尽管目前个体还不能达到目标行为，但是可以从他已经具备的行为中选取与目标行为比较接近的行为作为起始行为。起始行为首先应当是个体已经具有的行为，这样个体能够很容易地表现出来，然后给予强化，加以巩固。同时起始行为应当与目标行为有一定程度的相似或接近。例如斯金纳的鸽子实验中，要训练鸽子在实验笼子内啄按钮的行为，先对鸽子转身朝向按钮方向的行为给

予食物强化，使鸽子学会了转身朝向按钮方向而得到食物，此时鸽子并不能自动做出啄按钮的行为；然后不再强化这一行为，而改为强化朝向按钮、并向前迈进的行为；再往后，则不强化上一行为，而强化接近按钮的动作……依次类推，直到鸽子学会啄按钮。在这个案例中，要让鸽子知道和学会啄按钮是十分困难的，但是朝向按钮方向，是非常重要的一步。只有强化了这一步，鸽子才有可能逐步学会啄按钮的行为。同时，这个案例也说明，在选取起始行为时，不要追求完美，起始行为实际上距离目标行为非常遥远，只有一点点地接近，但首先要容纳这一行为，否则更会加剧学习的难度。

（三）选择适当强化物

正强化是行为矫正的最基本方法，塑造是由一系列的强化建立起来的复杂行为形成过程，因此选择正强化物非常关键：一方面是给起始行为和接近性的行为选择正强化物，以支持行为逐渐过渡到目标行为；另一方面当达到目标行为时要给予较强的正强化物，以维持、巩固目标行为。同时，还要注意，在每前进到一个新阶段时，原有的旧行为就不再得到强化，在目标行为获得以后，以前的所有阶段性的行为也不再得到强化，这样复杂行为就形成了。之后按照正强化的方式只对符合要求的目标行为进行强化即可保持该行为稳定。

（四）设计塑造步骤

塑造的整个过程是由起始行为向目标行为迈进，中间有若干个接近性的行为，一个比一个更接近于目标行为，每两个相邻的行为之间有着高度的相似性或共同之处。理论上，可以将一个塑造任务分解出许许多多个甚至无数个接近性的行为，但由于个体具有主观能动性和迁移能力，多数情况下，没有必要把中间的步骤分得特别细。如果技能熟练的话，还可以将若干步骤合并起来。究竟保留几个阶段性行为、每两个接近性的行为之间差距多大等，应根据训练对象的特点来定。例如对于智力障碍儿童，学习用数字进行运算这样的复杂行为就要多分几个阶段性的行为，而对于普通儿童则可以减少不必要的步骤，简化为从数实物到数小木棍，再到数手指，最后用心算等几个步骤。

（五）按正确步调前进

塑造在实施过程中，应保持向着目标行为前进的方向不变，即由起始行为向阶段性行为、由上一个阶段性行为向下一个阶段性行为、由最后一个阶段性行为向目标行为过渡。应根据学习者的熟练程度来决定训练进程的快慢、步骤的大小。如果在一个步骤上停留太久，行为就会过于牢固，而难以转变为新的行为;而如果在一个步骤上停留太短,行为就不会很牢固,容易导致行为的倒退。

实践活动

1. 选取一个名人、模范人物或优秀学生的成长故事,用塑造原理分析他们是如何成长起来的。

2. 欣赏歌曲《差生》,讨论:

(1) 在现实教育环境下,仍有部分教师对学习成绩不佳的学生冠以"差生"称谓,以塑造原理分析这种称呼有何不妥之处?

(2) 如何应用教育行为矫正的方法来解决学习落后学生的学习、行为方面的问题?

差生

作词:李宇春　张叶帆

作曲:张叶帆

演唱:李宇春

看着黑板上/不解的想法
嘲笑我怎么就这样/oh 傻傻的模样
我知道要争光/却总是受伤
黑眼圈总离不开眼眶/别问为什么紧张
差生的夜伴奏哭红的眼/放走心愿只受月光的怜
害怕作业反正我像看不见/等钟到了七点就是明天
差生像是走在陌生的街/却也希望能够把梦实现
害怕眼光反正我不想看见/谁说我就只有昨天
看着黑板上/不解的想法
嘲笑我怎么就这样/oh 傻傻的模样
我知道要争光/却总是受伤
黑眼圈总离不开眼眶/别问为什么紧张
差生的夜伴奏哭红的眼/放走心愿只受月光的怜
害怕作业反正我像看不见/等钟到了七点就是明天
差生像是走在陌生的街/却也希望能够把梦实现
害怕眼光反正我不想看见/谁说我就只有昨天

思考题

1. 分析塑造中应如何正确使用强化的方法。

2. 分析塑造与正强化有何不同。

3. 阅读以下案例,分析母亲在塑造神童的过程中,存在哪些问题;分析应当如何应用教育行为矫正原理进行儿童早期潜能开发。

理性对待智力超常儿童

某儿童小A,从小天资聪颖,2岁开始识字,3个月时间就认识了1 000多个字。3岁半时学会了加减乘除。6岁时,小A直接进入二年级。三年级读了不到一个月,已能心算初中数学题。8岁就跳级到了重点中学,学校为他成立了"辅导研究小组",每天晚上单独给他开小灶。小A的母亲也积极与学校配合,一切为学习让路。该生爱博览群书,这一行为却被禁止了。母亲认为:"中学生就得读中学教材,就得围绕教学计划、高考这根指挥棒来转。"小A曾有几个玩得好的小伙伴。一天,他和伙伴打架受了伤,母亲从此便禁止儿子与他们来往。从那以后,该生形单影只,性格更加内向。为了不让他分心,母亲把他生活上的事全部包办了,洗衣、叠被子,甚至连吃饭也喂到了高三。1996年,13岁的他以602分的高分考入了大学。

上大学时,该生在学习上几乎可以无师自通,学习成绩总是遥遥领先。但他对环境和社会的适应能力极差。从入校开始,班主任黎教授便想把他从"神童"的定位中解脱出来。黎教授经常推荐科学家小传等书籍给他看,但他母亲认为这都是些闲书、杂书,不准他看。母亲还自己掌握了一份大学课程表,以备随时对儿子的课程进行检查。小A的任课老师、原物理系主任颜教授说:"在大一时,我们就提出把孩子搬到学生宿舍,但他母亲坚决反对。"学校虽然做了很多努力,但没有取得大的成效,他始终还是生活在妈妈的课程表里。

2000年小A考取中科院高能物理研究所研究生,研究所拒绝其母亲陪读。小A由于缺乏起码的生活自理能力,不会与人交流,2003年从中科院肄业回家。

小A生活能力差也表现在其他方面。"没人提醒,那孩子甚至不知道加件衣裳,大冬天也经常穿着单衣、拖鞋到处跑。"他极不合群,与人交往的方式仅仅是一句话——你好,一个动作——握手。在礼仪常识方面,他知之甚少。他到老师家里去玩,也不管人家是否已休息,就"砰、砰"地敲门;门开了,就径直朝老师的电脑房奔去。去拜访一位素不相识的老师，见到别人在看报纸，他从人家手里拿过报纸，就自顾自地看起来，也不管老师在一旁发愣。他时常干出些不成熟的举动如拨打火警电话虚报火情，破解同学电脑里加密的情书……

在该生的成长过程中，社会教育、学校教育的模式在不断强化他母亲的教育，形成了这个独特的育才模式。一位一直关心该生成长的人说："他在小学三年级时升中学的决定，是县教委、县一中的老师这些人决定的。他们首先已经形成了一个制造神童的模式，然后把这个孩子推上这个轨道。"老师们曾提醒过其母亲要教孩子如何做人。但在母亲心中，学习比什么都重要。大学教授们除了对他的"过目成诵、思辨力超凡"的高智商留下深刻印象外，更突出的则是发现其心理发育和人格成长的荒芜，缺乏社会交往和社会沟通方面的能力。

对于神童本人而言，所欠缺的主要是健全的人格、社会道德规范、生活自理能力、人际交往和社会沟通能力等。虽然家长对超常儿童教育缺乏正确的认识和家庭教育的不当是导致神童衰落的重要原因之一，但学校和教师也应当认识到，对于智力超常儿童应注重在培养和发展其智力和学业能力的同时，培养其良好的道德品质、健全的人格、对环境与社会良好的适应能力，促进其身心全面、和谐的发展。

第十一章 渐 隐

案 例

用渐隐法训练智障学生上厕所

明亮，中度智障学生，经常翻墙逃走或藏在角落里，在教室里一句话不说就跑出去，每次借上厕所的机会就会跑到外面去，因此教师必须跟着他。为了教会学生正确的上厕所行为，教师采用了渐隐的训练方法。

第一步，老师挽着明亮的胳膊，老师用力夹着他的手；

第二步，老师拉着明亮的手腕，老师用劲，但距离拉开；

第三步，老师拉着明亮的衣角，距离拉开，老师用的劲小一些；

第四步，明亮拉着老师的衣服，明亮主动用力（但是已经不跑了）；

第五步，明亮和老师并排走；

第六步，明亮走在前面，老师走在后面，学生走快就叫他一声……最初在厕所门口等—退到车棚等—在拐角处等……

第七步，排队上厕所（最初明亮排在队伍前面，再逐步放最后）。

一年后，在教室里明亮要上厕所，老师让他自己去或同桌一起去，明亮仍然自己会回到教室而不再跑掉。①

一、渐隐的概念

（一）渐隐

渐隐(fading)是逐渐地改变控制某一反应的刺激，最后使部分改变的刺激或全新的刺激仍可引起原来相同的反应。

渐隐实际上是一种帮助由多到少的过程。如在教儿童练习书法时，教师先用手握住学生的手，用力帮助他准确地用毛笔书写；待到熟练后，教师减轻所用的力量来帮助学生书写；然后再过渡到只用手指轻轻触在学生手背；再往后就

① 钱利娜.一个都不放弃[M].宁波：宁波出版社，2014：36.

只需要用手指指点而不需要接触儿童的手;最后只需口头要求学生书写即可。而学生在独立练大字时,由描红到仿写,也是渐隐的方法。再如,要教儿童学习骑自行车,由于骑自行车需要骑车人保持身体平衡,初学者很难掌握,因此需要家长在后面扶着车子防止跌倒。在骑行的过程中,家长偶尔放开扶着车的手,做好保护动作,再往后只是跟在车后防范而已。这样,儿童就学会了独自骑车。

汉字是象形文字,从甲骨文到现在的简化字,汉字的演变有其独特规律。通常人们在教孩子学习汉字时,只是出示现在的写法,加之教师在教小学生认、写汉字时,将汉字拆分成偏旁部首,使原本的形象思维工具变成了抽象思维材料,导致一部分小学生从开始就不喜欢汉字,还有很多人抱怨汉字难学、难认、难教。如果在教小学生初学汉字时,不要急于拆解汉字,也不要急于让他们会写,而是先把汉字作为一个整体、作为图形呈现在学生面前。学生看到实物图片,很容易就能识别甲骨文的字意,然后他们又观察到汉字依次由篆书、隶书、楷书(繁体)而演变为简体字。这时在他们头脑中形成的是整体的一个字,既记得牢、又能很快理解含义。这样的汉字学习,可以帮助学习者在轻松愉快中掌握汉字。这种教学方式,就是借助渐隐的思路,把实物图片作为起始刺激、把现行的简化字作为目标刺激,而汉字演变的各种字体则是接近目标刺激的渐进性刺激。学生从一开始就认识了汉字、知道了其意义,不管字体如何变,他们的反应都不变。当他们很熟悉这个汉字符号后,再进行偏旁部首的拆分、书写笔画的要求,就容易得多了。

虚拟现实帮助个体掌握复杂技能也是利用了渐隐的原理。如模拟飞行系统,采取模拟飞机驾驶舱,集成驾驶系统、虚拟机场环境或飞行场景、时间、方向、速度与高度控制等系统,实现虚拟的飞机起飞、巡航、降落控制等过程,创制出逼真的飞行环境。使候选飞行员从视觉、触觉、听觉、动觉等多种感官去体验飞行过程,从而产生真实的感受。在模拟机上接受训练后再进行真实飞机的操作,驾驶环境逐步改变,使候选飞行员在掌握各种复杂技能、能够充分应对各种突发情况后从容地驾驶飞机。这种训练方式既安全,又极大地降低培养成本,还能取得良好训练效果。

案 例

用渐隐法训练智障学生拖地

中度智障学生在学习新技能时,很容易遗忘。为此,教师想出一个办法让学生在打扫卫生时能够正确地拖地板。老师先在地板上用彩色胶带贴好一个个相连的Z字形。最初，教师指导学生沿着Z字形掌握拖把行进的方向，等学生熟悉后，教师撕掉其中的一条斜线，让学生不依靠那条斜线也能在两条平行的横线间继续用走Z字形的方式拖地板。接下去，再撕掉其中的一条横线，两条，三条……直到撕掉所有的彩色胶带。[①]

渐隐法的优点就是先让行为者表现出正确的行为，然后调整刺激，开始可以给多一些的帮助线索，随着行为日渐巩固，则逐渐减少帮助，最终过渡到让行为者在没有帮助的情况下独自完成任务。

（二）塑造和渐隐的比较

塑造和渐隐都是渐变的行为矫正方法，看上去有点相似，但两者也有很大的差别。在塑造中，每个阶段的刺激情境都是不变的，而行为则在不断改变（逐步靠近目标行为）；在渐隐中，个体的行为从一开始就是正确的，调节的是刺激情境，例如由非常熟悉的情境逐步淡出，转变为陌生或差别很大的情境。表11-1是通过幼儿学习独自行走和智障儿童的自伤行为对塑造和渐隐做的比较。

表11-1　　塑造与渐隐形成良好或问题行为的比较

	塑造	渐隐
学习行走	站立—迈出半步—迈出一步—迈出两步—独立行走	大人双手搀扶—单手搀扶—手挨到衣服上—手在背后保护—站在一边保护—自行行走
自伤行为	轻轻地撞头—较重地撞头—用力撞头—非常大的力量撞头	跌到地毯上—跌到木地板上—跌到水泥地面上—跌到更坚硬的地面

可见，幼儿学习行走，从不会走到会走，从走半步、一步到独立行走，其行走行为是被不断塑造的结果，最终达到独自行走、奔跑的目的。而幼儿在成年人的帮助下学习行走，则是渐隐的过程，成人给予的帮助可以从多到少，从用力支撑到轻轻地接触，最后则可以只动口指点而不用扶着走了。当然，幼儿学习行走时并不是先塑造再渐隐或者反过来的，而是两者交织在一起，同时发挥着促进行走行为形成的作用。而智障儿童由于认知发展的滞后，且可能存在一些感知觉方面的障碍，因而会出现自伤的行为，其自伤行为的发展过程也是兼有塑造和渐隐两种方式的。就塑造过程而言，其撞头自伤的行为从轻到重逐渐提升

① 钱利娜.一个都不放弃[M].宁波：宁波出版社，2014：237.

强度；而就渐隐过程而言，其撞头自伤时选择的地面、墙面坚硬程度在递增。前者符合刺激不变而行为改变的规律，后者则体现了行为不变、刺激改变的规律。

案 例

武侠人物借助渐隐成长的事故

金庸所著的武侠小说《鹿鼎记》中讲到，韦小宝混入宫中后，冒充小太监小桂子，担心别人认出他来，在与其他太监赌钱时，起初几日用白布蒙脸，后来逐日少蒙白布，旁人慢慢习以为常。①

金庸所著的武侠小说《神雕侠侣》中讲到，杨过在神雕的帮助下，找到了前辈留下的重剑，并被神雕引到激流中用剑。在水中，杨过提着重剑时手上已不如先前沉重，击刺挥掠，渐感得心应手。待他掌握了重剑的剑法后，明白自己将来内力日长，所用之剑便可日轻，终于使木剑如使重剑。②

韦小宝用白布蒙脸，然后逐渐减少遮盖的面孔，竟然得以蒙混过关。这正是借助了渐隐的作用，即保持行为不变，而控制引发行为的刺激使其逐渐变化，最终以全新的刺激出现，行为依然不变的过程。而杨过在神雕帮助下习剑法的过程中，先是借助水的浮力使用重剑，而剑法就是在水中搏击冲下来的山石、树干等；之后回到地面，使用重剑就得心应手，而剑法不变；再往后就可以换做普通的剑，乃至换成重量较轻的木剑，甚至任何替代的物品，都可以照着这个剑法来使。这就是通过渐隐来训练行为的策略。

另外还需要注意的是，杨过在激流中先是很艰难地站立，然后能够站稳，再到能腾出手来挑刺山石、树干等物，最后到在激流中用剑得心应手，这是塑造的过程。而杨过在激流中所领悟到的用剑的方法，从一开始就是正确的行为，只是刺激条件不同，开始是借助浮力的重剑，接着是没有浮力的重剑，然后是较轻的剑，再之后是更轻巧的木剑，最后则是任何长条的物品来取代铁剑，这是渐隐的过程。在复杂行为形成的过程中，塑造与渐隐都在发挥着作用。

二、渐隐的误用

渐隐主要是通过改变环境刺激来使个体保持行为不变，因此在实施中，如

① 金庸. 鹿鼎记[M]. 广州：广州出版社，2001：125.
② 金庸. 神雕侠侣[M]. 广州：广州出版社，2001：890.

果出现偏差,也会有误用的情况发生。例如不仅是塑造可以形成自伤行为,通过渐隐也可以形成自伤行为。当一个重度智力障碍的儿童将头撞在地上,每次撞击的力度差不多,但是每次撞头的环境略有不同,从柔软的地毯到木地板,最后到坚硬的水泥地板,这一行为序列中,不断改变的是刺激情境,这正符合了渐隐的原理,因而以与塑造不同的路径导致了同样的伤害行为。

渐隐的误用表现在多个方面。首先,如果行为是错误的,那么渐隐起到了扩散不良行为的作用。如中国在人口控制的大环境下形成的特有的家庭教育现象,不管是独生子女还是只有两个子女的家庭,孩子都是家庭的核心,甚至有的小孩子在家里往往是称王称霸。如果家长不加以管教,这种霸道的行为就会以家长在身边为刺激线索而在学校里、社区中、公共场合等出现。其次,在外在帮助的刺激条件下,个体能够完成某种行为,而一旦撤除帮助,就不能独立完成,也就是没有及时应用渐隐来训练个体适应无帮助的环境。如少年在刚开始学习骑两轮的自行车时,通常手忙脚乱,最主要的是难以保持平衡,这样大人们就在后面扶着车座,少年在骑车时只要看好前方并用力蹬车轮就可以前行了。其间,有经验的大人会偶尔松手,让少年自己骑行一段,看快要倒了时才扶,可是也有的家长害怕孩子摔倒,时刻都在用力扶着车,这样孩子就很难进步。再次,当应用渐隐时,步伐太快,在学习者未掌握某个条件下的正确行为时,急于前进到新的阶段而导致行为倒退。如儿童在形成数字的概念时,先要借助实物数数,如数小木棍、数指头等,当他们具备了对抽象的数字的认识时,才进入到更高阶段的学习。如果此时没有打好基础,急于进行看似简单的计算,由于其对数字概念的掌握还不牢固,只能用死记硬背的方法来记住结果,其实并没有获得对数字概念的掌握,反而还得再倒回到具体形象阶段进行学习。最后,渐隐的步骤划分不合理,也会导致行为的倒退。如影片《航班蛇患》中有个较为夸张的情节,实际上也揭示了渐隐的应用。影片描述一架在高空巡航阶段的客机被混装上了许多毒蛇,这些毒蛇游走到驾驶舱和客舱后攻击机组人员和乘客,飞行员全部牺牲,飞机面临失控。紧急时刻,机上特工人员与地面联系,找到了一个据称曾驾驶过飞机的乘客,而事实上这个乘客只是个模拟飞行游戏的爱好者。但在这一危急时刻下,他也只好临危受命,终于成功地驾驶飞机着陆。在这个夸张的情节背后,也体现出通过渐隐进行行为训练的原理——这个勇敢的乘客,其起点行为是玩模拟飞行游戏,终点行为是驾驶真实的飞机,从模拟环境渐变为真实的驾驶舱环境。只是从玩模拟游戏一下子就到了驾驶真飞机,这中间的跨度太大。影片是虚构和夸大的,最终乘客成功地驾驶飞机降落,这在现实情境下其实是非常危险的。

案 例

妻子用恐怖片为夫练胆量①

重庆一女子结婚后发现丈夫胆小，连只蟑螂都不敢打。为了帮助丈夫练胆，妻子想出听鬼故事、看恐怖片的方法，刺激丈夫，希望其能变得胆大。她在网上、朋友那里，到处征集吓人的鬼故事，还在住家附近的影碟出租店办了年卡，专门租一些恐怖片回来看，特别是有关昆虫的电影。但丈夫说："故事还能听，电影根本就不敢看。"一个月后的一天，妻子说会在近期检验效果。晚上，丈夫回到家中，突然看见一个白衣女子飘过阳台，吓得晕了过去，清醒之后，才知道是妻子搞的鬼。从那之后，妻子还是会时而模拟恐怖片现场，买回一些恐怖道具考验丈夫。5个多月过去了，丈夫本以为自己的胆量大了，但有一次家里发现了一只蜘蛛，还是吓得不行。不仅如此，丈夫反而觉得越来越容易受惊。有时同事突然在背后拍他一下，他也害怕得不得了。丈夫对妻子的行为渐渐开始反感："她的方法一点用也没有，说了也不听，还是天天逼我看。"

三、渐隐的原则

（一）选择正确的目标刺激

渐隐的最终目标是要求个体对一个全新的刺激做出不变的反应，而这个刺激就是目标。

（二）选择适当的起始刺激

起始刺激是指能够诱发特定行为的刺激情境，并且起始刺激与目标刺激有一定程度上的相似度，但目前还不能直接过渡到目标刺激条件下，先从能够做出正确反应的起始刺激开始，逐渐过渡到最终的目标刺激情境下，行为保持不变。

（三）选择适当强化物

在特定的刺激情境下，当个体做出符合要求的行为时，应及时予以强化，因此选择正确的正强化物十分必要，以使该行为在特定的情境下得以表现出来。

（四）确定好渐隐步骤

从起始刺激开始向目标刺激过渡的过程中，也要将刺激设计为渐进的序

① 楼宝姝.妻子用恐怖片为夫练胆量 装鬼吓晕丈夫[EB/OL].(2007-11-29)[2017-07-25].http://www.zhxww.net/zhnews400/zh1/zh03/200711/20071129150225.htm.

列，并使相邻的两个刺激较为接近，这样才能顺利地从一种刺激情境转移到另一种刺激情境下。

（五）按正确步调前进

在实施渐隐策略的过程中，应该按照正确步调前进，既不要过快地前进到下一个刺激情境，也不应停留在一种刺激情境下。应采取小步子原则，根据个体行为水平，来设计步调的大小和变换刺激情境的时机。

专栏 11-1　渐隐的应用

武汉警方造“恐怖鬼屋”给警察练胆①

在实践中，武汉市公安局特警训练基地的教官了解到，一些新生代民警在夜间执行任务时，一遇到特殊环境就会产生紧张、害怕、注意力无法集中等恐惧心理。为此武汉民警心理极限拓展训练中心在一个废弃四合院精心布置了能模拟电闪雷鸣效果等的“鬼屋”，配有相应的道具、声光等专门的设备，从房屋外面看，墙皮脱落，墙面斑驳，窗户残破不堪，并以仿真骷髅、惨叫声、电闪雷鸣等营造出一种令人恐惧的氛围。

受训学员须从教官手里的三张图片中抽出一张，借手电光用 60 秒记住图片里的房间特征，然后独自进入这个院落，从 22 个房间中找到图中这间，然后在房内找出一个遥控器，按键后小院内特殊装置全部关闭，灯亮后训练结束。受训学员现场照片见图 11-1。

图 11-1　受训学员独自在“鬼屋”找目标

① 武汉警方造“恐怖鬼屋”给警察练胆[EB/OL].（2013-04-28）[2017-07-26]. http://news.163.com/13/0428/09/8THPA9OV0001124J.html#f=www.

受训者称难处是克服未知情境下的恐惧心理，并称进入套间恐惧感最强烈。

实践活动

观察社区中的父母如何教1岁左右的幼儿学习说话、学习走路，记录他们的言行和结果，分析父母所用到的行为策略。

思考题

1. 比较塑造与渐隐的异同点。

2. 阅读以下新闻报道，分析刘翔所说的“被强化”有什么不准确的地方，他不戴口罩外出的行为实际上符合行为矫正中的什么原理。

刘翔：不戴口罩因为“被强化”①

3月3日，全国两会即将召开，全国政协委员、跨栏运动员刘翔在抵达驻地酒店的第二天，一大早就利用上午的休息时间去国家体育总局训练了。尽管北京的天气突然从艳阳高照变得雾霭沉沉，可这丝毫没有影响刘翔的心情。

记者：现在青少年的体质严重下降，作为体育界的政协委员，你有没有关注到这个问题？

刘翔：我建议青少年还是要走出教室，因为现在的孩子参加课外运动的时间特别少。

记者：你的脚伤好点了吗？

刘翔：好多了，刚才去体育总局训练了。我希望自己能够再次回到跑道上。

记者：灰霾不会影响训练吗？

刘翔：我在室内训练（笑）。

记者：外出你会戴口罩吗？

刘翔：不戴口罩，我已经被强化了（大笑）。

---

① 薛江华. 刘翔：今年两会不请假　不戴口罩因为“被强化”[EB/OL]. (2014-03-04)[2017-07-27]. http://news.qq.com/a/20140304/019841.htm.

第十二章 链 锁

案 例

用链锁法教智障儿童学习系鞋带

一位启智学校的老师花了两年的时间，教重度智障儿童明亮学会了系鞋带。老师拿来一条绳子，先打个活结，再拿着他的手解开。

她说："明亮用右手提起右边的绳子。"他就提起来。"让绳子弯个腰。"他的手指弯不了，老师捏着他的手指弯。"明亮用左手提起左边的绳子。""再让绳子弯个腰。""互相交叉。""把右边的绳子往下转过左边的绳子。""然后系紧。"

这样的动作，一遍遍分解，手握着手教，当老师快要放弃时，有一天，他突然会了。他总是在关键时刻让她重拾信心，给她带来惊喜，再难再慢，总有柳暗花明的一天。①

一、链锁的概念

链锁法(chaining)就是通过对刺激-反应链(stimulus-response chain)进行强化而建立行为的训练方法。链锁法建立的目标行为通常是比较复杂的系列性行为。

例如儿童学习对话或学生学习外语对话，开始一句话都比较长，对于学习者来说较为复杂。教师将一句话分解为几个词或词组，然后分别进行示范，再教会学生连起来读。在军训时，教官训练学员按照军旅生活的规范叠被子，尽管平时都会，但此时每一步都有不同的要求，整个过程也有规定的顺序。在使用电器时，按照说明书的要求，一步步操作，如用烤箱制作糕点，即是链锁法的实例。训练幼儿特别是缺乏生活自理能力的智障儿童学习洗脸、穿衣等，也都是链锁法的具体应用。

① 钱利娜. 一个都不放弃[M]. 宁波：宁波出版社，2014：38.

案 例

习武中的行为链

金庸的武侠小说《笑傲江湖》中讲到，林平之习练辟邪剑谱后说，天下习武之人，只要见到这剑谱，就一定会忍不住试演，结果就会难以自拔，非从头至尾修习不可。①

金庸的武侠小说《侠客行》中讲到，石破天在观看刻有武功图谱的石壁时，发现有些笔画宛然便是一把长剑，顺着长剑的方向习练，无意中获得了神奇的武功。②

武侠故事中的武功套路都可以被分解为若干动作，实际上就是由许多的刺激-反应链构成的复杂行为。对于多数武功套路来说，顺向链锁是最常用的学习方法。学习者在武功秘籍或师父的指导下，按照套路的顺序，从第一个环节开始依次训练，并将前面的环节与所训练的环节联结起来，直到整个套路全部掌握，最终形成完整的行为链。林平之在得到“辟邪剑谱”后就是按照剑谱所描绘的行为链顺序，依次进行练习，最终自残并掌握了武功绝技。石破天在石洞里浏览蝌蚪文，由于他并不识字，不是按照常规方式观看，而是以图形的方式逐一去观看，就恰好迎合了这一绝世武功的要诀，自然地引发了体内丹田之气的运转。这个例子说明了刻在石壁上的武功秘籍打破了常规的呈现方式，越是武林高手越是陷入误区，而石破天却从另外的角度看到了隐藏的刺激-反应链，形成了行为链。

二、链锁的类型

链锁的类型可以分为整个任务呈现链锁、逆向链锁和顺向链锁三种，见图12-1。

（一）整个任务呈现链锁

如果所要训练的行为较简单，刺激-反应链较短时，可以先将各个环节教会，然后整体按顺序进行练习。如教儿童读新英文单词，教师先示范整个词的发音，然后分解为几个音节，逐个读出来，使学生清晰地听到，然后快速连在一起拼读。在汉语中，当遇到一个较长的新名词时，有时也需要用链锁法来示范

① 金庸.笑傲江湖[M].广州：广州出版社，2001：1249.

② 金庸.侠客行[M].广州：广州出版社，2001：537.

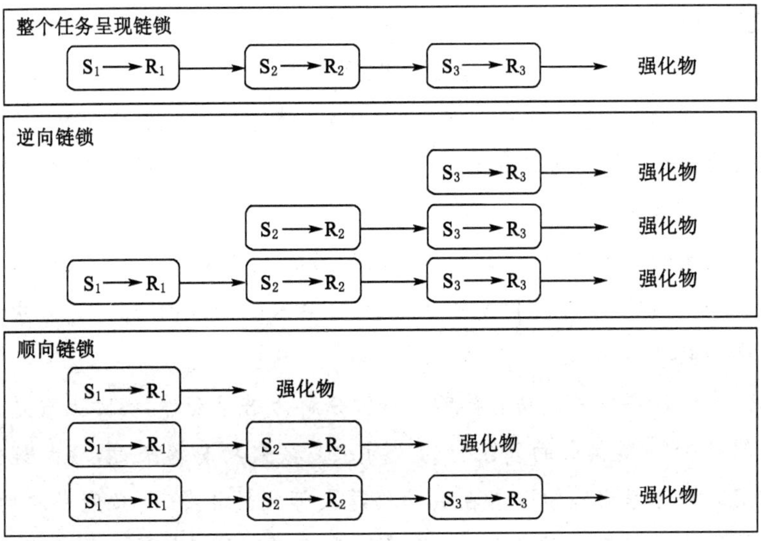

图 12-1　三种链锁法训练流程图

如何正确读出来，再快速地将这些字连接成为一个有意义的词或词组。

如指导中度智力障碍儿童认读“中国农业银行”，这个词包含了六个汉字，对于中度智力障碍儿童来说开始读起来还比较吃力。为了帮助学生正确读出这个词组，老师将其分解为“中国、农业、银行”三个双音节词，先分别教会学生认读中国、农业、银行，然后再连起来整体认读，整体认读时第一、二、三个双音节词要连在一起，这样就可以完整、准确地读出这个词组来。结合图 12-1 所示，当学生看到中国一词时(S_1)，就立即读出来(R_1)，完成了第一个行为链条；第一个链条的结束就成为引起第二个词认读的刺激，即农业(S_2)，学生立即读出来(R_2)，完成第二个链条；第二个链条的结束就成为引起第三个词认读的刺激，即银行(S_3)，学生立即读出来(R_3)，完成第三个链条。当这三个链条以较短的时间相继完成的时候，就形成一个完整的行为链(S-R 链)。此时，教师可以给予他喜欢的正强化物，以巩固该行为。

(二) 逆向链锁

逆向链锁是将整个 S-R 链的次序倒过来训练的一种训练方式，即先训练最后一步，接着再训练倒数第二步，并要求将之与倒数第一步联系，然后再练倒数第三步……如此训练到 S-R 链的开端。逆向链锁并不是要把行为倒着来，而是针对动作太多、链条太复杂的行为链，采取了训练者与学习者协作完成的方式，先由训练者将前面所有的步骤完成，留下最后也是最容易的一步，让学习者去完成，这样行为仍然是从前往后的一个完整的行为链。但是训练的目的是使学习者自己掌握这个行为链，训练者不能总是包办代替，因此，等学习者对最后一步熟练掌握后，训练者将行为链前面的动作完成，留下最后两步，让学习者在学习倒数第二步后，将最后两步连起来按顺序完成。

例如，教中度智力障碍儿童学习叠被子，可以将叠被子分为7步：① 摊开被子(里面朝上)；② 将身边的被子长边向中线折；③ 将另一条长边折到中线位置；④ 将左手方位的短边折到三分之一处；⑤ 将右手方位的短边折到三分之一处；⑥ 将被子从中间对折；⑦ 整理好边沿，放到床头处，如图12-2所示。教师先示范一遍，然后完成前六步，留最后一步由学生自己完成，即第六步“将被子从中间对折”的结束状态就成为第七步的刺激信号(S_7)，学生根据教师指导的动作完成第七步(R_7)，教师给予即时强化；等学生熟练掌握第七步后，再次学习叠被子，这次教师完成前五步，教给儿童第六步，留最后两步由学生自己完成，即第五步“将右手方位的短边折到三分之一处”的结束状态就成为第六步的刺激信号(S_6)，学生根据教师指导的动作完成第六步(R_6)，并将第六、七两步连起来完成，教师给予即时强化……依次逆向前进，直到最后所有步骤都学会了，教师再次要求学生练习叠被子，但这次教师并不做任何步骤，当学生看到被子散乱地摊在床上的状态时(S_1)，按照所学的动作完成第一步“摊开被子(里面朝上)”(R_1)；第一步的结束就成为第二步的刺激信号，然后学生按照正确的顺序

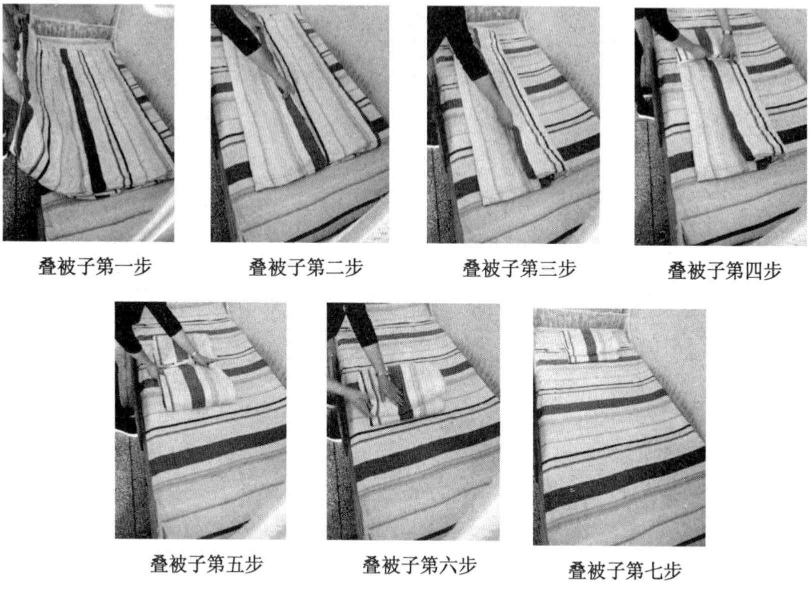

图12-2 叠被子步骤分解图

从第一步($S_1 \rightarrow R_1$)到第七步($S_7 \rightarrow R_7$)完成叠被子的所有步骤。教师对学生的叠被子行为给予较强的正强化物,以更好地维持该行为链。

（三）顺向链锁

顺向链锁是按照 S-R 链的顺序,从第一个环节开始依次训练,并将前面的环节与所训练的环节联结起来,直到整个 S-R 链全部掌握的链锁训练方式。例如学习广播体操,每一套广播体操都是由几节组成的,每一节又可以分成若干个动作,这样教练在教师生们学习广播体操时,总是先从第一节教起,而第一节又是从第一个动作到最后一个动作,在教每个动作时要逐个进行,但是在演练第一节时又要求将所有动作按顺序完整地呈现出来。之后,再依次教第二节、第三节……每当学习新的一节时,都要和前面学习的节连起来演练数遍直到熟练掌握。学习太极拳也是如此。

有的行为不适合用逆向连锁进行训练,就得用顺向连锁的方法来进行训练,如要教会幼儿正确的洗手方式,可以将洗手动作分解为 6 步:① 打开水龙头,双手伸到水龙头下冲水;② 拿起香皂在手心来回搓几下;③ 双手互相涂抹,把香皂沫涂抹在手心手背;④ 十指交叉在指根处涂抹香皂沫;⑤ 手伸到水龙头下冲洗干净;⑥ 关掉水龙头,用毛巾把手擦干,如图 12-3 所示。家长先示范一

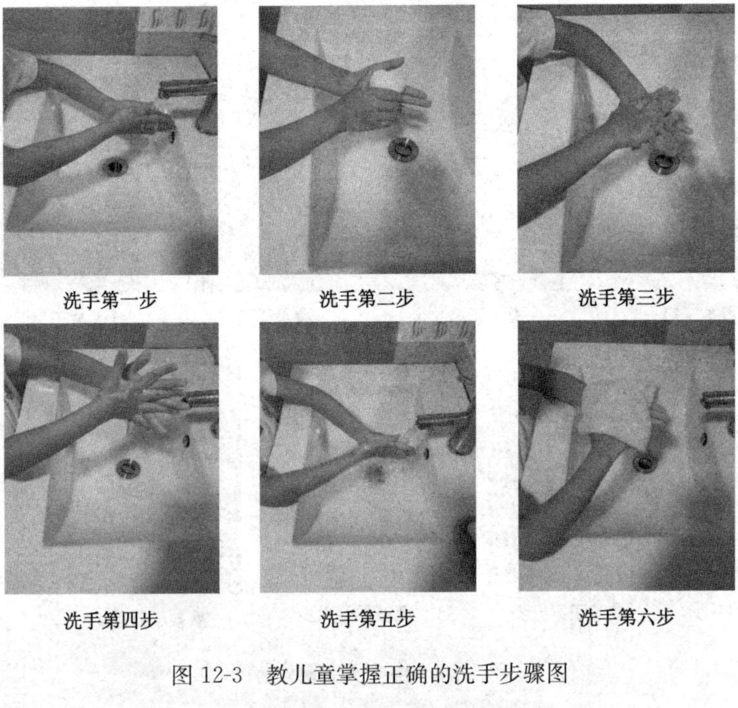

图 12-3　教儿童掌握正确的洗手步骤图

遍，然后先指导幼儿练习第一步，由幼儿自己完成，即水龙头流出水的状态就是第一步的刺激信号(S_1)，幼儿根据家长指导的动作完成第一步(R_1)，家长给予即时强化，如果后面的步骤暂时不能独自完成，家长可以帮助幼儿完成其余步骤；等幼儿熟练掌握第一步后，再次洗手时，教给幼儿第二步，即第一步“双手伸到水龙头下冲水”的结束状态就成为第二步的刺激信号(S_2)，幼儿接着尝试第二步(R_2)，并将第一、二两步连起来完成，家长给予即时强化，然后帮助幼儿继续完成其余步骤……依次向前进行，直到最后所有步骤都学会了，家长再次指导幼儿练习洗手，但这次家长不去直接帮助幼儿，幼儿按照正确的顺序从第一步($S_1 \rightarrow R_1$)到第六步($S_6 \rightarrow R_6$)独立完成洗手的所有步骤。家长对幼儿的独自洗手行为给予较强的正强化物，以更好地维持该行为链。

三、链锁法的误用

(一) 形成了不良反应链

人们在日常行为中，有时会无意中将两个小的行为联在一起，形成了一个行为链，而这个链锁往往是多余的。如在发言时，有人会带有特定的语气词，这些语气词以前偶然使用时，恰好得到了外部的强化(掌声、喝彩等)，结果不知不觉中就形成了每次开口之前都会先带出这个语气词的习惯。事实上这个词完全是不必要的，听众能很清楚地感知到，但是讲话者自己却察觉不出来。

(二) 对同一行为混用两种行为矫正方法导致的行为问题

为了加强行为矫正的效果，有时人们会用到分化策略，即强化某一种行为，同时对另一种行为进行消退，这样可以加快去除问题行为的进程。但是如果把两种不同的行为矫正方法同时用在一个行为上，就有可能导致新的问题发生。例如，一个儿童开始好奇去摸电视机的开关，本来是可以被忽略的行为，但是父亲看到了，就用批评制止了这个行为。看到父亲生气了，儿童就停止了触摸开关的动作。这时父亲又用了鼓励的方法，对其进行强化。反复几次后，就形成了一种行为怪圈，儿童见到父亲在场，就故意去摸碰电器开关，然后父亲批评他，儿童收手并到父亲那里求得表扬和奖励。下次，这个行为链又会循环出现。这里，父亲既用了轻微惩罚的方法，又用了正强化法，结果不仅没有消除儿童的故意行为，反而使其更加频繁地表现这个行为来引起家长的注意，并最终得到强化物。

(三) 链锁的节奏不当

人们日常生活中的很多行为都是由若干个行为组成的复杂行为链，这样在各个行为转接的时候如果节奏不当，就会带来一些问题。例如有的儿童吃饭很快，狼吞虎咽地一下子吃完，长期这样会影响消化功能。从行为链的角度看，他们的前后行为之间的过渡或停留的时间不足，导致一个进食行为紧接着另一个进食行为，几乎不停顿。有的人在说话时词与词之间停顿时间过长，有时就出现反复说同一字，导致口吃，这也属于应用链锁法时的节奏不当造成的。

（四）顺序颠倒

尽管链锁法有逆向训练的策略，但这并不是要求将行为链倒置，从后向前反着进行训练。如果在行为训练中忽视了正确顺序的强化，有的儿童就会出现在穿鞋时将左右鞋穿反，如按照指令是先穿左脚的鞋，再穿右脚的鞋，但是在行动时，却倒着来，把右脚的鞋穿在左脚上……教师在讲解英文单词时，将比较长的单词拆分成为几个音节，教学生逐个读，然后再练整体读，有的学生在课堂上故意捣乱，将顺序颠倒而发出怪音来，引起其他学生大笑，影响了课堂教学。因此，在使用链锁法时，要突出强化行为链上每个具体行为的顺序性，避免出现颠倒情况。

（五）未把握链锁中的关键步骤

在生活自理能力训练方面，链锁法是有独特作用的，但是如果家长或教师在训练时，没说明关键步骤，儿童只是形式上学会了做某件事情，但却带来了混乱或新的问题。如在洗澡时，只教了洗澡的步骤，结果小孩子在放水时没有调试水温被烫。有小孩想学做家务，但是等他洗完碗后，家长更头疼，碗是洗干净了，但是周围地上到处都洒的是水，还得重新打扫。小孩子折纸飞机玩，很开心，但是扔了一地的纸飞机，玩完后也没有收拾。这些问题的产生，都是因为在链锁法训练中，没有及时把握住几个关键步骤。因此链锁法并不是简单地过电影，而是每个环节都要紧密相连，做得好要及时用强化物来确保行为巩固。

四、链锁法的应用原则

（一）任务分析，确定行为系列

行为链究竟由几个步骤组成，这不仅要考虑行为链的复杂程度，还需要结合学习者的特点来确定。对于低年龄的幼儿或者智力水平较低存在发展性障碍的儿童，需要将行为链分得更细致一些，而对于有一定基础的成人和某种技能领域的熟练者，行为链可以分得略微粗糙些，步骤可以少一些。但不管怎么分，正确的顺序是必须确保的。将行为分解为行为系列后，训练者就可以按照合适的链锁法进行训练。

（二）示范整个链锁

在进行链锁行为的学习前，训练者要对学习者完整地展示整个链锁的过程，使其了解全貌，避免因为逐个行为学习而导致无法将所有行为贯连起来的问题。

（三）选择具体的策略

在确定行为链后，具体采用整个任务呈现链锁、顺向链锁还是逆向链锁，要根据任务的特点、难度以及学习者的实际情况而定，对于相对简单而且在自然应用中也不能拆分的行为链，适宜用整个任务呈现法；对于行为链较长，且只能从前往后进行的行为链，可以选用顺向链锁法；对于任务难度大，需要训练者帮助的行为链，可以选用逆向链锁法。

（四）以正确的次序进行

行为链中的每个行为先后的次序是不变的，并不因为要拆分或逆向进行训练而需要将行为倒着来，也不能越过某个环节。总之，要确保演示、练习、应用中，行为链内的各个行为发生的次序不变。

（五）充分强化

在每个小的训练环节，都要及时给予强化，确保学习者的行为得到巩固。当整个行为链完整地表现出来时，则应给予较大的正强化物来进行激励。

（六）尽快减少每一步的帮助

通过行为链训练儿童的行为，最终目的是要使儿童在没有辅助措施的情况下，独自能够完成复杂行为的表现，因此，开始可以多一些帮助。例如逆向链锁法，在开始时训练者可以多完成一些步骤，以降低任务难度，但是等学习者掌握行为以后，训练者就要逐步退出，主要用指导语给予提示和指导，而不再代替学习者的行为。最终，行为能够内化到个体自发进行，这些外部的指导语的应用也可以降低到最低限度。

实践活动

1. 请用若干张图片展示如何操作火车票自动售票机，并配文字加以说明。

2. 查找生活中的链锁法应用，如从菜谱中找某道菜的炒制过程，某电器的快速安装指南，电脑维护的步骤等。

思考题

1. 举例说明正向链锁法与逆向链锁法的各自特点。

2. 分析链锁法有何优点。

3. 用链锁法对图中示意的灭火器操作流程进行说明,并指出如何正确按照分解步骤进行操作。

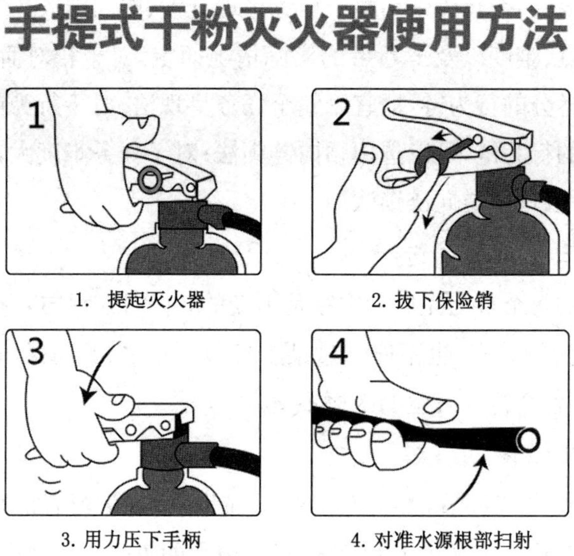

第十三章 代 币 制

案 例

鲁迅的奖章

鲁迅在矿路学堂时曾获得学校颁发的金质奖章。矿路学堂每次考试，都是有奖章的。国文每周考一次。其他课程每月考一次。并且规定：每次考试的优胜者，发给三等银质奖章一枚；每四枚三等的银质奖章，可换一枚二等的银质奖章；几个二等的银质奖章，可换一枚头等的银质奖章；几个头等的银质奖章，才可换一枚金质奖章。鲁迅得了金质奖章以后，把金质奖章拿去卖了，卖得的钱拿去买书。他在南京城南的旧书铺，花了五百文买了本赫胥黎的《天演论》。读了这本书，他比较系统地接受了进化论，对之后的思想发展起了重要作用。

一、代币的概念

（一）条件强化物

条件强化物（conditioned reinforcer）是指一个刺激本身不具有强化作用，通过和一个强化刺激相联系才获得强化力量的，这个刺激就称为条件强化物。

（二）代币与代币制

代币（token）是指任何可以积累起来交换其他原级强化物的次级强化物。而运用代币作为正强化物的行为矫正程序叫作代币制。

（三）逆向强化物

逆向强化物（backup reinforcer）是指存在于代币背后，支持代币的强化物。当行为者获得一定代币后，按照逆向强化物与代币的兑换比例，来换取相应的逆向强化物，使代币的价值得到维持。

代币制的实施分为两个环节：首先，当个体表现良好行为时，行为管理者要及时给予其相应的代币作为即时的正强化物，使行为者的行为得到正强化，同时也符合良好行为需要及时强化来维持的基本要求；其次，当个体积攒了一定量的代币后，行为管理者提供相应的逆向强化物，按照约定的逆向强化物与代币的兑换比例，给予行为者所需要的正强化物，并收回相应数量的代币，这就相当于对行为者的第二次强化，同时还起到维持代币价值的作用。因此，在代币制的实施过程中，逆向强化物是不可缺少的。以鲁迅的奖章为例，各等级的奖章都属于代币性质，同时高一级的奖章都是对较低一级奖章的逆向强化物，把金质奖章换成流通货币并最终兑换为一本有意义的著作，就完成了代币的全程。而读这部著作，使鲁迅的思想得到进一步的升华，为其指引了未来发展之路，可见代币的效果是十分强大的。

二、代币的种类

如果某种刺激物本身不具有强化性质，但在其背后有实际的强化物支持，就可以成为条件强化物。同时这种条件强化物如果还能够计数、可以累积一定的数量，就可以作为代币使用。因此代币没有固定的形式，其形式可以根据实际需要灵活变化。

案　例

玄铁令的代币功能

在金庸的武侠小说《侠客行》中，讲到江湖豪客谢烟客自制了三枚玄铁令，正面印着“玄铁之令，有求必应”字样，背面印着“摩天崖谢烟客”的标记。之后他将玄铁令分别赠送给三位当年对谢烟客有恩的朋友，说道只需持此令来，亲手交在谢烟客手中，便可令其做一件事，不论如何艰难凶险，谢烟客必将代他做到。①

玄铁令本身并没有价值，但是由于谢烟客在上面刻上了字，并许诺以后持有人凭此令牌，可以要求他做任何艰难凶险的事情，这就使得玄铁令成为条件强化物，再加之玄铁令发行的数量极少，价值就更高了。江湖人士纷纷想抢到最后一枚玄铁令，以便能让谢烟客为他们出头。玄铁令完全具备了代币的特征，将玄铁令赠送给恩人，这是对助人者行为的正强化，但是玄铁令只有交给谢烟客才能发挥它的作用，这就相当于用代币来换取逆向强化物，实现第二次强化。而故事里讲的江湖人士为了不劳而获，纷纷来争抢玄铁令，恰好反映了代币如果使用不当，就会破坏原有的制度体系的问题。

① 金庸.侠客行[M].广州:广州出版社,2001:29.

（一）特别的图章

教师可以准备一些印有各种图案的图章，在学生表现出良好行为后，及时给其盖上图章。这对低年级的学生很有吸引力。

（二）特定形状的塑料片

一些工厂在制作产品时裁剪掉的下脚料，往往有各种规则的形状，大量收集这样的塑料片，就可以充当代币。

（三）小星星

给每个学生准备一个本子，当有好的行为表现时，及时在学生的本子上贴上或画上小星星。

（四）点数

以类似计票的方式在每个学生的名字后做标记，每出现一个符合要求的行为就做一个记号，累计一定的量后换取其他奖品。

（五）银行练功券

银行为了训练员工的点钞技能，通常使用练功券来练习。这是一种按照纸币大小、在表面印有简单图案的纸张。由于练功券是银行专用的，一般不能在外使用，但是银行工作人员使用一段时间后，纸张有一定磨损而需要更换，这样家长或教师就可以收集这样的练功券，作为代币使用。用练功券还可以起到防止教育对象伪造代币的作用。

（六）积分卡

许多商家采用电子积分卡，给顾客的消费予以积分奖励，然后再提供各种实物，允许有一定积分的顾客直接换取。学校老师可以用小卡片作为积分卡，登记积分获得与使用情况。

（七）特殊标记的卡片

类似扑克牌的各种卡片或印有各种图案的火花等，都可以作为代币的凭证。

三、代币制的优点

作为一种综合使用正强化等行为矫正技术的方法，代币的适用范围广，可以根据多个对象、多种行为、多个情境等因素设计通用的代币，既可以针对个体的单一或多个行为进行训练，也可以针对小组或群体的单一或多个行为进行训练，还可以应用于不同的场合、时间等情境下。在学校里，教师可以针对一个班级或小组采用代币制管理其多方面的行为；在家中，家长可以对多子女采取代币制来管理其学习行为或做家务的行为；企业或商家针对消费者采用会员制，实行积分奖励，也是用代币来促进消费者的购买行为。可见，代币制有很多优点，能够有效地管理行为。

专栏 13-1　多重基线实验设计

应用代币法的多基线实验设计①

多重基线设计是指在同一行为矫正方案中，同时建立和测量两项或两项以上的行为基线。这些行为基线可以针对不同对象的同一行为，或针对同一对象的不同行为，或针对同一对象的不同条件（如时间段、地点、情境等）来设计，先共同进入基线期，然后逐次进入干预期，最后可以通过比较不同基线条件下，研究对象的行为变化情况，来检验行为矫正的干预效果。

以图 13-1 为例，假如要针对三个研究对象上课举手的行为进行干预，则应先确定好目标行为，然后同时进入基线期，即客观观察、记录三个对象在课堂上举手发言的行为发生频率。

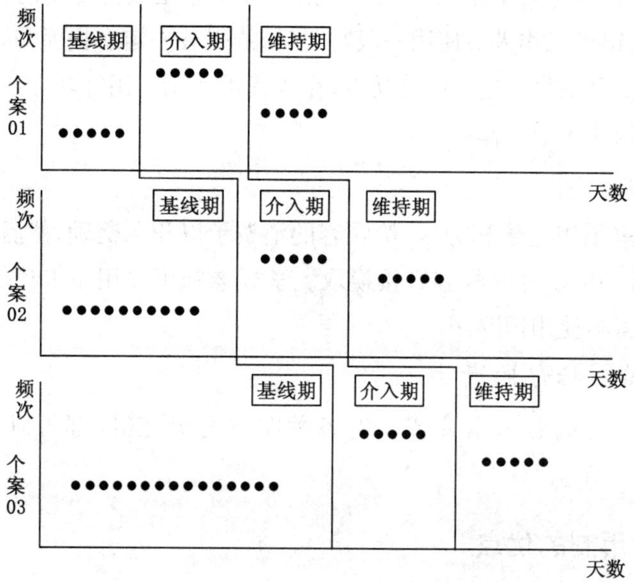

图 13-1　多重对象实验设计的计划安排

① 王辉. 行为改变技术[M]. 南京：南京大学出版社，2006：124.

基线期持续5天后，第一个研究对象进入介入期，教师采用对其举手发言的行为给予代币奖励，而对其他两个研究对象不加干预；待第一个研究对象的行为得到强化，达到预定的目标时，将转入维持期，即不再对其举手发言的行为给予代币奖励，而对第二个研究对象的举手发言行为开始采取代币奖励的方式，对第三个研究对象仍然不加干预；待第二个研究对象的行为得到强化，且达到预期目标时，则进入维持期，不再对其举手发言行为给予代币奖励，而第三个研究对象则进入介入期，只要其举手发言就给予代币奖励。通过比较三个研究对象在不同阶段的行为变化，避免了由于外界因素干扰导致的行为变化，可以证明研究者所采用的干预方式的确是有效的。

（一）代币可以确保强化的及时性

代币的发放不受条件的限制，可以做到及时强化。及时强化是正强化的基本要求之一。按照正强化的形成规律，只有当行为者的行为之后立即得到令其满意的结果，才会起到强化的作用。而拖延之后才得到正强化物的强化作用已经大打折扣，特别是一些个体的行为还会因没得到即时强化而消退。但是在现实环境下，发放正强化物有时会有一些制约条件，例如在学校课堂上，对学生表现好的行为用食物进行奖励，就可能造成一时的混乱，而如果不即刻给予强化物，似乎又与及时强化的原则不符。针对类似情况，行为管理者对行为者先发放代币对其行为进行强化，这既符合强化的及时性原则，又不会影响正在进行的活动。

（二）代币可避免饱厌现象

代币可避免由原级强化物所引起的饱厌现象。饱厌是由于单一强化重复过多，导致强化效果下降甚至无效的现象。不同个体对强化物的需求有差异，即便是原本喜欢的强化物也会因为容易得到满足而失去强化效果。而代币的策略是先用发放适当的代币对行为进行及时强化，之后在合适的条件下提供兑换的机会，使行为者可以自主选择喜爱的强化物，这样同一类代币可以换取的强化物却是不同的。这样就保持了强化物的吸引力，避免饱厌现象，进而也有助于维持行为。

（三）代币可以体现行为管理的公平性

行为管理中最容易出现的问题是行为管理者以权力而不是制度来进行管

理，这就会导致行为者的不满或抵触情绪。而建立代币体系实际上相当于双方签订了一个契约，一方面行为者要努力表现出符合要求的行为来，另一方面行为管理者要对良好行为进行强化，代币起到中介桥梁的作用。对于行为者来说，获得代币意味着对自己行为进步的肯定，而且代币以不同形态出现并能积累一定数量，可以帮助行为者明确地看到自己的进步；而对于行为管理者来说，一旦确立了代币制度，就不会因行为管理者的情绪等因素而变化，体现了行为管理的公平性。代币的使用也可以有效地控制行为管理者的行为，避免其因对行为者的偏好、未对好行为进行关注等外在因素而影响代币的发放。

（四）代币提供了温和惩罚的策略

代币因其数量可以增减的特性，而可以用于惩罚不良行为。即按照代币制的规则，对符合要求的行为给予代币强化；而对于不符合要求的行为，则扣减相应的代币作为惩罚。这种惩罚方式一是体现了公平性，二是相对比较温和，容易为被矫正者所接受，从而避免了因为受到惩罚而导致行为者的情绪问题。消极的惩罚不利于行为者改善行为，而采用代币来调控行为，当行为者出现问题行为时，给予相应的惩罚，总体上是温和的，有利于行为的改善。

（五）代币可作为教学工具

代币本身可作为教学工具和学生自我管理的工具。对于低年龄的儿童或智力障碍的学生来说，可以通过代币来建立数概念、掌握简单的四则运算；对于年龄较大或接受中等教育以上的学生来说，代币可以帮助他们建立储蓄观念，通过代币的获取、积攒、兑换等流程，对其今后走入社会进一步掌握储蓄、理财、经营与管理方面的技巧起到了一定的基础训练的作用。

案　例

模范教师用代币教中度智障儿童认数

2007年广东顺德启智学校教师申承林获得了全国模范教师荣誉称号，他的模范事迹中就有灵活使用代币法训练智障儿童建立数概念的事例。申承林在最初的教学中，经常会遇到这样的难题：教会了学生读“2”，但告诉他们去给老师拿2个苹果时，中度智障学生却如堕云雾不知如何办。通过观察他了解到学生们喜欢得到奖励，于是他就用小瓶盖作为代币，告诉全班学生表现好就可以得到代币，如每次主动打扫卫生就奖励1个代币。之后，在安排游戏活动时，他就告诉学生，要给老师2个代币才能玩！有的同学给1个，给3个，那就不能玩游戏，直到给对了2个，才有玩游戏的机会。经过这样反复训练，这些智力障碍程度较重的学生们终于理解了数字“2”的含义，当再告诉他们去拿“2”个苹果时，他们很自然就能听懂并且做到了。

四、代币制的应用

（一）代币制的建立

在现实生活中，代币制在许多领域得到了应用。例如商家为了吸引顾客而推出的会员制、积分制，都是采用积分的方式作为奖励的。到一定时间或积累一定的积分，可以兑换为相应的奖品，这样就吸引了部分顾客持续在该商家消费。在家庭中，为了鼓励小孩子学做家务，家长采取代币制，对孩子完成的家务劳动给予代币奖励，到一定量后换取他所希望得到奖励。此外，在学校里为了调动学生们的学习积极性，或积极参与社会服务，或提高道德水平等，可以采取不同的荣誉制度，对每个具体的好人好事先以小红花或印章或小红旗作为奖励，达到一定数量可以得到更高一级的奖励，依次类推，直到获取最高级别的奖励，如三好学生、优秀毕业生等。

案 例

凭票看电视

蒲城发电有限公司职工穆先生决心要改一改小学三年级女儿苗苗爱看电视的习惯。他采取了“凭票看电视”的措施。家长一周给孩子 7 张票，每张票设定 20～30 分钟不等的时间。孩子想看电视，就要用票“换”，看电视的时间就是票面上所注明的时间。每周日晚给孩子发下一周的 7 张票，孩子可以按照自己的时间自主安排，可以一次性全部使用完，也可以逐日使用，但不能预支，一周内只有 7 张票。经过训练，现在苗苗周一到周五一般不看电视，把票都攒到周末看。平时，孩子要觉得有啥好节目了，会提出要求说看 20 分钟，交票后，还让他帮着计时，时间到了就去做功课。有了电视票后，穆先生发现女儿做作业时，踏实专心了许多，不像以前那么急躁、不认真了，没有像以前那样因为看电视时间太长，为赶作业到深夜的情况了。①

① 刘兢.家长教育孩子签“协议”:1 周 7 张票 凭票看电视[N].华商报，2007-09-28.

1. 明确目标行为

在使用代币制之前，首先要确定目标行为。不论是对个体还是对群体，代币制都可以针对一个或多个行为进行管理，这就需要明确要求，避免由于行为过多而导致混淆。如果是学习者已经具备的行为，只是希望通过代币制加以巩固，则可以同时列出要求做到的行为及其具体描述，便于教育者与学习者核对。而如果有部分目标行为，在训练初期学习者还不具备，则要分步骤，先对已建立的行为用代币进行维持，然后再逐步引入新的行为。

2. 确定代币

在代币制的实施中，确定代币是非常重要的步骤。代币是一种可以积累起来的次级强化物，为了便于实际操作，所确定的代币需要进行精心设计。首先代币必须是马上可以利用的实物或象征性的符号，在个体行为发生时很容易拿到。其次，选用的代币要适合被训练者的特点。对于幼儿或智障儿童可以使用具体的物品作为代币，如发小红旗、小红花、盖卡通图章等；而对于成人则可以用积分等较为抽象的符号。选用实物作为代币要注意其应该具有安全性、轻便、价值较低、便于保存等特点，一方面确保安全、卫生，另一方面则便于获取。最后，代币应由教育者来控制，且代币只能在设计好的交换系统中使用，不具备其他实用功能，不可与别的物体相混淆。一般情况下，流通中的纸币并不适合作为代币，就是因为纸币可以在其他系统中进行交换，从而流出设计好的代币系统。

3. 确定特定行为可以获取代币的数量要求

要明确某一特定行为可以获得代币的数量，或者换取单位代币需要累积的特定行为数量。这样便于学习者清楚地了解自己行为进步的程度，也可以按照教育者的期望不断改善行为，增加符合要求的行为而减少不符合要求的行为。如果同时有多个目标行为，对于这些行为应根据其重要性、难易程度来对其价值进行确定，越难、越重要的行为需要付出更多努力，因此其价值也会更高，获得代币的数量也会越多。结合间歇强化的策略，在不同阶段还可以调整行为换取代币的比值，当然总的趋势是递增式的。在训练的初期，可以将行为与代币的比值定得较低些，如每当合适的行为发生就可以得到一个代币，而后逐渐提高要求，在后期则要求用更多的行为来换取同等的代币，如递增为合适的行为发生 10 次，才可以获得 1 个代币。为了吸引常旅客优先选择本公司航班，各个航空公司纷纷推出了飞行里程累积积分计划，并按照每次实际飞行里程乘以一定系数，使不同舱位的常旅客得到不同价值的积分，从而增进了这部分常旅客的忠诚度，留住了更多的常旅客和争取到更多新的旅客成为会员。表13-1为某航空公司会员乘坐飞机累积里程积分标准表。

表13-1　　某航空公司会员乘坐飞机累积里程积分标准表

等级	舱位	消费积分		升级积分（标准里程×累积率）	升级次数
		基础积分（标准里程×累积率）	舱位奖励积分（标准里程×累积率）		
头等舱	F/P(国际、地区)	100%	200%	300%	2.0
	P(国内)	100%	25%	125%	1.0
公务舱	J	100%	150%	250%	1.5
	C/D/I	100%	100%	200%	1.5
经济舱	Y	100%	25%	125%	1.0
	B/M/E/H	100%	—	100%	1.0
	K/L/N/R/S/V	50%	—	50%	1.0
	T/G/Z/Q	30%	—	30%	1.0
不可累积舱位	A/O/X	0			

4. 确定逆向强化物

代币是人为制定的，代币本身不具有强化作用，使其具有真正的强化效力的是其背后的逆向强化物。逆向强化物就是各种可以满足学习者需要的原级强化物，能够对代币起到支持作用。逆向强化物使本来没有强化作用的代币具有了强化作用，并且能克服饱厌现象。因此选择合适的逆向强化物来增强代币对学习者的吸引力是十分必要的。

为了维持和增强代币制的效力，要适当多选用一些实物作为逆向强化物，并且要注意选用对群体内所有学习者都有效的强化物。例如选用的强化物有明显的性别偏好特性，则只能使部分学习者感兴趣。商家为了吸引客户保持忠诚度，在其消费的同时给予一定的积分奖励，然后又准备了丰富的奖励物，按照其价值给予不等的分值，拥有足够积分的客户就可以用积分来兑换心仪的奖励物，从而使客户得到再次强化，并愿意继续在该商家消费，见表13-2。

表 13-2　　某信用卡积分商城可兑换奖品及所需积分示例

奖励物大类	奖励物示例	兑换奖励物积分
手机通信	充电宝	36 000
影像数码	录音笔	47 200
家居百货	毛巾	7 600
家用电器	榨汁机	79 600
美容护理	剃须刀	59 600
时尚配饰	手表	38 000
旅游度假	某公园门票	24 000
汽车用品	手提灭火器	19 600
本地生活	某餐馆优惠券	5 800
……	……	……

5. 确定用代币兑换逆向强化物的比值

逆向强化物必须以获得的代币来兑换，相当于给每个逆向强化物制定单独的价格。总的原则是本身价值高的逆向强化物需要用更多的代币来换取，而本身价值低的逆向强化物兑换时所需要的代币数量要少一些。丰富的、价值阶梯式分布的逆向强化物可以避免学习者的饱厌，并且可以满足不同人的需要。

为了明确代币的获取标准和逆向强化物的兑换标准，可以制定两个单独的兑换表，作为对行为进行强化、对代币进行兑换的依据。如表 13-3、表 13-4分别展示了在家庭中对子女进行行为管理以及儿童自我行为管理的代币兑换表示例。

表 13-3　　家庭中对子女进行行为管理的代币奖励表

每天应该做的行为	得分	可以换取的强化物	价值
打扫房间	3	看动画片	1
擦自行车	2	买自己喜欢的书	2
按时睡觉	1	看电影	5
倒垃圾	2	郊游	20

表 13-4　　儿童在家中自我行为管理的代币兑换表

序号	我应该做的行为	我可以得到的分数	我希望得到的奖励物	需要兑换的分数
1	每天整理房间	2	看电视	1
2	收拾餐桌	1	玩电脑游戏	3
3	按时完成作业	2	周末去公园	6
4	倒垃圾	1	请同学来家中做客	8
5	自己洗衣服	3	买自己喜欢的玩具	12
6	按时作息	1	周末骑车出去玩	4
7	每天写日记	1	买新的运动衣	25
8	每天锻炼身体	1	放假时去外地旅行	100

航空公司对常旅客累积的积分，实行升舱或奖励机票方式加以兑换，会员也可以在其网上商城兑换价值不等的商品，见表 13-5。

表 13-5　　某航空公司国内航线奖励机票兑换标准表(单位:千米)

航程距离（公里）	经济舱		公务舱		头等舱	
	单程	往返	单程	往返	单程	往返
(A1)0～800	8 000	15 000	15 000	27 000	20 000	30 000
(A2)801～1 200	12 000	22 000	21 000	35 000	25 000	37 000
(A3)1 201～2 000	15 000	26 000	26 000	45 000	30 000	48 000
(A4)2 000 以上	20 000	36 000	34 000	62 000	40 000	65 000

6. 制定代币兑换逆向强化物的规则

由于学习者的认知和理解水平会影响到代币的强化效果，因此教育者要根据被训练者的年龄、智力水平来确定代币兑换逆向强化物交换的规则，包括兑换的时间和地点等。对于年龄较小的儿童和特殊儿童，要及时进行代币的兑换，当天兑换比较好，一般在中午或下午教学结束后进行。对于年龄较大的儿童则可以安排数天或一周兑换一次。兑换的地点也应该是相对固定的地方，如教师的办公室或在综合教室内设置一个专门的兑换台。

(二) 代币制的实施

1. 明确各方职责

代币制的实施需要一个相互配合的人际环境。在学校里，需要对班主任、任课教师、生活教师等进行培训或告知；而在家庭里则要让全家人保持一致的态度，使相关人员都能正确遵守代币的管理程序。对于从学生中选取的班级干部或教师助手，要进行培训使他们清楚自己的职责和维持代币制运行中的秩序。

2. 使学习者了解代币的规则

对于学习者来说，教育者要在实施代币制前，给予明确的指导语，使学习者了解自己的行为与获取代币之间的关系，以及拥有的代币能够兑换到的逆向强化物，让他们了解符合要求的行为可以获取代币，而不符合要求的行为将被扣除相应的代币。

3. 公布目标行为、代币与逆向强化物之间的兑换表

为了明确行为与代币之间的关系、代币与逆向强化物之间的关系，并对学习者进行契约精神的培养，教育者可以把代币的获取和消费制定成两张表，或者将两张表格合并在一起，与学习者签订关于代币制的契约，使学习者清楚地了解什么行为是可以得到代币奖励的，以及可以得到的代币数量，而什么行为会导致扣除代币及扣除的数量；知道自己可以用手中的代币兑换自己喜欢的逆向强化物，学会参考逆向强化物不同的价值来做出决策兑换什么及换多少等。而这样的契约也可以提醒教育者要按照规则对学习者的行为进行适当的反馈。

4. 用强化法来维持代币的效能

在代币制训练开始后，学习者只有表现符合要求的行为，才能得到代币，而且他们也只有通过自己的努力获得代币，才能消费代币，来换取自己需要的逆向强化物。要杜绝学习者从其他途径得到代币及强化物的机会。这就使学习者处于一种相对的剥夺状态，从而可以增强逆向强化物的吸引力和强化作用。当然，在行为训练中也要注意，不能剥夺学习者的营养、舒适、安全的物理环境以及适当的休闲活动和自由活动。代币制中使用的强化物必须要超出学习者的基本需要，才能在遵守伦理道德的前提下使代币制发挥最佳的行为激励作用。

5. 严格执行操作程序

在代币制的实施过程中，教育者要观察、监督学习者的行为，当良好的行为出现时，及时发放代币；而当问题行为出现时，及时扣除代币。还要监督学习者遵守兑换逆向强化物的规则，确保代币的流通。在发放代币和逆向强化物时还

要结合社会强化物，如口头表扬、微笑、抚摸等。另外，教育者要信守承诺，保证学习者能按照之前的约定得到奖赏和顺畅地兑现；否则会影响学习者对教育者的信任感和参与代币制的积极性。

6. 及时更新逆向强化物

在实施代币制的过程中，要随时观察学习者对逆向强化物的喜欢程度，如果某种逆向强化物对学生的满足感降低或不再具备强化作用时，教育者要及时更换这种逆向强化物。教育者也可按照一定周期对逆向强化物进行批量更新，使备用的逆向强化物中总有学习者喜欢的、且能满足不同学习者需求的奖品。

7. 将期望行为迁移到自然情境中

实施代币制的目的不只是让学习者在训练阶段才表现出期望的行为，而是要让良好的行为能在自然的情境中也能适当地出现，因此要在实施中逐步用社会性强化物取代代币。在行为训练取得一定效果后，要采取逐渐退出的策略，使代币制自然得以消除，而学习者的行为仍然能够保持良好的表现。

在代币制彻底结束后，要进入追踪阶段，继续对学习者的行为进行观察，确保期望的目标行为能够得以巩固。如果良好行为的出现率发生倒退则需要及时采取其他行为矫正措施来进行干预，当问题行为累积到一定程度，再要消除难度就增大许多。

（三）代币的误用

代币制可以给行为者两次强化的机会，一次是得到代币，第二次是用代币兑换所需要的奖励物。但是如果应用不当，也会导致问题。类似于货币在使用中由于通货膨胀而贬值，纸币就成了废纸一样，代币如果不能兑换到合适的奖励物，其强化效果也就大大下降。

1. 将代币流通出内部群体之外

代币通常是在某个特定的群体中使用，如在班级、家庭或公司的会员等内部群体使用，如果流通于外部，就失去了强化的效果。因此简单地将流通中的纸币作为代币效果不好，原因是一方面纸币的来源很多，不一定非得是因表现好而得到的正强化物，也可以通过其他途径获取；另一方面，纸币可以到市场上换取其他商品，这就流通于内部群体之外，也会影响代币制的运行。

2. 各种混乱导致代币制难以实施

案 例

《家有儿女》中失败的家务卡[①]

电视剧《家有儿女——给家里打工》中，母亲刘梅抱怨三个孩子又要零花钱，还不愿意做家务，只能另请钟点工。父亲夏东海想出了用家务卡来督促三个孩子做家务的办法，规定谁每干一件家务活，就可以得到一张家务卡，然后凭卡来换取零花钱，一张家务卡换一元钱。姥姥负责管理发放家务卡。最初孩子们的积极性很高，争抢着做家务，但是越往后，没有实质的家务活可做，孩子们就开始做起无用的"家务活"。如一顿饭分两拨吃，抢着洗碗，等于干了两遍家务；一天就拖三遍地、洗好几次衣服；为了让姥姥看到自己在干活，把花盆搬到房间里浇水；机灵的孩子还学会了巴结姥姥以得到更多的卡。很快准备用一个月的600张家务卡就发完了，而且家务活的质量也越来越差。父亲发现后宣布多余的活一律没卡，要求姥姥发卡要有验收标准……听后，三个孩子顿时没了干活的积极性，举手之劳也没人帮忙了。很快新的问题又出现了，姥姥发现卡不够用了，就去印了几百张卡，小雪觉得这样就"通货膨胀"了，家务卡贬值了；小雨揭发刘星用卡从他手中换了不少钱……最终，家务卡制度被取消了。不过成长中的孩子们也认识到干家务并不是非得要发卡发钱才去做的。

刚开始使用代币的时候，要让学习者理解行为与代币之间、代币与逆向强化物之间的关系，这需要一个过程。往往由于学习者不能正确理解代币交换系统，不懂得代币制的某些原则，会出现混乱的情况；当然教育者在实施初期由于不熟悉规则或因受到干扰也可能造成混乱。对于这种情况，就需要采取正确的设计程序，对学习者进行清楚的解释，明确规则。

在实施代币制方案时，需要观察行为并做好记录，尤其是针对一个团体的行为采用代币制时，要及时发放代币，以及确定兑换的规则、时间和地点等。这就需要教育者付出大量时间和精力来做组织和准备工作。如果只有一名教师来做这些工作，会导致顾此失彼。这种情况下，教育者可以考虑发挥学习者的积极性，让他们参与管理，既可以缓解人手不足的问题，也可以锻炼学习者的能力。

---

① 具体内容可观看《家有儿女》第一部第48集《给家里打工》。

在实施代币制时，还可能出现破坏代币制的情况。如有的学习者行为没有达到要求，也就没有获得代币，而当看到别人可以获得代币时，也向教师索要代币。还有的情况下，当手中的代币数量不足以兑换特定的逆向强化物时，也有学习者以吵闹方式来要求兑换。这些都是破坏代币制的行为。因此，明确代币制的规则和严格执行是非常必要的，可以对试图破坏代币制的行为不予理睬，以消退这种行为。

代币丢失也容易引起混乱，代币丢失导致无法兑换逆向强化物，因而失去了第二次强化的机会，这样就又可能出现上述破坏代币制的情况。现实生活中，有人购买了彩票并且中奖，但是在兑换前把彩票弄丢了，导致无法兑现奖励，这就使得代币的作用下降。在这种情况下有的学习者会提出不合理的要求，教育者不宜简单地拒绝，而是鼓励他们进行思考和协商来解决问题，如通过记录本核实予以认可但扣减一定数量以提醒他们以后不要再轻易丢失。

3. 形成错误的代币

代币是教育者有目的地设置的次级强化物，能够起到对行为的支持作用，但是无意中也会形成错误的代币，而行为者往往不能察觉。如在正强化中提到有的儿童说自己喜欢挨打，实际上这个刺激背后有强化物的支撑，也是代币的一种隐蔽形式。

案 例

退役运动员为生活所迫出售奖牌①

据媒体报道，许多优秀运动员退役后却一事无成、穷困潦倒，甚至为治病或生计而谋划出售奖牌。

曾是马拉松项目国家级体育健将的阿萍，从 7 岁开始练女子中长跑和马拉松等项目。二十来岁时在国际马拉松比赛中获得亚军，但超强度的训练导致她脚趾伤残。阿萍脚受伤后 11 年无法行走，生活极度窘迫，治疗脚伤花光了父母的财产，她不得不想出出售奖牌的方法。在北京一骨科医院的病房内，阿萍将奖牌整齐地摆放在病床上。“我要将这 16 块奖牌卖掉，换点钱开个小餐馆维持生活。”阿萍还希望如果有那么一天挣够了钱，她会再把奖牌赎回来。

① 马拉松退役运动员卖奖牌谋生 盘点落魄体坛冠军[EB/OL].(2013-01-05)[2017-08-02]. http://roll.sohu.com/20130105/n362451270.shtml.

与队友阿萍同病相怜，阿梅的双脚也是严重畸形，退役后一直无法找到固定工作。一家三口租住在北京一个10多平方米的小屋里，仅靠她的300元工资和摆地摊的微薄收入生活。2007年4月7日阿梅在博客上宣布：变卖金牌以缓解家庭的困难，开价是金牌1 000元、银牌500元、铜牌300～500元。回到了老家的阿梅，终于算是过上了“知足”的生活。“我曾经摆过地摊，烧过锅炉，后来经历过创业失败，可以说我的人生经历很丰富很坎坷，我真的不愿意再回忆那些事情，眼下我已经回老家了，在黑龙江的依安县，我跟父母在一起。当时火车头体协给我安排的工作就在这儿，现在一个月有2 000元左右的收入，我很知足。”

1997年，阿华第一次参加全国高山滑雪锦标赛就获得了4枚金牌，被检查出患有重度糖尿病后她依然带病坚持训练，1998年又获得一块全国锦标赛的金牌，随后因病情加重告别了运动生涯。之后几年为了治病，阿华花光了家里的积蓄，并欠下十多万元的债务。家里父亲患脑血栓，母亲没有工作，哥哥也丧失劳动能力，一家人仅靠父亲的退休金、阿华的低保等微薄收入勉强维持生活。无奈的阿华忍痛卖掉了自己曾经获得的金牌，换取了3万多元的救命钱。

以上案例中，运动员获得奖牌是对其运动能力和拼搏精神的奖励，其精神鼓励意义远大于物质利益，但是由于退役后的生活艰难，不同的运动员不约而同地想到了卖掉奖牌来换取生活费、治疗费的主意。这实际上是把奖牌转变成了代币，而对金、银、铜牌标出不等的价格，更像是价值不等的代币。这实际上是把不符合代币特征的刺激物转化为了代币，是对代币的错误应用。

4. 盲目使用代币引发问题行为

代币制需要教育者有明确的规划，用什么刺激物做代币，如何交换逆向强化物，都要进行周密的设计。如果没有计划而是盲目地使用，则难免会引发各种问题行为。如在可以控制的场合下，偶尔少量地用纸币作为代币使用也还行得通。但是如果过度将现实中流通的钞票为代币使用，会误导儿童形成乱花零钱的行为习惯。

5. 用不正当手段获得代币

在学校中使用代币法对特定群体学生进行训练时，如果发生冒名用别人的代币、以交换方式从别人手里获得代币、哄骗或抢夺其他学生的代币等情况，则不仅不能促进学生的行为，反而会诱导学生更多的问题行为。对于这些通过不正当手段获取代币的行为，可以采取一些防范措施，如将个人所得到、使用过的代币数量进行记录，将不正当手段获得的代币充公，给不同的个体发放个性化的代币，要求每个人保管好自己的代币等。

6. 把代币当作玩具

在选取代币时，教育者有时只考虑了代币吸引人的一面，但是一些学生可能会对这些新奇的代币产生兴趣，而将其作为玩具来玩耍。这样一方面会分散其注意力，形成不良行为；另一方面也改变了代币的性质，影响代币的强化效果。针对可能出现的把代币当玩具的情况，教育者可以加强引导，在实施代币制的初期可以容忍这种行为，但要主动引导学生来认识代币的特征，如数量、颜色、形状、价值（兑换行为和逆向强化物）等。在运行一段时间后，如果还有个别学生存在这种行为，可以采取消退方式来减少这种行为，或设计一种存储机制，使学生在得到代币时存起来，在使用时再取出来。

实践活动

1. 请在网络上查找有关商家的积分制，分析其是否具有代币制的特征。

2. 以某个或一组中学生、小学生或幼儿为对象，设计一个符合实际需要的代币制度来改善其行为。

3. 观看电视剧《家有儿女——给家里打工》，对剧中用家务卡来督促孩子做家务的情节进行分析，总结代币法在实施中容易出现的混乱现象有哪些，应如何加以解决。

思考题

1. 阅读以下新闻报道，分析该企业老板如何误用了代币制。

一企业发年终奖：一杯酒 500 元喝多少给多少①

春节马上就要到了，金华市一家公司集体聚餐，发放年终奖，年会气氛不错，大家都吃得很尽兴。老板拿出一大摞现金放在桌子上，说："今年我们年终奖有新规则，就是喝多少酒，拿多少年终奖。男员工一杯白酒 500 元，一杯红酒

① 浙江一企业发年终奖：一杯酒 500 元喝多少给多少[EB/OL]. (2014-01-26)[2017-08-05]. http://www.chinadaily.com.cn/dfpd/2014—01/26/content_17259704.htm.

200元，一杯啤酒100元，女员工翻番。”

员工们开始排队喝酒，喝完酒直接拿钱。不少员工事后抱怨道：“辛辛苦苦干了一年，最后拿年终奖竟然靠酒量决定，这对于不会喝酒的人很不公平。有些人拿到上万元的年终奖，而有些人只有1 000多元，差距很大。”

员工们觉得公司的做法有点不人性，也不合理。有员工问老板为什么不按以往工作效益和工作时间来发放年终奖，老板说，公司主要从事销售业务，而酒量是决定销售量的重要因素。

2. 阅读以下新闻报道，分析该机构是如何误用了代币制的。

美容机构让顾客掏钱给员工投票　一票百元得票多优秀①

王女士常年在某美容美体连锁机构做美容，一天做完美容后服务员问对她的服务满意不，又问能不能给她投票，投一票需要100元钱。王女士碍于面子说可以。没想到服务员说要多投几票，钱会存到顾客会员卡里，并边哭边说这关系到她在公司里能否评优。王女士出于同情给了几百元，但对公司用评选的形式让员工去向顾客要钱感到心里很不舒服。

有员工介绍公司的评选活动：“就是让顾客给我们投票，一票100元钱，票数越多越优秀，得不到票的让顾客提意见，这种情况就很尴尬。”员工表示其实自己也不好意思向顾客开口要他们花钱投票，这让她们心里也很有压力。

公司总监说：“之前我们也多次征询过顾客对员工服务的评价，顾客基本上都会说‘挺好的’‘很满意’之类的话，但这到底是不是真的满意我们就不清楚了。所以我们就想到，让顾客花钱来投票。如果真的非常满意，就花100元投一票，或者花更多的钱投更多票。这比口头询问是否满意肯定准确得多，毕竟要出钱，顾客评价就更慎重。”同时她解释说，顾客投票所花的钱存到顾客原有的会员卡中，最后还是用到顾客身上。“可能没说清楚，本来是让顾客自愿选择，变成个别员工强行拉票了，这是个误会。”

3. 分析以下案例中各种年终奖券有哪些符合代币的特征。

奇怪年终奖：“迟到券”可迟到30次②

成都某贸易公司年会抽奖环节上，员工们抽到的奖品有迟到券、年假券、专车接送券等。

---

① 美容机构让顾客掏钱给员工投票　一票百元得票多优秀[EB/OL].(2014-03-19)[2017-08-06]. http://news.269.net/news/detail_2135603.shtml.

② 查婧婧，张漫.网友晒奇怪年终奖：“迟到券”可迟到30次[EB/OL].(2012-01-16)[2017-08-06]. http://cq.qq.com/a/20120116/000271.htm.

(1) 迟到券:凭此券迟到半小时以内可以免罚奖券规定次数,有效期:当年2月1日至12月30日。限定条件:仅限自己使用,迟到时间为半小时内。

(2) 年假券:凭此券可以在休年假时多休息奖券规定天数,有效期:当年1月29日至12月30日。

(3) 专车接送券:凭此券员工春节回家往返由公司派专车接送。如果家太远,中奖员工可选择公司提供的机票。有效期:当年1月22日之前报送往返时间。

对于这种形式的奖品,员工们的看法也不尽一致。毛女士认为自己抽到的免罚迟到30次奖券是最好的大奖。她上班路途遥远,遇上堵车时会迟到。公司规定迟到10分钟之内罚10元,超过10分钟后,一分钟一元钱,且迟到一次,一个月的全勤奖300元就没了。

有员工抽到了年假券,有3天、5天、7天不等,可以多休几天年假,别的员工也很羡慕。

有人认为如果抽到专车接送券,公司会派豪车把自己送到家门口,十分有面子。而抽到专车接送券的李先生却说,相比之下,他更希望能抽到2 000元现金或者迟到券。

关于“迟到券”的利弊,公司技术部负责人称很多员工住的地方比较远,每天花在路上的时间很长,有时会因为交通拥堵迟到,导致一个月的全勤奖金被扣除,实在可惜。此外,“迟到券”的使用也有条件限制,一是迟到时间必须在半小时以内;二是使用“迟到券”的员工必须在规定时间内完成工作。

第十四章 模 仿 法

案 例

女青年迷恋刘德华，老父跳海自杀①

兰州市女青年杨某，1994 年时 16 岁，她从做梦开始迷恋明星刘德华，为此而辍学、不工作、不交朋友。

1997 年其父母花费万元资助其参加了香港旅游团，却未如愿见到刘德华；

2003 年父母为满足女儿追星的心愿，卖掉房子；

2004 年杨某得知刘德华在甘肃参加影片拍摄，每天从早至晚都站在八层楼顶眺望；

2005 年杨某得知刘德华住所，再次赴港，失望而回；

2006 年父亲欲卖肾筹措资金帮女儿赴港追星；

2007 年 3 月 25 日杨某及家人第三次赴港，终于获得歌迷会的帮助，参加了刘德华生日会，得到上台和刘德华谈话及合影的机会。但全家人认为未安排女儿与刘德华私下见面的机会，仍然不满意。次日凌晨，68 岁的父亲留下一封遗书，在尖沙咀天星码头投海自尽。杨父在遗书称感到不公平，痛骂刘德华："你以为你是谁……你很自私……"，并要求："你应该见杨某，为她签个名，救救她，除了你，她已隔绝了这个世界，只有你，才是她心灵的呼唤。"最后则声称要以死抗议："刘德华还要见我们孩子，不然死不瞑目。"

随着媒体传播手段的不断发展，影视明星、歌星、体育明星乃至从选秀节目中脱颖而出的草根明星，成为以青少年群体为主的追星一族的崇拜对象。偶像崇拜既有其积极的一面，是青少年自我认同过程中不可缺少的现象，也有其消极的一面，特别是狂热的偶像崇拜行为超越了理性，出现了许

① 岳晓东. 我是你的粉丝：透视青少年偶像崇拜[M]. 上海：上海人民出版社，2007：348-352.

多盲目的追星行为。因此，在信息化社会，应关注媒体传播带来的示范效应，对儿童青少年等群体给予引导，使其形成理性的模仿行为，避免盲目、狂热的追星行为，以促进其健康成长。

一、模仿法的概念

模仿法(modeling)又称为示范法，是指通过观察学习来增加、获得良好行为，减少、消除不良行为的一种行为矫正方法。模仿法以班杜拉的社会学习理论为基础，他认为人类的很多行为是通过观察他人的行为、然后进行模仿而习得的。运用模仿法改变行为，要求教育者为学习者提供恰当行为的示范，而学习者通过观察榜样的行为来改善自身行为。模仿法的三个要素是楷模(示范者)、示范行为、学习者(观察者)，从示范者的角度来说模仿也可以称作是示范法。

模仿法可以使学习者直接获取正确的行为，使其学习过程缩短，避免由于尝试错误和失败带来的负面情绪影响，因此模仿在个体的行为形成中起着重要的作用。幼儿通过观察学习周围人的一举一动，学校里学生模仿教师的行为，操作仪器时新手模仿有经验者的行为等，都是模仿。与婴儿最初受条件反射制约而形成各种行为同步发展的，是模仿的过程。父母之所以被称为是儿童的第一任教师，就是因为在父母照料婴儿的过程中，婴儿也在观察、学习、模仿父母的行为、动作、表情、说话的语气，甚至更深层的特性如习惯、偏好、态度等都可以通过模仿来获得。在语言发展过程中，儿童最早和最多接触的第一语言，学习起来是很容易的，这就是通过日常生活中点滴的模仿累积而成的。随着年龄的增长，儿童的榜样逐渐扩展到同伴。进入幼儿园和小学后，教师成为儿童模仿的最权威的榜样。从青少年到青年时期，学习者的崇拜对象就逐渐多元化了。在信息化时代，对各类明星的崇拜形成了典型的偶像崇拜狂潮。正是在这样不断更新的榜样的影响下，学习者通过模仿不同的榜样而习得新的行为，并使已有的行为日益复杂、完善，更加符合社会要求。

案 例

老顽童模仿小龙女驱使蜜蜂

金庸在武侠小说《神雕侠侣》中，讲到老顽童周伯通中了毒蜘蛛的毒，小龙女用花蜜招来野蜂毒杀蜘蛛，老顽童看了后佩服得五体投地，深觉这玩意儿比他生平所见所玩任何戏耍都强得多。他也很想学会这一招，于是偷偷去练习用花蜜去召唤蜜蜂，但他吆喝的声音，似是而非，虽有几只野蜂闻到蜜香赶来，却全不理睬他的指挥。等到了终南山上，老顽童继续用这一招来指挥玉蜂，但这些玉蜂只听小龙女的手势呼叱，老顽童却驱之不动。①

老顽童想模仿小龙女指挥蜜蜂，但他不知道小龙女在指挥玉蜂时不光是要吆喝呼啸，而且还要让它们能够听从指令摆出左右包抄、前后合围等精微的阵势，在野外应敌时一时招来的野蜂则只能做到一时追刺敌人。这训练蜜蜂的确是需要很复杂的技巧的，而老顽童只学了点皮毛，闹出许多笑话。这体现了观察学习不光是要从外表来看，更重要的通过观察和模仿别人的行为，并能够从中得到间接强化，最后通过自身的体验，转化为自己的行为。

二、模仿法的类型

学习者观察学习的榜样可以是现实生活中真实的人物，也可以是电影、电视、小说中的人物；学习者在模仿学习的过程中，可以单纯地观察示范行为，也可以边观察边模仿。因此，可以将模仿法分为现场模仿、媒介模仿、参与式模仿和想象模仿等四种类型。

（一）现场模仿

现场模仿，是将学习者安排在要模仿行为的现场进行观察，通过观察有经验的个体正确表现行为而学习这些行为的方法。现场模仿以有经验的真实人物为榜样，在现场进行示范，使观察学习的过程具有生动有趣的特点。

在通常对教师的行为规范要求中，经常会提到言传身教的原则或准则，即要求教师要起到榜样示范作用。教师不仅要用言语来教导学生，也要用行为示范给学生。正是由于在“身教”中的榜样是由真实的教师来承担的，学生们就更容易对教师的言行进行模仿。

案 例

用现场模仿治疗儿童恐惧动物的心理

Matson(1983)用现场模仿成功治疗了一名3岁女孩对动物的莫名恐惧。这个女孩不去任何她认为可能有动物出现的地方，当她看见猫或狗等

① 金庸.神雕侠侣[M].广州：广州出版社，2001：839.

小动物的时候，就会颤抖、身体缩成一团。治疗由孩子的母亲在家中的后院进行，动物由玩具狗或猫逐步过渡到真实的狗或猫。一开始，母亲示范轻拍和拥抱玩具动物的行为，然后鼓励孩子也去接触这些玩具动物。当孩子照着做的时候，母亲及时给予表扬。当孩子能够大胆地接触玩具动物时，引入真实的狗或猫。首先，母亲示范靠近和触摸真实的狗或猫，然后鼓励孩子也过去触摸狗或猫，并对她的良好行为给予表扬和鼓励。接着，母亲示范轻拍和拥抱真实的狗或猫，同样鼓励孩子也模仿这些行为，并对孩子的模仿给予鼓励。经过一段时间的训练后，孩子对狗或猫的恐惧都大大降低了。

如果被模仿的榜样与学习者之间有一些相似之处，如年龄、性别、兴趣爱好等方面的共同特征，则现场模仿法的效果会更好。青少年在成长过程中，随着独立意识的增强，逐渐不再把家长作为唯一的模仿榜样，对于教师的模仿也逐渐淡化，而更多地倾向于模仿同龄人。同伴之间具有年龄相仿、性别相同、兴趣爱好相似等比较多的共同或接近的特点，因而同伴之间的相互模仿更为牢固。这提示教育者要减少空洞的说教，在应用模仿法时，尽量选择与学习者的特征较为接近的榜样，这样更有说服力，模仿示范的效果才会更佳。

现场模仿可以使学习者观察到真实的行为，效果比较好，但操作起来较为复杂，且有些行为仅仅通过旁观是无法学习到的，因此也需要其他模仿形式加以补充。

（二）媒介模仿

媒介模仿，也叫符号性模仿，是采用多媒体方式，将期望的行为直观地呈现在学习者面前，激发其模仿动机的观察学习方式。这些媒介包括网络视频、电影、电视、幻灯片、照片、录音、录像、卡通片、文字说明等各种传播媒介形式，可以取代真实的榜样来呈现示范行为。随着信息化的发展，越来越多的符号性模仿是通过现代信息技术或传播媒体来实现的。在行为治疗中，发挥多媒体的优势，可以使学习者更直观、更快地获取行为，并且这些学习资源可以反复使用，降低了训练的成本。

现代的媒体技术也有两方面的作用，从激发正能量、给予正确的示范角度来说，能够起到宣传主流文化，抵制不良风气的作用，如电视台播放的公益广告，就是通过文字、照片、视频等宣传方式，示范正确的、向善的行为。中央及地方电视台中收视率较高的法制类节目，如《庭审现场》《忏悔录》《天网》等就是通过一个个案例的讲述，使观众从中领悟到法制精神，起到示范作用的。但如果缺少合适的引导，让媒体自发去发挥示范功能的话，则往往会起到相反的作用，导致儿童青少年在不能明辨是非的情况下，模仿学习到错误的行为。如普遍受儿童喜爱的卡通片、动漫等传播媒介，有时也会诱发儿童错误的模仿行为。

案　例

男童模仿动画片烧烤同伴

2013 年 4 月，江苏一名 10 岁男童模仿动画片《喜羊羊与灰太狼》中灰太狼烧烤羊的剧情，将两名同伴绑在树上点火烧烤导致其严重烧伤。事发后，受伤儿童的家人将肇事男童和该动画片的出品方告上法庭，在诉状中提出被告公司未做“危险动作，禁止模仿”等安全警示，导致心智不成熟的儿童模仿并造成严重伤害。原告方将 170 集《喜羊羊与灰太狼》动画片中容易被儿童模仿的暴力危险镜头，做成 5 分钟的短片作为重要证据。粗略统计，在动画片《喜羊羊与灰太狼》全集中，灰太狼被平底锅砸过 9 544 次，被抓过 1 380 次，被煮过 839 次，被电过 1 755 次……配合孩子们的证言，原告方以此证明两儿童受伤系肇事男童模仿绑架烤羊游戏所致。①

这一事件引发了人们对于儿童为主要对象的一些动画片所展示的暴力内容的关注。对于尚无法分清是非观念的儿童来说，观看带有暴力元素的动画片，会自发地模仿学习其中的行为。如果教育者缺乏对儿童的正确引导，这种模仿学习的潜在影响就会转化为实际行动，导致严重的后果。因此，在信息化时代，教育者要特别关注媒体对儿童青少年的正反两方面的影响，特别是要防止传播媒体对儿童青少年带来的误导，使他们通过模仿而获得了问题行为。

（三）参与式模仿

参与式模仿是指学习者在教育者的指导下，一边观察真实榜样的行为，一边进行体验和模仿的过程。与被动式的观察学习比较，参与式模仿效果更好。单纯让学习者观察榜样的言行，学习者只能通过间接的方式来学习其行为，这种学习更多的是停留在认知层面，而没有转化为实际行动。传统教育中，思想政治教育效果不理想，就是因为学习者只是被动地接受宣教，没有用实际行动去体验，因而模仿就难以达到预期效果。班杜拉认为，如果能让学习者一边观

① 刘晓旭.儿童模仿暴力画面烧伤小伙伴　“喜羊羊”制作方赔钱[N].京华时报，2013-12-19.

察榜样的所作所为，一边在训练者的指导下，逐步参与活动，则训练效果更佳。在体育项目训练中，参与式模仿的作用更为明显，应用也更普遍。正如人们常说的："不下水就学不会游泳。"教练在指导学员进行特定的运动时，如果只是在口头说如何做，并不能使学员明确地掌握动作要领。教练会先整体演示，然后分解动作，再分别指导学员体验，有时教练还要手把手去指导学员。在职业教育中，将学生派遣到工厂等实际部门去实习，也是参与式模仿的应用。职业技能不能单纯靠书本来获取，必须通过实践，先观察有经验的师傅们如何操作，然后自己进行尝试，通过尝试发现自己的不足，再进行改进，这样才能成长为掌握特定职业技能的熟练员工。传统教育模式下，学生一切以应考为中心，也远离了社会实践，因此在新时期，倡导各级各类学生多参与社会实践是非常必要的。此外，在心理治疗中，对于有心理障碍的来访者，也可以采用参与式模仿来进行训练。如对恐惧动物的儿童，可以让他先观察其他同龄人(榜样)是如何与小动物玩耍的，同时鼓励儿童逐渐靠近小动物、学习其他人的行为抚摸小动物等，进而消除其恐惧心理。

（四）想象模仿

想象模仿是向学习者描述特定的情境和条件，并说明应有的适当行为，然后要求其想象有某一榜样人物(也可以是学习者自己)正在进行着这样的操作的过程。对于一些不太容易控制的场景，或者个体存在某些退缩行为、社交恐惧等情况，可以采用想象模仿的方式，通过言语诱导使个体产生对场景的逼真想象，然后设计一个情境，要求个体想象一个榜样如何应对，从而改进自身的行为。

想象模仿法可以避免将学习者直接暴露在应激的状态下，在放松的状态下，根据训练者的提示展开想象，其想象越生动、形象越鲜明，训练的效果就越好。例如在对社交恐惧症的来访者进行想象模仿训练时，诱导其想象一位榜样正在从事各种社交活动的情境。最初只要求学习者想象榜样正在与人打招呼，随着治疗的进展，学习者就要想象榜样在一个宴会上与许多宾客寒暄谈笑，或在大会上发表演讲。通过一系列的想象，学习者可以逐渐学会榜样的正确行为。

三、模仿法的效果

通过模仿既可以习得良好行为，也可以形成不良行为，而不管行为是好还是坏，总体来讲模仿对于行为的影响可以分为增进与减弱两种效果。行为矫正的目的是为了增进更多的良好行为，并减少问题行为，因此模仿法在两个方面都可以起到积极的作用。

(一) 增进行为效果

模仿可以用来增进行为，具体表现为：获得效果、促进效果和解除抑制效果。

1. 获得效果

获得效果是指学习者通过观察楷模学到新的行为。社会学习理论认为，个体的许多行为都是通过观察而获得的，而外在强化只有在个体表现出已经习得的行为后才能发挥作用。因此面对一个全新的场景或任务，从没有接触过这个新鲜事物的个体只能通过尝试错误的方式来寻找可能的正确方法。而通过模仿，则可以使学习者直接从楷模的行为上获得解决该问题的具体办法，这就是获得效果。

案　例

动画片对儿童行为的影响

108集动画片《虹猫蓝兔七侠传》在中央电视台少儿频道播放期间，有观众在网站投诉，称该片将暴力和武打延伸到动画，希望央视站在孩子们的立场仔细审查，“不要再污了孩子们纯真的眼了！”关于该片的指责主要集中在暴力与血腥场面严重。有观众表示，剧里刀割身体滴血的画面像慢镜头一样，“还有老板娘穿着低胸衣服发嗔向人献媚，而背后是阴谋是欺诈。武林的帮派打杀，时空混乱，几乎就是一堆成人内容的杂烩。”有一集说蓝兔为了救虹猫割破动脉，血流了一池塘，有孩子问家长：“妈妈，为了朋友可以什么都做吗？”①

传播媒体对儿童青少年的影响越来越明显。对于许多幼儿园、小学阶段的儿童来说，他们会认为动画片就是给他们这个年龄段的小朋友们看的，因此对其中所传播的内容无条件接受，这样用成人的视角加入的凶杀、暴力、言情等内容就会影响到儿童的成长。根据有的调查发现，这种主题的动画片基本上不会影响到初中生，因为他们已经过了欣赏普通的动画片年龄段，即使要看，他们也倾向于一些动漫形式，同时他们也有了初步的是非分辨能力，能够将动画片中虚拟的情节与现实生活分开。对于他们而

① 隆准，王俞懿. 央视动画片《虹猫》情节被指血腥　儿童效仿割腕[N]. 重庆晚报，2007-01-23.

言，再用猫猫狗狗的形象是没有什么吸引力的。而对于低龄的儿童来说，他们正处于难以分辨虚幻与现实的阶段，这样一些儿童就会无意识地模仿动画片中的行为，因此对于儿童来说，不能随便什么影片都让他们无条件去观看，除了限制部分不适合儿童观看的影视片以外，家长和教师加强引导是非常必要的。

2. 促进效果

促进效果是指通过观察他人的行为结果，使观察者增进了社会上可接受的行为。在促进效果作用下，一些个体原本就可以表现的行为会表现出更高的频率来。如在突发地震、战争等困难的情境下人们表现的互助行为，或在有影响力的人带头作用下大家纷纷解囊，参与慈善事业，还有通过学习雷锋助人的精神使青少年形成良好的社会行为等，都是模仿的促进效果在发挥作用。

3. 解除抑制效果

解除抑制效果是指当观察者看到一位楷模做出某一种言行之后，并没有受到任何相应的不愉快的惩罚时，观察者以往表现同一类行为时所受到抑制的效果将被解除，致使该行为的表现愈加频繁。

通过之前的操作性条件反射学习，人们为避免受到不愉快刺激的影响，会建立一系列的回避行为，并且对其他人表现出的违反规范的行为报着应该得到惩罚的态度。但是在一些特定的场合下，如果有人恰恰做出了违反规范的行为，但预期中的惩罚并没有出现，甚至个别人的违规行为得到的是强化结果，这样其他观察者以往表现同一类行为时所受到抑制的效果将被解除，并会导致该行为的表现更加频繁。班杜拉经典的观察学习实验中，看到榜样的攻击行为受到奖励的儿童，其随后表现出来的攻击行为最多，就是解除抑制的表现。

集体闯红灯现象也是一种典型的解除抑制现象，即行人判断是否可以通过马路的标准，不是看红绿灯信号，而是凑够一群人就可以过马路了。这种现象形成的原因是，遵守交通规则的行人，在十字路口时根据红绿灯的信号来决定通过还是等候，但是有时一些人不看红绿灯指示，而是任意闯红灯，原本遵守交通规则的行人看到有人闯了红灯而没有受到惩罚，既没有发生事故，也没有警察制止，也就会跟着前面的行人一起闯红灯。在心理治疗中，常见有儿童对兔子等小动物存在恐惧感，不敢伸手去摸。为了帮助儿童克服胆怯心理，可以组织一些同龄人玩耍。这时有几个孩子带头去观看兔子，并伸手去摸兔子，看到别的同伴都不害怕兔子，于是这个儿童也大胆起来，终于敢于伸手去摸兔子，从而消除了恐惧。

案 例

三岁娃满口脏话谁教坏了他①

去公园玩，因小朋友玩坏了儿子的小飞机，炎炎脱口而出："我×！你××的把我的飞机玩坏了，你赔！"杨女士先是一愣，孩子怎么会说脏话了，但她没批评，只是觉得好笑。可后来渐渐发现，孩子时常迸出"××的""我×"等脏字眼，甚至还学会更难听的话。"前天，他嫌晚饭不好吃，顺口说了句'真××难吃'。我骂了他，小家伙居然用很难听的脏话骂我。"妈妈说孩子第一次说脏话她开心地笑了，而现在她已经害怕了。对于妈妈的担忧，炎炎一副无所谓的表情："爸爸平时就是这么说的嘛，为啥我就不能说？"炎炎说他并不理解这些字眼的意思，只是有一次见爸爸和人吵架，说出这些话后，对方就怕了。"上次，那个小孩把我的飞机弄坏了，我这么一说他就怕了，妈妈还说我长大了呢。"炎炎有些得意。

(二) 减少行为效果

1. 抑制效果

抑制效果是指当学习者看到示范者因表现某种行为而受惩罚时或没有带来良好的结果时，则学习者本来常表现的这种行为也会倾向于减少。

当观察者发现榜样的行为得到的是不满意的结果，就会抑制模仿该行为。这种抑制效果表现为间接惩罚、间接消退、间接降低行为比例等。

(1) 间接惩罚

间接惩罚是指如果学习者观察到榜样表现出某种行为而受到惩罚，则学习者原本经常表现的这种行为也会减少。尽管学习者自身并没有受到惩罚，但是观察学习中的楷模所受的惩罚，就如同学习者自己承受的一样，起到了间接惩罚的作用。

成语"杀鸡儆猴"，就是应用间接惩罚的效应。在对违法犯罪的青少年进行警示教育时，针对青少年恶性犯罪都是从小事逐渐累积的结果，少管所的工作人员让重刑犯进行现身说法，通过重刑犯讲述自己的犯罪给自身、家人、社会造成的伤害，以及自己所蒙受的屈辱和所经历的紧张、恐惧感受等，使其他有轻微违法犯罪行为的青少年警醒，有效抑制青少年的恶性犯罪高发情况。为了减少

① 陈樱. 三岁娃满口脏话 谁教坏了他[N]. 华商报，2007-11-20.

闯红灯行为，有城市采取对带头闯红灯者罚款的措施，这样就可以给不好的榜样以惩罚，从而让其他人不敢再跟着闯红灯。另外，为了加强对党员干部的教育，防范腐败发生，纪检部门经常组织警示教育，让因贪污受贿而落马的前官员现身说法，使在职的干部们对违法违纪行为产生抑制心理。这些都是利用了模仿的抑制效果。

但是，如果应用不当，无意中对良好的行为进行了间接惩罚，则会带来一定的负面效应。电影《离开雷锋的日子》讲述了雷锋的战友在退伍后也热心助人。一次他驾驶汽车路过一个车祸现场，救助了受伤者，但却被赶来的家人当作了肇事者围了起来。尽管这一误解最终得到化解，但是类似的情境对其他驾驶员就产生了抑制的作用，从而导致社会上人们遇到别人危难时不愿意伸出援手的情况。近年来网络上出现的“要不要扶起跌倒老人”的话题，引起了社会的广泛关注，其重要诱因就是曾经发生过有人在搀扶跌倒的老人时被误认为是肇事者，助人者不仅受到舆论的指责，也无端背负了巨额的赔偿债务或摊上了官司，这类事件经网络传播后，对大众的助人行为起到了抑制作用。之后几年里各地接连出现了多起老人跌倒无人敢于救助的情况，甚至还延伸出更多的新闻，如在搀扶老人时先拍照或请周围人作证、跌倒的老人自己声明有医保不会赖上助人者等。尽管对这类事件存在不同看法，但经过网络媒体的传播，普通大众得到的信息是做好事会被冤枉，因而不愿意或不敢伸出援手帮助跌倒的老人。这说明普通大众助人的行为通过这类事例被抑制了，对社会主义精神文明建设造成了严重的负面影响。

(2) 间接消退

间接消退是指如果学习者观察到榜样所表现的出来的行为没有收到预想中的强化，则原本想表现出来的行为也会受到抑制。

与因观察到惩罚结果而抑制行为不同，间接消退是由于学习者通过观察，发现示范者的行为没有得到强化即不成功，而自己本也想用同样的行为去尝试，受楷模不成功的影响而使自己的这一行为也被抑制。例如门被反锁了，一个人试图用力拧钥匙而不成功，第二个人就会想别的办法而不再重复前者的行为。如一个小孩看到自己的妹妹想通过撒娇的方式来获取去游乐场玩耍的机会，但是未能奏效，那么，这个小孩出现撒娇行为以获取外出玩耍机会的可能性就会下降。再如，一个有强烈表现欲望的孩子想要以哭闹的方式来唤起大人们的注意，但当他发现另一个孩子采用这种哭闹的方式并未获得大人注意时，他很可能就不会采用哭闹的方式来引起注意了，因为这种方式是无效的。

(3) 间接降低行为比例

间接降低行为比例是指当学习者观察示范者表现较为低频率的某种行为时,学习者也受其影响而减少这种行为的出现率。

例如在正式场合,看到领导或受人尊敬的长者不吸烟,平时爱吸烟的普通人也努力克制自己吸烟的欲望,从而降低了该行为的发生频率。再如刚进幼儿园的小朋友吃饭时经常说话,要改变这个不良的行为习惯,老师可以选定班级中一个最调皮的孩子,让他成为一个示范的榜样,以此来影响其他小朋友。老师与选定的小朋友有如下约定:“我希望你吃饭的时候不要说话。只要你吃饭的时候不说话,老师就给你一颗星星。”为了得到这颗星星,这个孩子会尽量做到吃饭的时候不说话。当其他孩子看到他因为吃饭时说话的行为减少就会有星星,也会自觉地减少自己吃饭时说话的行为。

2. 不相容行为效果

不相容行为效果是指如果学习者要模仿的良好行为与其原来就有的不良行为不能相容时,势必放弃原有的不良行为,选择新的良好行为。例如过去曾经有过反社会行为的青少年,在受到教育感化后,决心痛改前非,以前的行为与现在要表现出的行为格格不入,只能选新的行为,这就是不相容行为效果。再如,一个社交焦虑症患者,看到榜样在轻松地与人握手、交谈,如果他模仿榜样也轻松地与人握手、交谈,则其焦虑的情绪将无法继续存在。因为“焦虑”与“轻松”是相互对立的,是不相容的。让学习者观察榜样轻松地与人握手、交谈,其目的就是为了减弱学习者的社交焦虑。在战场上,新兵看到激烈的战斗场面会退缩,但是等冷静下来,看到其他战友勇猛顽强,逐渐自己也克服了恐惧心理,勇敢地投入战斗。这也是符合模仿法不相容行为效果的。

由此可见,模仿法不仅可以用来增加行为,也可以减少行为,在行为矫正应用中可以发挥模仿法这一特性有效地降低和减少学习者的不良行为。

四、影响模仿的因素

(一) 增进行为获得的因素

1. 示范者的特征

示范者或楷模的身份、特征等影响着观察者的模仿学习效果。观察者更可能模仿在年龄、性别、种族和态度上与他们相似的楷模,因为这些相似性能够使观察者觉得楷模(示范者)的行为对自己一类的人是合适的,也是能够学会的。在观察者眼中有声望的人比没有声望的人更容易被观察者模仿。但是如果楷模的名气太大,使观察者觉得高不可攀,模仿效果也会降低。

楷模的能力也是一个重要的特征,能力强的楷模有助于模仿学习的产生。但是观察者如果形成楷模能力超人的观念后,也不会得到期望的效果。最好是选择那些在能力上比观察者略高一筹的人作为楷模,感情真挚和教养有素的楷模更能抓住观察者的注意力。

2. 观察者的特征

(1) 注意力

在观察学习中,提供一个楷模,并不能保证观察者一定会受到楷模的影响。要使楷模的示范作用发挥影响,前提是观察者必须注意到并了解这一楷模提供的信息。如灯光的对比、声音的改变、重要因素的重复以及简单的解释等,都可能影响观察者对楷模所传递的重要信息的注意。

(2) 记忆力

观察者注意与楷模有关的信息,并了解有关线索时,必须记住这些材料。因此,模仿中学习者的记忆力也会影响最终效果。

(3) 动作技能

学习一些复杂的动作技能,如骑自行车,如果不是学习者事先习得一些基本的技巧,诸如维持平衡、上车以及刹车等能力,而仅仅靠观察他人的骑车行为,是很难学会的。同样,其他动作行为的掌握也必须不断地练习和亲身体验反馈,才能达到熟练的程度。

(4) 动机

若观察者没有强烈的模仿动机,或是模仿的后果是不愉快的,则尽管他可能注意到楷模的存在,理解楷模传递的信息,并加以记忆,甚至也具备有关的动作技巧,但是他不一定会模仿楷模的行为。换言之,观察者往往只模仿有愉快结果的楷模行为。

3. 程序特征

(1) 真实的楷模

真实的示范者比假楷模更能吸引观察者的注意。但是,控制真实的示范者不如控制假楷模来得容易。在有的情况下,使用假楷模如录像、电影、录音和书面描写等更方便,也更能被观察者所接受。

(2) 情境的多样化

让示范者在多种不同情况下表现欲使模仿者学习的行为，将会提高模仿效果。

(3) 多个示范者

利用不同的情景安排多位示范者，比单一的示范效果好。在对一组观察者进行模仿训练时，选用多个示范者可以增加观察者发现自己的年龄、性别、文化程度等特征与其中一个示范者类似的可能性，从而促进模仿效果。

(4) 示范过程应由易到难

示范者的示范行为由易到难逐渐变化，会鼓励观察者学习。此外，示范者对观察者的指导语、观察者的练习和示范者在其中进行示范的环境，都应该给予适当的注意。

总之，突出楷模行为的重要特征，提示最能叙述楷模行为的简明规则，并提供采取行动的有力理由，都可以大大地增进观察者的学习。

(二) 增进行为表现的因素

1. 提供强化的方式

训练者如何在模仿学习中对示范者提供强化是决定矫正效果的一个重要因素。如果示范者的行为得到了奖赏，或没有带来任何不利的后果，一般观察者会模仿示范者的行为。如果示范者的行为受到了惩罚，观察者就很少会去学习同类行为。

示范者受到的强化对观察者来说是间接的强化。观察者也可以因模仿正确的行为而得到直接的强化。直接的强化对于主动模仿学习效果明显。有时示范者也会进行自我强化，同样能够有效促进模仿行为。如果学习对象是儿童，在指导其进行模仿时，示范者先模仿一下儿童的行为，会提高儿童模仿示范者的可能性。

2. 边模仿边体验

观察者即使能表现出示范者所示范的行为了，他们的也不一定能表现得很好。因此需要观察者多练习观察到的行为，在主动模仿下，边观察、边体验，效果更好。

3. 将模仿行为泛化到日常生活中

学习要求举一反三，在观察学习中也要让学习者将所学的技能应用于日常生活情境中，如从课堂环境泛化到家庭、社区等环境。对于中、重度智力障碍的儿童来说，为了使泛化更容易实现，教育者应尽量选择与日常生活接近的情境来进行训练，这样可以降低他们的认知和操作难度。在接近真实环境下模仿到的行为可以更好地被学习者应用到实际生活中去，也避免了他们重复错误学习，提高学习效率。

五、模仿原理的应用

（一）有效运用模仿法的原则

1. 选择好要改变的行为

首先，要有明确的目标行为，目标行为应当是可以被观察和测量的。其次，目标行为应是学习者有能力模仿的，以避免过于困难而造成挫折感。最后，对目标行为的示范应尽可能分解为一个个小步骤，以适应学习者的接受能力。

2. 正确地进行示范

在示范某种特定行为时，要确保学习者集中注意力。专心注意可以增进学习动力，因此在示范行为之前应有明确的指导语，以激发学习者保持注意，并主动观察要模仿的行为。所确定的行为经过了清楚明确的示范后，在示范中止前要暂停一会儿。缓慢地展示示范行为，增加示范行为呈现的时间，可以让学习者多点时间观看示范行为。

3. 通过正强化来维持模仿行为

模仿学习也需要通过直接或间接的强化来确保学习者正确模仿。如果得不到强化，模仿行为往往容易消失或不易经常出现。这就需要结合正强化的基本原则，确保所使用的强化物的有效性。在模仿学习行为开始时，每次正确反应之后即须给予强化，但在行为已经学会之后，要改用间歇强化方式，最终过渡到自我强化或内在强化起作用，这样才能使学习者持续表现该行为。在进行强化时，教育者还要用指导语，具体说出行为与强化之间的关系，让学习者清楚他的行为对在哪里，而不能笼统地给予夸奖。在模仿不成功时，要对错误的行为采取恰当的消减措施。

4. 示范者要以身作则

家长和教师要做学习者的榜样，自身不能有违反规定的行为，在对学习者进行教育时也要确保不示范不良行为，如发火、训斥、体罚等，因为这样会将错误的行为示范给学习者。

5. 记录行为改善情况

在应用模仿法时，要明确地记录受训练者的进步情况，必要时，要改进模仿训练方案，以达到预期的目标。

（二）榜样教育

榜样教育是学校、家庭和社会教育中的重要内容，但现实中对青少年的榜样教育实际效果不尽如人意。对青少年的榜样教育也应与时俱进，根据当代青少年的特点为其树立多样的、体现新时代风貌、展示先进理念的新型榜样。

各个年龄阶段的个体都需要有适合自己的榜样来学习和自我激励。不同的心理学理论也为榜样教育提供了依据。新精神分析理论代表人物荣格将整体人格结构分为三个层次：意识、个体潜意识和集体潜意识。意识以自我为核心，是能被个体感知的部分；个体潜意识是被压抑的、被遗忘的知觉、思想和情感；集体潜意识在心灵的最底层，通过遗传存在于心理机能和人脑结构中，是由所有的本能及其相关的所有原型构成的。本能是一种行为模式，原型是本能行为的无意识意象。原型是产生同样想象和观念的倾向，是人类共有的、普遍的、反复发生的心理结构内容，它可以把个人经验引向某个方向，使个体以其祖先面临类似情境中所表现的方式行动。其中的英雄原型是一个英勇无畏、大力无穷的英雄。各民族传说中的英雄人物往往成为全民族模仿和崇拜的对象。拥有英雄原型的人可以更加自信、有魅力。在现代传播媒介中，许多爱国主义教育影视、文学作品中涌现的英雄人物，也都可以成为影响一代或几代人的榜样，青少年在心目中都会把这些英雄人物作为自己的模仿对象。

艾里克森的人生发展阶段理论认为人生的每个阶段都有其特有的亟须发展的课题或面临的主要危机，如 6～12 岁的青少年是勤奋对自卑，12～20 岁的青年是同一性对角色混乱，20～24 岁的青年是亲密对孤独。青少年时期的主要发展任务是形成自我同一性。良好自我同一性的形成是青少年期的成功过渡的重要特征。青少年通过对不同榜样的认同、依恋和追求等，来确定自我存在的价值，寻找自我发展的潜能。如果青少年不能获得同一性，就会不正确地选择适应社会环境的角色即角色混乱，或个体形成与社会要求相背离的同一性即消极同一性。

皮亚杰的认知发展理论认为模仿楷模（榜样或偶像）是青少年走出自我中心状态的阶段表现，青少年通过走出这一阶段达到认知和思维的进一步成熟与完善。皮亚杰认为儿童社会性的发展依赖于认知的发展，在青少年的成长阶段，他们有可能出现迷茫，而这源于其思维发展的不成熟，特别是缺乏批判性思维。青少年在理智和情感方面的发展，促进了其自我中心状态的形成和发展。幼年时期儿童普遍以父母为模仿对象，而自我中心状态的青少年对父母的认识和态度发生转变，认识到父母并不是完美的，他们对父母情感上的依恋发生转移。但此时青少年对理想自我和现实自我的区分并不完善，这种理想自我与现实自己的冲突也会使青少年选择一个能够代表他的理想的人作为自己的楷模加以模仿。

社会学习理论代表人物班杜拉认为个体的适应不良行为可能产生于直接的学习，也可能是产生于观察学习的过程。观察学习或模仿学习指通过观察别人(榜样)的行为来学习行为的过程。模仿的对象称为楷模，楷模可分为榜样和偶像。榜样是教育者为青少年树立的模仿对象，而偶像是青少年自己主动寻求的模仿对象。榜样学习对青少年有着深刻的影响，榜样可作为一个可靠的基础，推动青少年的自我探索和认识。缺乏这样一个可靠的基础，青少年可能会出现忧虑、恐慌，并做出不成熟的自我表现。

由这些理论可以进一步认识到，榜样与偶像具有共同的特质，他们都是青少年可以模仿的楷模。青少年在成长中需要模仿不同的榜样，并不断改进自己的行为。如果榜样的作用发挥得当，就会极大地促进青少年的健康成长。相反，如果教育中的榜样没能满足青少年成长的心理需求，他们就会自发寻找合适的偶像，或者受从众心理的影响，与同龄人选择同样的偶像加以模仿。此时单纯的说教就无法转变青少年的自发选择，甚至由于其独立意识的增强而反感教育者提供的各种榜样，因此，此时需要改变和提升的不是青少年的模仿行为，而是榜样教育。

我国历来重视榜样教育。新中国建立以来，不同的时期都有不同的榜样人物。如 20 世纪 50 年代重点推出的是最可爱的人——中国人民志愿军在抗美援朝中的英雄人物及其事迹，如黄继光、邱少云等；60 年代的榜样人物有助人为乐的典型模范雷锋、忘我工作的党员领导干部焦裕禄、各条战线的劳动模范如铁人王进喜等；70 年代末涌现的榜样人物有敢于与“四人帮”做斗争的革命烈士张志新，攻克了世界著名数学难题“哥德巴赫猜想”中的“1＋2”的数学家陈景润等；到了 80 年代，各类榜样人物更是层出不穷，有在世界性大赛上勇夺“五连冠”的中国女排，献身科学事业的邓稼先、蒋筑英、罗健夫、华罗庚等，身残志坚的张海迪，见义勇为的张华等；90 年代的榜样人物有新时期领导干部的楷模孔繁森等，爱岗敬业的劳动模范徐虎等；进入 21 世纪后，新的榜样人物也不断涌现，如航天英雄杨利伟、大地震时以生命守护学生的模范教师谭千秋等。

传统的榜样教育模式存在的问题，首先是其教育方式是以单向宣传的方式来进行宣教的，对于学生而言，他们是以被动的方式来接受教育的，缺乏青少年的参与和与现实榜样之间的互动。其次，在过去的一些榜样宣传中，往往把榜样树立成“高、大、全”的形象，这与青少年的实际经验不符，就会使他们产生不信任感，从而降低了榜样教育的效果。再次，信息化时代，青少年接收信息的途径多且快捷，在缺乏引导的情况下，面对鱼龙混杂的信息，青少年会产生迷惑，可能对教育中的榜样产生错误的理解。因此，对传统的榜样教育应加以改进。在榜样的选择上，应具有多样化，满足不同青少年的需求；在榜样教育的内容上，要注意站在青少年的视角上选择榜样的闪光点，使其感受到榜样的真实性；在榜样教育的形式上，要克服空洞的说教，多给青少年提供参与的机会；在榜样教育的手段上，要借助青少年喜欢的媒体传播手段等。

（三）青少年偶像崇拜现象

偶像崇拜是指由于光环效应而形成夸大的社会印象和盲目的心理倾向，把个人喜好的人物看得完美无缺，从而导致高度认同、崇尚并伴有情感依恋的一种复杂的心理行为。[①] 这种现象在青少年身上尤为明显。偶像崇拜的核心问题是个人对其所喜好人物的心理认同和情感依附。青少年时期是一个特殊的发展阶段，一方面他们需要从自我的迷茫状态中走出来，另一方面他们又不愿意接受过多的说教，而更愿意通过对偶像人物的认同和依恋来确认自我的价值，即在其认知、情感和个性发展上欣赏、接受偶像的价值观、行为模式及外表形象等，并加以崇拜和模仿。根据班杜拉的社会学习理论，青少年偶像崇拜的实质就是青少年对其认同人物的观察和模仿。

1. 青少年偶像崇拜的心理成因

(1) 自我认同的需要

精神分析理论认为，在个体社会性发展中，青少年要经历从自我迷茫到自我确认的发展过程，青少年时期的主要发展任务是形成自我同一性。良好自我同一性的形成往往是青少年期的成功过渡的重要特征。青少年要追寻自我。当他们告别童年，进入社会时往往会感到无所适从，不知道何去何从，他们这种内心深处的困惑缘于心中没有建立起一个稳定的自我形象，即自我同一性尚未

① 柳力平，冯娟娟. 青少年偶像崇拜的心理学分析[J]. 荆门职业技术学院学报，2007(4)：86-89.

形成。

在形成青少年自我同一性的过程中，他们逐渐想摆脱父母权威领导，希望像成人那样体现自己的成熟。这一过程犹如“心理断乳期”，而青少年可以通过对不同偶像的认同、依恋和追求等心理活动，来确定自我存在的价值，寻找自我发展的潜能。在这样的内因作用下，加上大众传媒对偶像的宣传，使得那些具有很大社会效应的偶像自然成为青少年模仿的对象。如果明星能够有足以让青少年佩服的表演，就会成为被崇拜的偶像。从这个角度来说偶像是崇拜者的代言人，是崇拜者的理想自我，也是崇拜者心目中的未来。因此，偶像崇拜是青少年从孩童向成人成长过程中的生理心理过程的反映，是寄托希望和理想的一种表现，也是心理需求和情感宣泄的需要。

（2）心理归属的需要

从某种角度说偶像也是青少年心目中父母的代替品。进入青春期后青少年在生理上有了突飞猛进的发展，但心理上的发展却远远滞后。由于生理上的发展，他们认为自己已经长大，希望能够独当一面，渴望摆脱父母的束缚，然而，他们有限的生活经验又使他们不能没有父母的帮助。这种矛盾状况使他们感到很苦恼。因此，他们选择崇拜拥有能力、地位和独立的偶像，希望通过偶像崇拜来实现独立自主的目的。某种意义上，这不过是将偶像作为父母的代替品，让偶像来行使父母对自己的控制权，即所谓寻找一种遥亲感。偶像崇拜正是他们寻找的一种新的情感依托与情感表现的完美形式，这是他们能够接受的又能表现自我与独立情感的依托形式。

（3）从众行为的需要

从众行为是指群体成员企求自己的行为跟从群体的倾向。生活在特定的社会群体中，个体会感受到来自群体环境的压力，当个体发现自己的意见和行为与群体不一致时，就会感到心理紧张，从而趋向一致，产生从众行为。由于青少年缺乏认知经验和社会阅历，对自己的判断缺乏自信，所以容易采取跟从群体意见观点的态度。即使有的人相信自己的判断没有错，也因不能标新立异或怕被别人认为自己是不合群的而被孤立，从而表面上采取了从众行为。当大众传媒制造出大量的明星时，作为公众人物的明星的生活方式、习惯就会广为传颂，成为青少年谈论的热点。对于成长中的青少年，他们渴望得到群体的接纳，害怕被群体孤立，于是选择大家都喜爱的公众人物如明星作为偶像，可在群体中找到共同谈论的话题，受到群体的认同与重视，以满足其归属感，达到精神上的安慰与稳定。因此，许多青少年在从众心理作用下形成了对明星的崇拜。

2. 青少年偶像崇拜的特征

(1) 理想化

青少年把其偶像及其特质想象得完美无瑕,把他(她)看成是世上最完美的人物。这种理想化使得青少年对其偶像产生了强烈的心理认同和情感依恋。这符合光环效应的原理,即如果一个人最初被认定是好的,则他身上的其他特质也都被认为是好的,也与爱屋及乌相类似。这种社会认知会使青少年对其偶像形成一种强烈的心理定势,认为其偶像是完美的化身。

(2) 浪漫化

青少年对偶像产生浪漫的幻想和依恋,这种浪漫情怀会使青少年沉湎于对其偶像的种种情爱遐想之中。这种浪漫化完全是崇拜者自己虚构出来,只是崇拜者的一厢情愿,不具有现实的意义,这影响了其正常的生活,不利于青少年形成良好健全的人格。

(3) 绝对化

青少年对其崇拜偶像投以绝对的信任,对偶像采取一种近乎狂热的追逐和迷恋,容不得他人有不同的见解。对偶像人物的神化或者绝对化会导致狂热的个人崇拜及个人的自我迷失。

(4) 冲动性

在偶像崇拜过程中,情感成分往往多于理智成分。过度的偶像崇拜削弱了青少年的自我约束机制,产生超越于社会行为规范的行为方式,如冲动、破坏、超脱等行为表现。

(5) 多样性

青少年偶像崇拜不仅具有普遍性,崇拜的具体对象也相当宽泛。有的崇拜影视歌坛娱乐界的明星,有的崇拜类似于榜样型的偶像如伟大的政治家、科学家、成功的商人等,也有的对自己熟悉的、身边的人崇拜等。

3. 偶像崇拜对青少年的影响

偶像崇拜的类型和方式对青少年的心理与行为有着双向的影响:积极的偶像和注重内在的崇拜方式有利于青少年的健康成长,而消极的偶像和注重外在的崇拜方式则对青少年的有一定的负面影响。

不同类型的偶像给青少年不同的人生指导。如果青少年崇拜的是现实生活中取得杰出成就的名人,如毛泽东、爱因斯坦、盖茨等著名政治家、科学家、经济界精英,这类偶像能促进青少年志向的确立和自我奋斗。如果崇拜的是生活中具有一定影响力和成就的非名人，如老师、亲友等，他们可以给青少年提供具体的行为指导和奋斗目标。如果崇拜的是影视明星、歌星、体育明星等，可以给青少年精神世界带来幻想、向往和虚荣满足，可以娱悦身心，找到情感归宿，缓解现实生活的压力。

青少年的偶像崇拜表现为两类截然不同的形式：一种是表层性欣赏，其突出特点是重点欣赏偶像人物的形象性（如容貌、身材、发型等）和流行性（如服装、动作等）特征，并从中获得最大的精神享受；另一种则是实质性欣赏，其突出特点是重点欣赏偶像人物的人格性（如突出性格、为人等）特征，并从中获取最大的精神享受。青少年在最初崇拜偶像时，往往会采取表层性欣赏的方式，偶像人物的外部特征和表现是他们最直观、最初级的选择标准。逐渐地，青少年会更加认同偶像的内在特质，从偶像身上寻找那些有利于个人成长的特征，从而把偶像所代表的精神内化为自我成长的动力。因此，偶像崇拜的理想化过程，是由表及里、由欣赏到认同的发展过程。

（四）合理引导青少年的偶像崇拜

偶像崇拜是青少年对人生追求的体验，应冷静、客观、理性地看待青少年偶像崇拜行为。理性的崇拜偶像，可以促使青少年的自我成长，使他们确认自己的人生目标，并找到实现自我、走向成功的道路。偶像崇拜是正常的社会现象，应充分理解肯定其合理成分，同时也要认识到盲目崇拜、神化和迷信偶像，都会削弱青少年的自我约束机制，导致丧失自我。

1. 建立有效的多元化的教育榜样

岳晓东将青少年的偶像和榜样崇拜对象分为四类：纯偶像、榜样型偶像、偶像型榜样和纯榜样。[①]

纯偶像主要是影视歌星、体育明星等。这样的偶像可给青少年的精神世界带来极大的向往和幻想，甚至使青少年沉湎于对他们的追逐和依恋当中，不可自拔。然而在当今社会，纯偶像的出现是与大众媒体、商业包装和炒作密切相关的，其包装形象往往过于完美。

榜样型偶像包括那些非理想化、非浪漫的社会名人，如毛泽东、周恩来、邓小平、牛顿、爱因斯坦、居里夫人、达·芬奇、拿破仑、盖茨等。这些偶像多以其突出的成就和感人事迹来影响青少年，为他们的自我成长和奋斗树立榜样。榜

① 岳晓东. 香港和内地青少年对四类偶像与榜样人物之选择和认同差异分析[J]. 青年研究，2000(6)：27-29.

样型偶像主要是依靠其个人的成就和人格魅力来感召青少年的。

偶像型榜样则包括那些被赋予非凡气度和影响力的平常人，如那些深受青少年喜爱和尊重的同窗好友、师长等。这些人虽然不具有名人的名声和感召力，却更加贴近青少年，可随时给他们提供帮助和指导，与他们直接交流思想。所以在青少年心目中，他们也可成为自我奋斗的动力和精神支柱。

纯榜样包括青少年身边的人物，如父母教师、兄弟姐妹、同龄伙伴等人物。他们可能平凡无比，却在生活的具体方面实实在在地引导青少年成长，并赢得他们的尊重和信任。父母、教师这样的纯榜样人物对青少年的成长有极大的影响。

可见，偶像和榜样人物是多样化的，应当教育青少年从现实生活中，广泛地选择那些值得自己欣赏和模仿的偶像和榜样人物，而不是仅限于少数的明星，帮助青少年建立一个多元化、层次化的偶像人物结构。

2. 引导青少年对偶像的合理认知

培养青少年学会两面思维，即积极地构想两个或多个并存的，或同时起作用、同样正确，但彼此却完全对立的概念、思想和印象，从中发现更加完美、更加反映事物本质和运动规律的认识或概念，形成创造性的正确思维成果。两面思维能使青少年以更成熟的人生态度和更明晰的行为效率来对待偶像。这有利于发挥或促进偶像崇拜的正向效应、减少或消除偶像崇拜的负向效应。

3. 鼓励用理性行为来模仿偶像

要引导青少年将情绪化、极端化的模仿行为转化为理性的、实用的、非情绪化的社会认同。盲目的崇拜表现为青少年对偶像的直接性模仿、全盘性接受、沉湎式依恋、浪漫式依恋、高明星消费、低自我信念、浪漫幻想、虚荣满足、自我迷茫等。这种以人物为核心的社会学习和依恋可导致对偶像的一种直观的、非理性的、神秘化的和神圣的社会认知，使青少年因过分依恋偶像的外表因素而对个人的自我成长带来消极的影响。而理性的模仿行为表现为青少年对偶像的综合性模仿、选择式接受。这样才能使青少年通过对偶像的认同，促进自我成长，提高自我信念，适应现实生活。

实践活动

1. 分别对大、中、小学生进行调查，了解当前青少年崇拜的偶像都有哪些。

2. 从校园文化建设角度，设计符合青少年心理特点的榜样教育宣传方案及作品。

思考题

1. 鲁迅在《准风月谈》的《由聋而哑》一篇里提到,有许多聋人,是并非喉舌不能说话的,只因为从小就耳朵聋,听不见大人的言语,无可师法,就以为谁也不过张着口呜呜哑哑,他自然也只好呜呜哑哑了……

请用模仿原理来分析导致部分聋人不会说话的原因。

2. 学习“孟母三迁”的故事,分析孟母这样做的原因,并思考在信息化时代父母应如何正确引导孩子接触社会。

3. 用观察学习原理解释“近朱者赤,近墨者黑”的说法是否正确。

4. 请用观察学习原理分析追星族们的偶像崇拜行为,谈谈应如何对青少年的追星行为进行引导。

附录　行为的功能性评估[①]

一、行为的功能性评估含义

行为的功能性评估是确定与学生特定行为发生有关的先行事件与结果的一种有效工具。功能性评估有助于了解个体的行为功能特点，以便更好地发展其适当的功能；还可以帮助行为管理者了解行为问题与环境之间的关系，找到行为发生的原因，为制定适当的行为矫正方案提供参考。功能性评估的内容包括：行为的描述、行为的近端前事、远程前事、内隐前事、行为的后果等五个方面。

（一）行为的描述

行为的描述可以从行为发生的过程、周期性、历史三个方面加以描述。行为发生的过程是指目标行为从前兆、开始到结束的全过程。周期性则是指特定行为出现的时间规律。行为的历史是指行为发生及被干预、处理的历程。

（二）行为的近端前事

行为的近端前事是指发生在行为之前的最近的特定事件，包括时间、特定的地点、特定的人物、是否处于某种缺乏的状态、外界事件等。

（三）远程前事

远程前事是指存在于环境不会立刻对行为的发生产生影响的事件，如环境空间、家庭成员、学校中的角色、事件和活动、社区的一些因素等。

（四）内隐前事

内隐前事是指个体内部的影响行为发生的因素，包括个体的生理因素、认知、能力、情绪、需求等，这些因素不会立即诱发特定的行为，但是内隐地影响着行为。

（五）行为的后果

行为的后果是指行为发生之后得到的结果。行为的即时后果是否满足个

① 许华红.行为改变技术[M].天津：天津教育出版社，2007：156-169.

体的需要，直接影响其行为的后续发展趋势（得到正强化物则增加出现概率，得到厌恶刺激则降低出现概率）。

综合分析这些因素，有助于行为管理者更清楚地了解个体行为出现的原因、其后果对其的反馈作用，从而找到维持特定行为的因素，在制定行为矫正方案时可以更有针对性，避免盲目地采取行动。在问题的根源没找到前，行为问题也就很难得以解决。

二、行为的功能性评估流程与方法

根据行为的功能性评估内容，从事前、行为、后果分别入手，结合访谈、观察和必要的实验检验，对行为功能进行初步假设，进而验证假设，这样才能为下一步的行为矫正提供可靠的参考资料（见附图 1）。

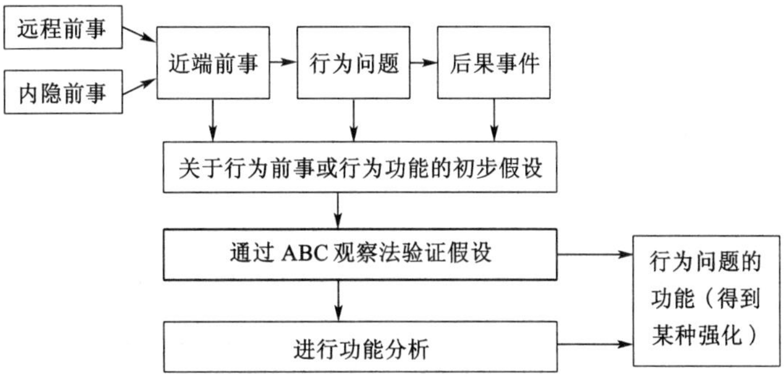

附图 1　行为的功能评估流程

要进一步了解个体行为问题的功能，可以通过对教师（或家长）、行为者进行访谈，获取有效资料，附表 1、附表 2 分别是针对教师（或家长）、行为者进行访谈的问题提纲。

附表 1　　行为问题功能访谈表(教师或家长)

评估内容	访谈问题	记录
(一)问题行为描述	1.1　问题行为是什么?	
	1.2　问题行为的周期是多长?	
	1.3　对问题行为,界定其表现、频率和持续时间。	
	1.4　问题行为从什么时候开始出现?	
	1.5　对问题行为使用过哪些行为处理策略?	
(二)问题行为的内隐前事	2.1　行为者是否正服用药物,如果有,药物的副作用对其行为有何影响?	
	2.2　行为者的睡眠时间是多长,睡眠质量如何?睡眠对其行为有影响吗?	
	2.3　行为者的饮食情况如何,是否对他有某些食物的限制,这种限制对他的行为有影响吗?	
	2.4　行为者是否有疾病?是否主诉身体某部位的疼痛?	
	2.5　行为者的哪些认知因素和过去经验导致他产生问题行为?	
	2.6　在不高兴或不满意的时候能够自我觉察并表达出来吗?用什么方式表达?	
	2.7　有生理或心理需求时,如渴了、热了,或想和别人玩时会表达出来吗?用什么方式表达?	
	2.8　行为者最渴望得到的是什么?	
(三)问题行为的远程前事	3.1　生活环境(学校/家庭)一共有多少人?环境是否舒适?	
	3.2　人员是否拥挤,周围是否有特别喜欢或特别不喜欢的人?	
	3.3　每日作息安排是否合理?行为者在哪些时段感到疲劳、不舒服或有不愉快的活动?	
	3.4　行为者对于日常起居和学习、工作的顺序是否了解?如何时起床、上学或上班?何时上床睡觉?	
	3.5　行为者对于自己的饮食、衣着、活动是否有足够的自由?	
	3.6　教养人员人手是否充足?教养人员是否经过专业训练?对行为者的问题行为持何种态度?	
	3.7　同学或邻居对行为者的问题行为持何种态度?	
	3.8　遇到困难时能否得到理解和支持?	

续附表 1

评估内容	访谈问题	记录
(四)问题行为的近端前事	4.1　问题行为发生的时间(有无季节性,一天或一周的什么时间最容易出现)。	
	4.2　问题行为发生的场所(经常发生在什么场所,或不会发生在什么场所)。	
	4.3　问题行为发生时谁在场?	
	4.4　问题行为就要发生时别人说了或做了什么事?	
	4.5　什么活动最可能引发问题行为发生?什么活动最不可能引发其发生?	
	4.6　在问题行为出现时是否发生了下列事件:	
	(1) 基本的生理需求或心理需求是否得到满足,如饥饿、寒冷、缺乏与别人的交流与沟通。	
	(2) 缺乏用适当方式表达需求的机会。	
	(3) 工作或作业是否过难?	
	(4) 从事一种活动是否过久?	
	(5) 家中是否有特别的活动?如有客来访,到饭店吃饭等。	
	(6) 学校里有特别的安排,如有人听课,全校郊游,集会等。	
	(7) 处在无人注意的状态。	
	(8) 受到批评、责难、误解或非议,或与他人发生冲突、口角。	
	(9) 每天的作息时间被打乱,如早晨比以前早起。	
	(10) 喜欢的活动如看电视,被强行中止。	
	(11) 环境中有特别的诱惑,如喜欢的漫画书,有喜欢的异性在身边。	
	(12) 身体突然不舒服。	
	(13) 独处一室。	
	4.7　其他会诱发问题行为发生的时间或情况。	
(五)问题行为的后果事件	5.1　出现问题行为后,其他人做了什么?	
	5.2　出现问题行为后,得到了什么?如别人的注意或喜欢的物品。	
	5.3　出现问题行为后逃避或回避了什么事?如逃避了写作业。	
	5.4　如果问题行为发生后得到了报酬,那么从问题行为发生到获得报酬之间相隔多长时间?是立即得到报酬还是相隔一段时间才得到报酬?	
(六)问题行为的功能替代行为	6.1　行为者做的哪种社会性的适宜行为或技能可以取得与问题行为相同的作用?	

附表 2　　行为问题功能访谈表(行为者)

评估内容	访谈问题	记录
(一)问题行为的远程前事	1.1　在你表现良好行为时,最喜欢得到什么奖励?	
	1.2　如果有机会,什么事情是你现在想做但一直没机会做的?	
	1.3　你对学校的课程内容感兴趣吗?	
	1.4　最喜欢的课程和活动是什么?为什么?	
	1.5　最不喜欢的课程是什么?	
	1.6　你觉得在学校度日如年。	
	1.7　教室里有让你分心事物。	
	1.8　在做作业时,如果有人协助你,你会做得比较好。	
	1.9　如果得到更多的奖励或注意,你会表现得更好。	
	1.10　你最喜欢学校的哪个老师,最不喜欢哪个老师?	
	1.11　你觉得哪个老师对你特别喜欢?	
	1.12　你喜欢班级里的同学。	
	1.13　你喜欢你的家人。	
	1.14　你觉得你的家人喜欢你。	
(二)问题行为的内隐前事	2.1　你有什么兴趣和爱好?	
	2.2　当你不愉快或不满意时,你能察觉到并表达出来吗?	
	2.3　你用什么方式表达自己的不愉快或不满意?	
	2.4　当你特别想和同学玩的时候,或者特别想要一件东西的时候,你会说出来吗?如果不能说出来,你会用什么方法让别人知道?	
	2.5　你如果在外面遇到不开心的事,会和妈妈说吗?	
(三)问题行为的近端前事	3.1　最近有无下列情况发生:	
	(1)环境发生了变化,如家中有特别的活动或学校里有特别的安排。	
	(2)每天的作息时间被打乱,如早晨比以前早起。	
	(3)作业太难或太多。	
	(4)长时间从事一种活动。	
	(5)喜欢的活动如看电视,被强行中止。	
	(6)受到周围人的批评、责难、误解或非议,或与他人争吵或争斗。	
	(7)环境中有特别的诱惑,如喜欢的漫画书,有喜欢的异性在身边。	

续附表 2

评估内容	访谈问题	记录
（四）对自己问题行为的认识	4.1　你觉得什么时候会做出某种行为？那时有什么事情发生？有谁在？	
	4.2　你做出某种行为的目的是什么？	
	4.3　什么时间不会做出某种行为，为什么？	